Die württembergische Tabea

EDITION PIETISMUSTEXTE (EPT)

Im Auftrag der Historischen Kommission zur Erforschung des Pietismus herausgegeben von Markus Matthias, Ruth Albrecht, Wolfgang Breul, Hans-Jürgen Schrader und Christof Windhorst.

Band 14

GEORG CONRAD RIEGER

Die württembergische Tabea

Lebensbeschreibung der exemplarischen Pietistin Beata Sturm (1682-1730)

Herausgegeben von Martin H. Jung

EVANGELISCHE VERLAGSANSTALT
Leipzig

Redaktor des Bandes:
Hans-Jürgen Schrader

Bibliographische Information der Deutschen Nationalbibliothek
Die Deutsche Bibliothek verzeichnet diese Publikation in der Deutschen Nationalbibliographie; detaillierte bibliographische Daten sind im Internet über http://dnb.ddb.de abrufbar

Das Buch wurde auf alterungsbeständigem Papier gedruckt.

Cover: Friedrich Lux, Halle/Saale
Coverbild: © Herzog-August-Bibliothek Wolfenbüttel
Satz: Druckerei Böhlau, Leipzig
Druck und Binden: Hubert & Co., Göttingen

ISBN 978-3-374-06677-3 // eISBN (PDF) 978-3-374-06678-0
www.eva-leipzig.de

Inhalt

M. Georg Conrad Rieger (1687–1743)

Die
Würtembergische *TABEA*,
Oder
Das Merckwürdige äussere und in=
nere Leben und seelige Sterben
Der Weyland
Gottseeligen Jungfrauen /
BEATA
Sturmin,
Welche
Den *XI. Januarii* 1730. zu Stutt=
gardt im Hertzogthum Würtemberg
durch einen seeligen Tod ist vollendet
worden,
Aus eigenem Umgang un[d] Erfahrung
wahrgenom[m]en,
In der Furcht des HERRN unpartheyisch abgefaßt,
Zur Offenbahrung der herrlichen Gnade GOttes
Und
Preiß des Nahmens JEsu CHristi,
Wohlmeynend mitgetheilet,
Von
Etlichen der Seeligen wol bekanten Freunden.

Zu Stuttgardt in Verlag bey Metzlern
und Erhardten.
Eßlingen druckts Göttlieb Mäntler.

I. Das äussere Leben der seeligen Jungfer Sturmin.

JUngfrau *Beata Sturmin* ist gebohren den 17. *Dec[embris] A[nno]* 1682. Ihre Eltern waren weyl[and][1] der um unser gesamtes Vaterland[2] hochverdiente, und in denen Wegen GOttes sehr erfahrne Herr, *Johann Heinrich Sturm*[3] / *J[uris] U[triusque] D[octor]*[4] Hoch=Fürstl[icher] Würtenbergischer Ober= und *Justiz*-Rath,[5] auch Löbl[icher] Landschafft[6] *Consulent.*[7] Ein Sohn weyl[and] H[err]n Johann Martin Sturmens,[8] *J[uris] U[triusque] D[octoris]* und Hochgräfl[ichen] Hohenlohisch=Neusteinischen Raths,[9] und *Elisabethae Barbarae*, einer gebohrnen Frischin.[10] Die Frau Mutter aber *Brigitta Beata,*[11] eine Tochter weyl[and] Herrn *Joh[ann] Cunrad Zellers,*[12] Hoch=Fürstl[ichen] Würtenbergischen Raths,[13] *General-Superattendenten*s[14]

---

1 Vormals / früher / (jetzt nicht mehr lebend).
2 Herzogtum Württemberg.
3 Johann Heinrich Sturm d. Ä. (1651-1709).
4 Doktor beiderlei Rechts. – Promovierter Jurist für römisches (d. h. weltliches) und kanonisches (d. h. kirchliches) Recht.
5 Diesen ihn als einen Regierungsbeamten des Herzogtums Württemberg ausweisenden Titel trug Johann Heinrich Sturm als Konsulent der Landschaft.
6 Die „Landschaft“ war die ständische Vertretung der Bevölkerung gegenüber dem Landesherrn und der Regierung. Sie setzte sich nicht wie ein modernes Parlament aus gewählten Abgeordneten zusammen, sondern aus Männern, die kraft eines lokalen Regierungsamtes diesem Gremium angehörten. Die Landschaft tagte im absolutistisch regierten Württemberg nur selten, zuletzt 1698.
7 Juristischer Beirat und Sprecher der Landschaft.
8 Johann Martin Sturm (1619-1651).
9 Der Großvater väterlicherseits wirkte als Direktor der gräflichen Kanzlei in der an Württemberg angrenzenden Grafschaft Hohenlohe-Neuenstein und lebte vermutlich in der Residenzstadt Neuenstein.
10 Geb. nach 1630.
11 Brigitta Beata Sturm geb. Zeller (1655-1693).
12 Johann Conrad Zeller (1603-1683).
13 Als Generalsuperattendent bzw. – üblicher – Generalsuperintendent trug Zeller auch den Titel eines Rats.

und Abbtens zu Bebenhausen,[15] auch einer Löbl[ichen] Landschafft Engern Außschusses[16] *Assessoris,*[17] und Frau *Judithae*, einer gebohrnen Schwartzin.[18]

In ihrer *Jugend* ist unsere Seelige durch einen im Hauß gehaltenen *Praeceptorem*[19] zwar im Lesen und Schreiben unterrichtet worden. Man hat aber damit nicht lang *continui*ren können, indem sich eine unvermuthete Schwachheit *im Gesicht*[20] ergeben. Welche auch, da Sie *A[nno]* 1692. mit ihren seel[igen] Eltern im Deinacher Sauer=Brunnen[21] sich befunden, durch eine unversehens sich bey ihr geäusserte harte Unpäßlichkeit in den *Staaren*[22] an beeden Augen außgebrochen, wovon Sie das Gesicht[23] fast völlig verlohren, und in diesem betrübten Zustand verblieben biß ins Jahr 1693. In welchem Sie zwar anfangs die schwere Versuchung gehabt, daß ihr geliebter Herr *Vater* den 8. *Augusti* in die Frantzösische *Geiselschafft*[24] abgeführet worden, ihre Frau *Mutter* aber nächst darauf den 12. *Sept[embris]* mit Tode abgegangen ist. Doch hat der grundgütige GOtt anderwärtige Gnade gegeben, daß durch einen da-

---

14 Die Generalsuperintendenten (heute: Prälaten oder Landessuperintendenten) bildeten in Württemberg gemeinsam mit dem Konsistorium die Kirchenleitung und hatten das Visitationswesen unter sich. Zeller bekleidete dieses Amt von 1680 an bis zu seinem Tod.

15 Das ehemalige Zisterzienserkloster Bebenhausen bei Tübingen wurde als Internatsschule genutzt, und der Leiter trug den althergebrachten Titel des Abtes.

16 Der aus acht Personen bestehende „Engere Ausschuss" der Landschaft tagte anders als diese regelmäßig und vertrat deren Interessen gegenüber dem Herzog.

17 Als Assessor oder Beisitzer war Zeller Mitglied des Engeren Ausschusses.

18 Judith Zeller geb. Schwarz (1612-1677).

19 Lehrer. - Wer sie unterrichtete, ist nicht bekannt.

20 Der Augen.

21 (Bad) Teinach im Landkreis Calw besitzt einen Mineralbrunnen und war seit dem 17. Jahrhundert ein beliebter Kurort.

22 Linsen der Augen.

23 Das Augenlicht / die Sehkraft.

24 Geiselhaft.

mals in Stutgardt gewesenen berühmten *Oculi*sten[25] noch im *December* dieses, und im *Januario* des folgenden Jahrs an beeden Augen vorgenommenen *fünfmaligen Operationen* / Ihro[26] das Gesicht wieder zimlich[27] hergestellet worden. Darauf sich einige Jahr hernach durch glücklichen[28] Gebrauch des Deinacher=Wassers solches noch mehr gebessert, so, daß sie unter der getreuen *Information* ihres unterdessen wieder zurück gekommenen Herrn Vaters,[29] das Lesen vollkommen, das Schreiben aber zur Nothdurfft[30] ergriffen.[31]

Von dieser Zeit an erzeigten sich zerschiedene[32] Abwechßlungen,[33] und hatte Sie etlichmal geseegnete Curen des Deinacher= und sonderlich des Zaisenhäusers=Brunnens,[34] die Ihro, wenn das Gesicht etwas schwächer zu werden angefangen, nahmhaffte Besserung durch die Hülffe des Höchsten zugezogen. Von *A[nno]* 1709. an, nachdem zu anfang desselben Jahrs[35] ihr Seel[iger] Herr Vater dieses Zeitliche geseegnet hatte,[36] führte Sie mit ihrem geliebten jüngern Herrn Bruder[37] die Haußhaltung fort, biß *A[nno]* 1711. da das Hauß verkaufft worden, und Sie aus besondern gegen den damaligen Herrn *Praelat*en[38] zu Blaub[eyre]n,[39]

---

25 Augenarzt. - Wer sie operierte, ist nicht bekannt.
26 Ihr.
27 Einigermaßen.
28 Geglückten / erfolgreichen.
29 1696 wurde er aus der Geiselhaft in Frankreich (s. S. 23, Anm. 31) entlassen.
30 Für das Notwendigste.
31 Gelernt.
32 Verschiedene.
33 Veränderungen.
34 Zaisenhausen im Landkreis Karlsruhe besaß seit 1713 ein Schwefelbad.
35 2.1.1709.
36 Verstorben war.
37 (Georg) Gottfried Sturm (1681-1743). Er war nicht verheiratet.
38 Der Leiter der Klosterschule Blaubeuren trug den Titel Prälat und war als solcher kraft Amtes Mitglied der Landschaft.
39 Blaubeuren. „Blaubayern" korrigiert gemäß Corrigenda (*Rieger:* Tabea, 1730, S. R4^{v}). - Blaubeuren, ein ehemaliges Benediktinerkloster bei Ulm, diente seit der Reformation als Internatsschule (Klosterschule).

Matthaeum Esenwein[40] / als einen Hertzens=Freund ihres *Seel[igen] Herrn* Vaters, gehegten Vertrauen, sich zu demselben in die Kost begeben, und biß *A[nno]* 1713. darinnen verblieben. In welchem Sie, nachdem gedachter ihr jüngerer H[er]r Bruder, das ihme gnädigst aufgetragene *Legations-Secretariat* zu Regenspurg[41] angetretten, wieder anhero zu ihrem auch geliebten ältern Herrn Bruder,[42] Hoch=Fürstl[ichen] Würtenbergischen *Expeditions*-Rath,[43] und einer Löbl[ichen] Landschafft *Advocato* und *Secretario*,[44] gekommen, und bey demselben biß an das Ende ihres Lebens[45] verblieben ist.

---

40 Matthäus Esenwein (1651-1714). Er gehörte zu den frühen Anhängern Philipp Jacob Speners (s. S. 63, Anm. 49), des Begründers des Pietismus.
41 Regensburg war von 1663 bis 1806 Sitz des Immerwährenden Reichstags, der Ständevertretung des Reichs.
42 (Johann) Heinrich Sturm d. J. (1678-1754).
43 Rentkammerexpeditionsrat, zuständig für Finanzen.
44 Rechtsberater und Sekretär der Ständeversammlung.
45 11.1.1730.

II. Der Seel[igen] Jungfrau Sturmin **eigenhändig geschriebene *Personalien.*[1]**

MEin in der Tauffe mir gegebene Nahme *Beata*[2] ist mir in meinem Leben eine rechte Aufmunterung zum heiligen Wandel gewesen. Ach! hilff mir JEsu, daß ich als eine rechte *Beata* in die Ewigkeit eingehen möge! Meine liebe und in die Ewigkeit vor=angegangene Eltern haben nach der Gnade, die ihnen gegeben war, mich treulich zu allem guten ermahnet und aufgezogen; absonderlich aber mein lieber Vater,[3] dessen Treue ich durch GOttes Gnade länger geniessen können, als der Mutter.[4] Ich muß aber bekennen, daß ich, leyder! diese Gnade nicht erkannt, und also auch nicht recht gebrauchet habe, biß sie mir der liebe GOtt entzogen, und mich meine Versäumniß im Gewissen schmertzlich empfinden lassen. Soll ich mich selbst beschreiben, so muß ich vor GOtt und allen Creaturen bekennen, daß mein Hertz von Natur ein sehr trotzig und verzagt Ding[5] gewesen sey. Aber GOttes Barmhertzigkeit weiß ich nicht genug zu preisen. O wie hat er sich meiner so hertzlich angenommen, daß ich nicht verdürbe![6] Er kam bald mit lieben, bald mit leyden zu meiner armen Seelen. Drum danck, ach! GOtt, drum danck ich dir, ach! dancket, dancket GOtt mit mir, gebt unserm GOtt die Ehre.[7]

---

1 Ausführungen zur Person waren seit dem 17. Jahrhundert Teil der Leichenpredigten.
2 Selig.
3 Johann Heinrich Sturm d. Ä. (s. S. 12 bei Anm. 3).
4 Elisabetha Barbara Sturm geb. Frisch (s. S. 12 bei Anm. 10).
5 Jer 17,9.
6 Jes 38,17.
7 Refrain des Liedes *Sei Lob und Ehr dem höchsten Gut* (Evangelisches Ge-

An statt des geführten Lebens und äusserlichen Wandels setze ich aus *D[octor]* Habermanns[8] Gebet=Buch[9] die Grabschrifft eines armen Sünders:

Ein armer Sünder ist gestorben,
Sein gute Werck sind all verdorben.
Von Jugend an biß an sein End,
Ward nichts als lauter Sünd erkennt.
Meynst du, daß er auf dieser Erden
Denn könne wieder lebend werden?
Freylich ja, hab keinen Zweiffel:
Gefangen ist der leydig Teuffel,
Der Macht hat über seine Sünd;
Christus aber zu einem Kind
Hat angenommen den erkaufften,
Und in seinem theuren Blut getaufften,
Allein aus lauter Lieb und Gunst,
Und durch kein ander Mittel sonst:
Diß ist die beste Sterbens=Kunst. Amen.[10]

Mein letztes End betreffend, sage ich: Mein Zeit und Stund ist, wenn GOtt will. Doch rufft der arme Geist: Komm bald, HErr JEsu, Amen. Ach! ja, komm bald, HErr JEsu, Amen.[11] *A[nno]* 1716. den 1. *Augusti.*

sangbuch 326) von Johann Jacob Schütz (1640-1690).

8 Johann Habermann (1516-1590) war Pfarrer in Kursachsen, Theologieprofessor in Jena und Wittenberg und zuletzt Superintendent in Zeitz.

9 *Johann Habermann:* Christliche Gebet für alle Not vnd Stende der gantzen Christenheit, hg. von Johann Anselm Steiger, Stuttgart-Bad Cannstatt 2009 (Doctrina et pietas, Abt. 2,4).

10 In den Ausgaben von 1567 ist das Gedicht nicht nachgewiesen. Auch in späteren, digital verfügbaren Habermann-Ausgaben ist es nicht zu finden. Es findet sich aber u. a. in: *Joseph Furttenbach d. J.:* Gotts Ackhers Gebäw […], T. 15, Augsburg: Schultes, 1653, S. 21.

11 Apk 22,20.

III. Der seel[igen] Jungfer Sturmin inneres Leben;

WIr nennen die weyl[and] unter uns wandlende Jungfer *Beata* Sturmin aus der Ihro gehaltenen Leichen=Predigt[1] die *Würtenbergische Tabea*, und deuten damit auf die bekannte Geschicht in Ap. Gesch. *c[apitel] IX. v.* 36. *seq.*[2] Was diese zu *Joppe* war; das war jene in *Würtenberg* / und sonderlich allhier zu *Stutgard.* Auch so gar in dem *Nahmen* müssen diese zwey gleiche Seelen etwas gleiches mit einander haben. Denn nach einer gar geringen Versetzung[3] der Buchstaben kommt aus *Tabea* der schöne und angenehme Tauf=Nahme *Beata* heraus, dessen sich unsere Seelige, nach ihrem obigen eigenen Zeugniß, in ihrem gantzen Leben zur Erquickung und heiliger Aufmunterung erinnert hat. Noch vollkommener stimmen beede in der *That* selbst überein. Sie waren beede voll *Glaubens* / und daher voll

---

1 Die Predigt, die anlässlich ihrer Bestattung am 13. Januar 1730 gehalten wurde, ist weder gedruckt noch handschriftlich nachgewiesen. Als Prediger kommen die beiden an der Hospitalkirche, auf deren Friedhof Beata Sturm nach dem Sterberegister (s. S. 233, Anm. 74) bestattet wurde, wirkenden Pfarrer Christoph Friedrich Stockmajer I. (1661-1749) und sein Sohn, Diaconus Christoph Friedrich Stockmajer III. (1699-1782), in Frage. Allerdings war Beata Sturm wahrscheinlich der Leonhardskirche zugehörig, denn ihr vorletzter Beichtvater war, bis zum Zeitpunkt seines frühen Todes, der dortige Pfarrer David Friedrich Jäger (s. S. 142, Anm. 130). Dann aber müsste einer der beiden an der Leonhardskirche wirkenden Pfarrer, Christian Friedrich Faber (1686-1744) oder Paul Biberstein (1697-1750), die Leichenpredigt gehalten haben. Die Leonhardskirche hatte auch einen Friedhof, aber dort waren die Bestattungen schon um 1725 stark rückläufig. Schließlich kommt als Prediger ihr früherer Beichtvater Johannes Oechslin (s. S. 225, Anm. 20) in Frage, weil von ihm anscheinend der biographische Teil der Leichenpredigt, die sogenannten Personalien, stammte (s. S. 116 bei Anm. 2).

2 Die Jüngerin in Joppe hieß eigentlich (so alle griechischen Textzeugen, Erasmus' *Novum Instrumentum,* die *Vulgata Clementina* von 1592 und auch die Luther-Bibeln seit 1975) Tabita. Martin Luther (1483-1546) verwendete im *Septembertestament* ebenfalls „Tabitha", ebenso die *Wittenberger Vulgata.* „Tabea" erscheint in der Luther-Bibel seit 1526.

3 Umstellung der Buchstaben (Anagramm) zur Erzeugung eines überraschenden Zusatzsinns.

guter Wercke. Oder wenn eine *Ungleichheit* statt hätte, müßte es diese seyn, daß, nach dem Außdruck des H[err]n Leich=Redners,[4] diese Würtenbergische *Beata jene Joppische Tabeam* in der Fülle der guten Wercke noch *übertroffen hat* / indem wir, wie er fortfähret, ihres gleichen weder in unserer Volckreichen Stadt, noch auch anderwärts, keine zu finden wüßten. Solches wird sich leichtlich in der folgenden Nachricht an eines jeden nachdencklichen Lesers Gewissen vollkommen beweisen.

*Ihre Geburt und Christliche Erzie*hung.

ZU dem unbefleckten und heiligen Wandel unserer Seeligen war aus der Fürsorge des himmlischen Vaters dieses der *Erste Vortheil* / daß Sie von wahrhafftig *Christlichen* und *gottseeligen Eltern* gebohren und erzogen ward. Besonders hatte sie einen *Vater* / dessen Gedächtniß zwar noch unter uns in gesegnetem Angedencken grünet; aber der mehrere *singularia*[5] und besonderere Gaben, *Studia,* Einsichten, Erleuchtung, Erfahrung und Verdienste gehabt hat, als vielleicht die meisten Leser fassen könten, wenn sie solten, (wie es zum Theil zu wünschen wäre) hinfürgeleget werden. Dieser, wie er sich überhaupt der Sache GOttes mit vieler Munterkeit annahm: also hat er insonderheit diese seine Tochter von Kindheit auf in die Fußstapffen seines ungefärbten Glaubens[6] eingeleitet. Und es muß freylich dieser *erleuchtete* Mann immer was mehrers an dieser seiner geliebten *Beata* wahrgenommen haben, daß er auf eine zwischen Eltern und Kindern fast *ungewöhnliche* Weise mit ihr umgegangen ist. Davon wir

4 Des Predigers bei der Trauerfeier.
5 Singularitäten / Einzigartigkeiten.
6 2Tim 1,5.

aber mit Bedacht hie[7] weiter nichts gedencken wollen, als daß er Sie bey seinem täglichen Morgen=Gesang auf der Altane[8] beym Auf= und Abgehen, an der Hand geführet, sie nach seiner seel[igen] Ehfrauen Tod,[9] denen übrigen Hauß=Genossen, als die nunmehrige Hauß=Mutter *praesenti*ret, und sonsten Sie von Jugend auf in die Gemeinschafft seines GOtt=ergebenen Geistes eingeführet hat. Und man muß auch gestehen, daß dieser beeden Gemüther unvergleichlich zusammen gegeistet[10] haben. Es verbildete[11] sich diese wohlgerathene Tochter nicht nur völlig in das Bild ihres gottseeligen Herrn Vaters, nach denen allgemeinen und befohlenen Christen=Pflichten: sondern man mag sie in der Nachfolge, auch der Neben=Dingen und freygelassenen Sachen,[12] eine eigentliche *Rechabitin* nennen, davon zu lesen *Jerem. c[apitel] XXXV.* Schwerlich wird man jemahls ein Kind gesehen haben, welches seines Vater Thun und Lassen, alle seine Worte, ja auch Geberden, so gar genau in Obacht genommen, und sein Lebtag so beständig behalten hat, als unser *Beata.* Sie wuste doch auch die geringst=scheinende, gemeine und häußliche Dinge ihres liebsten Herrn Vaters, dermassen geschicklich bey Zeit und Ort anzubringen, daß es schiene, sie hätte keines von seinen Worten auf die Erde fallen lassen,[13] sondern sie als lauter kostbahre Perlen[14] aufgesammlet. Gerade nach der Ermahnung *Salomons: Mein Kind / bewahre die Gebote deines Vaters / und lasse nicht fahren das Gesetze deiner Mutter / binde sie zusammen*

7 Hier.
8 Balkon.
9 12.9.1693.
10 Eines Sinnes (Geistes) geworden sind.
11 Verwandelte.
12 Adiaphora; Handlungen, die nach kirchlicher Auffassung für sich selbst weder gut noch böse, weder tugendhaft noch ruchlos sind.
13 1Sam 3,19.
14 Mt 13,46.

an deine Finger allwege / und schreibe sie auf die Tafel deines Hertzens / und hänge sie an deinen Halß / wenn du gehest / daß sie dich begleiten / wo du dich legest / daß sie dich bewahren / wenn du aufwachest / daß sie dein Gespräch seyen. Sprich. Sal. *c[apitel] VI.* 20. 22. *VII.* 3. Also da, Z[um] E[xempel] ihr Herr Vater, als ein *in Hebraicis et Rabbinicis*[15] sehr erfahrner Mann, aus andern Ursachen seine Bibel=*Lection* täglich in 75. *Vers* abgetheilet hatte:[16] so bliebe Sie ihr Lebtag auch bey dieser Ordnung, ob Sie gleich bey ihrem blöden[17] Gesicht[18] die starcke *Lection* öffters nicht hätte sollen vollbringen können. Damit erlangte Sie aber, daß Sie fast *alle Jahr die Bibel zu Ende brachte* / mithin sich dieselbe also bekannt machte, daß wenn Sie mit ihren blöden Augen nur den Anfang sehen konte, Sie leichtlich fortzufahren, und fast alles auswendig herzusagen wuste. Mithin hat diese fleißige *Jüngerin* in ihren nicht langen Jahren die Heil[ige] *Schrifft* gleichwohl *etlich und dreyßig*[19] *mahl durchgelesen.*

Von ihrer lieben Eltern Kinder=Zucht[20] hat Sie angemercket, daß gleich wie dieselbe insgemein ihre Kinder keine Sprüche noch Psalmen *expresse*[21] haben auswendig lernen lassen, sondern solche ihnen durch den *Gebrauch* beygebracht: also habe absonderlich Sie, um ihrer blöden Augen willen, wenig äusserlichen Unterricht genossen. Meine Eltern, sagte Sie, haben mich nicht gar *viel mit Worten* ermahnet: aber *ihr Exempel* ist mir eine beständige Ermahnung gewesen. Darum

15 In der hebräischen Sprache und der rabbinischen Literatur.
16 Die 2. Aufl. (*Rieger:* Tabea, 1732, S. 9) spricht ergänzend von 31.171 Versen, verteilt auf 61 Wochen oder 427 Tage.
17 Schwachen.
18 Sehvermögen.
19 Über dreißig Mal.
20 Kindererziehung.
21 Ausdrücklich / eigens.

ich auch jetzt noch bey Erziehung der Kinder mehr auf Exempel, als viele Worte und Fürstellungen[22] halte. Doch verwunderte sie sich, daß ihr lieber frommer *Vater* (wie Sie sagte) nicht nur niemahlen *öffentlich* mit seinen Haußgenossen *gebetet:* sondern Sie habe ihn auch ihres wissens keinmal *privatim betten*[23] *gesehen oder gehöret* / da sie doch gewis seye, daß er fleißig gebettet habe, aber gantz im verborgenen. Welches sie aber nach ihrer Erkäntniß *nicht billigte* / sondern meynte, daß es nebst andern auch diesen Fehler nach sich ziehe, daß hernach die Kinder ihre Häußer auch also regierten, und ein jeder Theil, wenn es gut gerathe, in einem besondern Ecklein bete; welches aber nicht gut seye. Hingegen errinnere Sie sich, wie ihre liebe *Mutter* so fleißig auf den Knien gebeten habe, und hie und da im Hauße von den Mägden also seye angetroffen worden: welches ihnen einen erbaulichen Eindruck auf ihr Lebtag gegeben: wie erst kürtzlich eine gewesene Magd solches nach vielen Jahren noch gegen sie mit guter Bewegung erkannt[24] habe.

Und so wußte Sie gar vieles von ihren getreuen Eltern, sonderlich ihrem geliebten Herrn Vater zu erzehlen, davon wir nur etliche Exempel bey dieser Gelegenheit einschalten[25] wollen. Neben seinem beständigen *Gebet* vor und nach Lesung der Bibel erinnerte Sie sich, daß er das Lied: *JEsu deine tiefe Wunden;*[26] etwas geändert, darunter ihr die Wort so lieblich gewesen: *Wer sich legt in deine Wunden / der hat Hertz und Heyl gefunden.* Als ihr liebster Vater einsten *kranck* gewesen, habe er

22 Darlegungen.
23 Beten.
24 Bekannt / anerkannt.
25 Einfügen.
26 Verfasser: Johann Heermann (1585-1647). – Das Lied findet sich u. a. in: Geistlicher Liederschatz. Sammlung der vorzüglichsten geistlichen Lieder [...], Berlin 1832, S. 424, Nr. 1001.

ein Gesicht[27] im Schlaff gesehen, wie seine *verstorbene Frau*[28] vor dem Thron GOttes gebeten, daß ihn GOtt in die Ewigkeit aufnehmen möchte. Seine andere *noch lebende Frau* aber habe er gesehen um die Frist seines Lebens sehnlich bitten, und also haben beede miteinander gestritten, biß die letzte endlich im Gebet überwunden[29] habe.[30] Von seiner *Treue gegen das Vaterland* zeuge, daß er Anno 1693. in der Frantzösischen *Invasion* nicht allein sich selbs freywillig zur Geiselschafft anerboten, sondern auch andere dazu aufgemuntert habe.[31] Nachdem aber die Geiselschafft so lang und biß vier Jahr hin gewähret, auch immer härter und gefährlicher worden: so habe er allerley Noth nicht nur an sich selbst darüber ausstehen, sondern auch von der Seiten her sonsten manche Drangsal erdulden müßen. Als er aber endlich wieder heimgekommen seye,[32] habe er sich ein Bad machen lassen und gesagt: *Nun wolle er alle böse Reden und erlittene Schmähungen abwaschen*. Ja da er hernach eine Zeitlang *aus Diensten* gekommen, so habe er niemahlen mit keinem Wörtlein Klage geführet, sondern alles in beständiger Gedult und Gelassenheit ertragen, und einmal, wie das andere, frölich fortgesungen.

---

27 Vision.
28 Brigitta Beata Sturm war 1693 gestorben (s. S. 20, Anm. 9).
29 Gesiegt.
30 Johann Heinrich Sturm d. Ä. hatte nach dem Tod seiner Frau nicht wieder geheiratet. Wahrscheinlich stritt im Traum die lebende Brigitta Beata Sturm mit der verstorbenen.
31 Während des Pfälzischen Erbfolgekrieges zwischen dem Kaiser und Frankreich fielen 1693 zwei französische Heere in Württemberg ein. Wegen ausstehender Kontributionszahlungen drohte die Zerstörung Stuttgarts. Diese konnte nur durch das Stellen von Geiseln abgewendet werden. Johann Heinrich Sturm d. Ä. erklärte sich freiwillig dazu bereit. Nur zwölf der insgesamt 21 zunächst nach Straßburg, dann nach Metz Verschleppten überlebten ihre Haft und kehrten 1696 heim.
32 30.11.1696.

Ihre geheiligte Kindheit und Jugend.

NUn unter diesem Christlichen Vater ist dieses Kind guter Art dermaßen zu einer unbefleckten Seele und reinen Liebe fortgewachsen, daß man mit versicherter[33] Gewißheit sagen kan, Sie gehöre unter die wenige und rare Seelen, die ihre *Tauf=Gnade in unverletzter Treue* und mit vieler Krafft ihr lebenlang *beybehalten* haben.[34] Wie Sie denn solchen Bund von Kindheit auf fleißig erneurte, und sich von Zeit zu Zeit auf allerley Weise, auch schrifftlich, zu dessen ernstlicher und allerheiligster Beobachtung verpflichtete. Eine von solchen Formuln war diese: *Im Nahmen GOttes deß Vaters / deß Sohns / und deß Heil[igen] Geistes / Amen. Ich vor mich*[35] *arme / von GOTT erschaffene / durch Christi Blut erkauffte / und durch deß H[eiligen] Geistes Gnade erweckte / bekenne vor dem Thron göttlicher Majestät / vor allen Heil[igen] Engeln und Auserwehlten*[36] */ daß ich hiemit ernstlich absage dem Teufel und allen seinen Wercken und Wesen*[37] *in und ausser mir. Verpflichte mich aber GOtt meinem HErrn zu Ehren zu leben / und nach seinem Willen zu thun. Thue ich es nicht / so fordere es der HErr von mir. Amen.*

Beata Sturmin.

Weil Sie aber wohl erkannte, daß Sie dieses aus eigener Krafft zu leisten nicht vermöchte; so hängte Sie sobald

33 Zuverlässiger.
34 Beata Sturm hat also keine Bekehrung (verstanden als Rückkehr zur Taufgnade) erlebt.
35 In meinen Augen.
36 Apk 17,14.
37 Formulierung aus der Taufliturgie (Württembergische Große Kirchenordnung 1559, Repr. Stuttgart 1983, S. lvi^r^). – Beata Sturm erneuert das Taufversprechen, das bei ihrer Taufe Eltern und Paten stellvertretend für sie abgegeben hatten.

diesen Seufzer[38] an: *Ach! lieber GOtt / gib mir um JEsu willen deines H[eiligen] Geistes Gnade / daß ich dieses halten könne. Im Vertrauen auf deinen Nahmen habe ich solches geschrieben / Amen / im Nahmen JEsu / Amen.*

Zur andern Zeit verlobte Sie sich folgender massen: *Im Nahmen JEsu verpflichte und verbinde ich mich mit JEsu / daß ich meinem JEsu folgen wolle / wie und wohin Er mich führet. Ich gebe denn zu allervorderst meinem JEsu das Hertz gantz und gar zu eigen / und verbinde mich / daß mit meinem Willen kein Gedanck oder Bewegung wieder die Liebe JEsu darinnen seyn / viel weniger bleiben solle: sondern ich will in der mir bereits geschenckten Gnade JEsu ernstlich wieder alles Böse streiten und kämpfen. Gleichermaßen übergebe ich auch alle Kräfften / Sinne und Glieder deß innern und äussern Menschen meinem JESu so / daß ich nichts dencken / reden oder thun will / das wieder das Wort meines JEsu wäre. Vergeß ich dein / o JEsu / so werde meiner Rechten vergessen.*[39] *Meine Zunge müste an meinem Gaumen kleben / wo ich dein nicht gedencke*[40] */ wo ich nicht lasse JEsum meine einige Freude und Lust seyn. Amen.*

Beata Sturmin.

Es laßt sich leicht urtheilen, welch eine bequeme Werck=Statt[41] ein solch bereitetes Hertz dem H[eiligen] Geist zu Ausbreitung seiner Gnaden=Wirckungen müsse gewesen seyn. Doch möchte man von ihrem damaligen Zustand sagen: *Der HErr war gewißlich an diesem Ort / aber Sie wußte es nicht* / wie Jacob, 1. B[uch] Mos. *XXVIII.* 16. dahero kams, daß Sie in ihrem *meh-*

38 Stoßgebet.
39 Ps 137,5.
40 Ps 137,6.
41 Pietistische Metapher.

rern[42] *Alter* ihre Jugend ansahe / als fast gantz Fruchtloß zugebracht. Denn Sie meynte zum Exempel, weil ihr seel[iger] Vater so gern und fleißig in der Bibel gelesen, so habe Sie es anfangs auch nachgethan, nicht geheißen von ihrem Vater, auch nicht sowohl um GOttes, als *ihres Vaters willen* / den Sie so lieb gehabt, und also ihme zu gefallen auch so fleißig in der Bibel gelesen hätte. Und man muß freylich gestehen, daß Sie ihren *Temperament* und trefflichen *Judicio*[43] nach zu unterschiedlichen Versuchungen in ihrer Jugend, sonderlich deß *vexi*rens[44] / geneigt würde gewesen seyn, wenn nicht die genaue Zucht deß H[eiligen] Geistes Sie beständig in eine gantz ernstliche[45] Beobachtung genommen hätte. Wenigstens meynte Sie in ihrer lautern und tiefen *Demuth* / als wäre Sie ehdessen *allzuviel* an *den Kleidern* gehangen, und hätte auch gern *galant* seyn wollen. (Da Sie doch niemalen also in Kleidern sich gezeiget, daß es wenigstens vor der Welt und dem allgemeinen Lauf[46] nur ein böser Schein von dergleichen Sinn hätte heißen können.) Nachdem Sie aber wahrgenommen habe, wie ihr Hertz daran hange, solches aber nur eine *Materi* deß Zorn=Feurs[47] in ihr abgebe, so habe Sie die Kleider fahren lassen, und ihren Stand hintangesetzt, *nicht* sowohl (wie Sie meynte) *aus Liebe zu GOtt / als vielmehr aus Eigenliebe* zu sich selbs, weil Sie das Feur ihres anklagenden Gewissens nicht habe leyden mögen. Ja da Sie auch nach der Zeit durch den Dienst eines gesegneten Lehrers[48] kräfftiger seye gerühret worden, sey ihro doch die Lust an Kleidern immer noch angeklebt, biß auch diese vollends hinweg gemüßt habe.

---

42 Fortgeschrittenen.
43 Urteil.
44 Quälens / Neckens.
45 Ernsthafte / strenge.
46 Zeitgeist.
47 Dtn 32,22.
48 Nicht ermittelt.

Wer siehet aber nicht hieraus, welche *Gnade* auch in *diesem Alter* schon über ihr gewaltet haben müße, *theils* weil Sie sonst über nichts von ihrer Jugend her bestrafft wurde; *theils* weilen die Aufsicht deß Himmlischen Vaters diese bey andern nicht geachtete Zuneigung zu saubern[49] Kleidern ihro also entleydete,[50] daß Sie es selber ein Angst=Feur nennete, dadurch ihr Hertz beyzeiten von dieser Anhänglichkeit geschieden wurde. Welches insonderheit dem *Weiblichen Geschlecht* zu einem ernstlichen Nachsinnen dienen kan, wie dieses fals der Grund ihres Hertzens vor GOtt aussehen möge, wenn sie auch so aufrichtig, gründlich und demüthig ihren eigentlichen Sinn offenbahren solten, wie unsere seel[ige] Jungfer Sturmin gethan hat.

Es ist aber solch ihr guter und redlicher Gemüths=Zustand auch schon in selbigen jungen Jahren noch aus andern Merckmahlen deutlich abzunehmen, davon wir ein paar Proben behalten haben. Als Sie schon in ihrem *zehenden Jahr* das Gesicht verlohren, und sich nicht nur 5. mahl den Staaren stechen[51] lassen, sondern auch hernach in den Saurbrunnen[52] gehen mußte, ihren etwas gebeßerten Gesicht noch mehrers[53] aufzuhelffen: so habe Sie sich die gröste Gewalt anthun müßen. Denn Sie habe gedacht, Sie könnte ja mit solchem Gesicht zu frieden seyn. Endlich seye ihr eingefallen, was Paulus von den Knechten schreibe: 1. *Cor. VII.* 21. *Wenn du ein*[54] *Knecht beruffen bist / so bekümmere dich nicht; doch kanstu*[55] *frey werden / so gebrauche das so viel lieber.* Also werde es denn ihrem lieben GOtt auch nicht zu wieder seyn, wenn Sie ein bessers Gesicht suche, doch

---

49 Reinen / schönen.
50 Verleidete.
51 Starstechen / Katarakt-Operation.
52 Kur.
53 Noch weiter.
54 Zum.
55 Kannst du.

mit völliger Uberlassung in göttlichen Willen. Sie seye auch 3. *Wochen* im Brunnen[56] gewesen, *ohne* die geringste *Besserung* zu spühren, und also gantz Hülff= und Hoffnungs=Loß gelassen worden: *doch habe Sie solches nicht bekümmert.* Aber darauf habe sich ihr Gesicht ungemein gebessert, so, daß sie zum Preiß ihres Schöpffers habe ein *Blümlein* sehen können. Deßwegen hat Sie gesagt: *Es wäre ihr nicht lieb / wenn sie nicht blind gewesen wäre / indem Sie die Herrlichkeit der Creaturen nicht also bewundert haben würde / wie Sie jetzund thue.* Ist nun das nicht eine schöne Bezeugung[57] eines zehen jährigen Kindes? Das *zweyte* Exempel soll dieses seyn aus ihrem Munde. Sie hätte nehmlich von ihrer Kindheit auf biß nach ihres seel[igen] Vaters Tod eine gar böse Persohn[58] um sich gehabt, von welcher Sie vielfältig[59] ein blinder Hund[60] seye gescholten, und sonsten mit Worten und Wercken gar unbillig[61] mißhandelt worden. Dieses harte *tractament*[62] nun sey ihr sehr saur geschehen,[63] und habe ihr viel zu schaffen gemacht, daß Sie, als die Tochter im Hauße, sich also hudlen,[64] ja bey ihrem Vater und Geschwistern auf allerley hinterlistige Weiße einhauen[65] lassen sollte. Dennoch habe Sie ihrem H[err]n Vater niemahlen nichts geklagt, sonsten die Persohn alsobald aus dem Hauße würde geschafft worden seyn. Denn weilen die Persohn ihrem Vater habe zu dienen gewußt, welches sie ihrer Blindheit wegen zu thun nicht vermochte, so habe sie aus Liebe zu ihrem

56 In der (Sauerbrunnen-)Kur.
57 Ein schönes Zeugnis.
58 Nicht ermittelt. – Offenbar eine Dienstmagd ihres Elternhauses.
59 Vielfach.
60 2. Aufl. (*Rieger:* Tabea, 1732, S. 17): übel.
61 Ungerecht.
62 Behandlung.
63 Sei sehr hart für sie gewesen.
64 Plagen / schlecht behandeln.
65 Verleumden.

Vater dieses Leiden in der stille übertragen,[66] und an das Exempel Davids gedacht, der, da ihm sein Unterthan Simei gefluchet, nicht gesagt habe: *Was soll ichs von diesem Kerl leiden? ich bin der König / und dieser ein Knecht! sondern er habe darinnen auf GOtt und dessen Regierung gesehen. II. Sam. XVI. 5.*[67]

Von dieser *Gedult* habe ihr der getreue GOtt eine köstliche *Frucht* geschencket. Denn da nach ihres seel[igen] Vaters Tod diese Persohn in ein ander Hauß gekommen, so haben sie beederseits eine zimliche Zeit einander so gehen lassen. Unsere Jungfer Sturmin aber hat dabey keine Ruhe in ihrem Gewissen gehabt, sondern fand sich gedrungen, jene mit Thränen um Verzeyhung zu bitten, daß Sie ehmals in ihres Vaters=Hauß die fürgegangene[68] Dinge nicht mit mehrerer[69] Sanfftmuth und Liebe übernommen hätte. Dieses kame zwar gedachter[70] Persohn spötlich für, und lachte über diese, wie sie meynte, heilige Einfalt.[71] Aber ihr Hertz wurde dennoch dadurch untergraben, und zur Liebe gelencket, daß sie fortan der Jungfer Sturmin mit aller Freundlichkeit begegnete. Welchen kleinen Sieg sich die Jungfer Sturmin zu noch grösserm Nutzen gewendet hat. Denn als offt gemeldete[72] Persohn einige Jahr hernach in eine sehr beschwerliche Kranckheit verfiel, daß fast niemand vor Geruch um sie bleiben konnte: so freuete sich Jungfer Sturmin, daß Sie nun Gelegenheit hätte, derselben in diesem Zustand Liebe und Dienst er-

66 Ertragen.
67 2Sam 16,5–12.
68 Vorgefallenen.
69 Größerer.
70 Der erwähnten.
71 Einfalt (lat.: simplicitas) war im Pietismus wie schon in der mittelalterlich-mystischen Tradition, in der der Terminus „sancta simplicitas“ (heilige Einfalt) verwurzelt ist, positiv konnotiert und kennzeichnete den auf Gelehrsamkeit verzichtenden, geradlinigen, frommen Menschen.
72 Erwähnte.

zeigen zu können. Sie besuchte demnach dieselbe fleißig, arbeitete treulich an ihrer Seelen, und gewan so viel, daß die *Patientin* freywillig und ohne einige Errinnerung unsere Jungfer Sturmin um Verzeyhung deß ehmahls angethanen Leydes gebetten hat. O wie freuete sich unsere außerwehlte Sturmin, als einer, der eine grosse Beute kriegt![73] wie frolockete Sie, daß ihre ehmalige Abbitte[74] also wohl angelegt worden wäre, und sie dadurch einen solchen Zugang zu diesem ehmahls verschlossenen Hertzen erlanget hätte!

In denenselbigen Tagen betete Sie bey unserer Zusammenkunfft für die bißher erwehnte Persohn mit einer solchen geistlichen Gewalt, mit solchem ringen, kämpffen und eindringen in GOtt, und mit solcher fast unerschöpflichen Beredsamkeit, daß wir übrige alle erstauneten, und unser Lebtag dergleichen nichts gehöret zu haben bekenneten. Sie hielte unter vielen andern Christo aufs nachdrücklichste für, wie Er ja selber ausdrücklich befohlen habe: *Math. V.* 44. *Bittet für die / so euch beleidigen.* Nun weist du ja, was ich bißher niemand gesagt habe, auch meinem Vater nicht, wie mich diese jetzt krancke Persohn bey[75] 20. Jahr lang auf so mancherley Weise beleydiget hat. Ich zwar habe es ihr längstens vergeben und vergessen. Aber ich wiederhohle es nur darum, damit ich dich, o wahrhafftiger Heyland, an dein Wort erinnern kan: bittet für die, so euch beleidigen. Nun bitte ich für sie, nun gehorche ich diesem deinem Befehl, darum must du auch dein Wort halten, darum wollest du mich nun jetzt auch über dieser Persohn erhören, und ihrer Seelen Barmhertzigkeit wiederfahren lassen. Du hast ja, o JEsu, uns armen Menschen gedrohet, *Math. XII.* 36. *daß wir werden am*

73 Ps 119,162.
74 Bitte um Verzeihung.
75 Etwa.

Jüngsten Tag Rechenschafft geben müßen von einem jeden unnützen Wort / das wir geredet haben: ey so wirst *du* ja selber *kein unnützes Wort* geredet haben; o so wirst und must du wohl solches dein Wort erfüllen, da du verheissen hast, Gebett zu erhören.[76] Ich kan *dir* nicht zulassen, o JEsu, auf dessen Wort sich *alle Welt* verlassen muß, daß *du ein unnützes Wort* soltest geredet haben, darum erhöre mich, die ich jetzt deinem Befehl folge, und laß diese Persohn, die mich beleidiget hat, zu Gnaden kommen, und errettet werden. Ich habe jetzt unter allen Menschen auf Erden keinen einigen,[77] dessen Seele mir so angelegen wäre, als die Seele dieser Persohn, die deinem Knecht, meinem Vatter, ehedessen so lange gedienet hat, usw. Darum laß sie nun Barmhertzigkeit bey dir finden. Usw. Usw.

Dieses seynd ja gewisse Proben, daß Sie auch damals schon von nichts anders, als der Gnade von oben geleitet worden seye. Deren Sie sich auch selbst danckbarlich erinnerte, und noch in ihren letzten Zeiten sagte: *Ich habe in meiner Jugend wegen meiner Blindheit wenig äusserlichen Unterricht genossen. Aber GOtt mein himlischer Vatter ist mir nachgelauffen. Der hat mich auch im Schlaff besucht. Da seynd mir des Nachts manche Sprüche eingefallen / die mich über meiner Leichtsinnigkeit des Tages züchtigten; da hat mir das Böse / so ich geredet / oder das Gute / so ich unterlassen hatte / Angst gemacht / daß ich mich also hernach desto besser davor gehütet habe.*

Nachdem aber nun die seel[ige] Jungfer also bereitet, und an die Stimme des himlischen Vaters in seinem Wort also gewöhnet war: so erachtete es die Weißheit GOttes Zeit zu seyn, Ihr sein Reich etwas deutlicher aufzuschliessen, und sich seiner Tochter, wie ehmals

76 Joh 14,13f.
77 Einzigen.

dem frommen Knaben *Samuel*,[78] bekannter zu machen. Hiezu gebrauchte Er sich *theils* des Dienstes eines rechtschaffenen Arbeiters am Wort, *theils* der seeligen Außführung ihres so lieb gewesenen Herrn Vaters. *Jener* war der damals in Stuttgard mit besonderm Seegen geschmückte Lehrer der Wahrheit, H[er]r *Diac[onus]*[79] *[Johann] G[eorg]* Unkauf[80]. Von diesem erzehlte Sie vielfältig, daß er der *erste Prediger* gewesen, durch den Sie seye zum Nachsinnen und Ernst erwecket worden. Zuvor seye Sie (wie Sie meynte) nur so im Gehorsam ihrer Eltern, und auß Gewohnheit, in die Kirche gegangen. Nachdem Sie aber diesen gehöret, habe Sie *gantz was anders in ihrem Hertzen gespüret.* Sie seye gleichsam umzingelt und gefangen genommen worden; es seye alles mit solcher Gewalt auf Sie zugedrungen, als wenn sonst niemand, weder Sie allein, gemeynet wäre. Und da Sie solches Werck des HErrn noch nicht verstanden, habe Sie endlich ihren Herrn Vatter darüber befragt: Was doch das wäre, daß Herrn Unkaufs Predigten ihr so besonders nahe eingiengen? Er habe ihr aber keine Antwort oder Erläuterung darüber gegeben. Diß ist ohne Zweiffel geschehen nach der geheimen Regierung GOttes, der Fürsorge thate, daß der grosse Schatz, welcher ihr anvertrauet werden solte, *nichts* von Menschen *abgelerntes* hätte; wie es bey *unsern Zeiten* inzwischen aufgekommen ist, daß man mit denen Kindern immer voreilig über das Ziel gehet, und so viel voraus sagt, daß auch seine Gemüther über eine Zeitlang nicht wissen, was sie in der rechten Zeit und Ord-

78 1Sam 3,10-14.

79 Titel eines dem geschäftsführenden (1.) Pfarrer untergeordneten 2. oder 3. Pfarrers einer Gemeinde.

80 Johann Georg Unkauff (um 1674-1734) war Pietist und wirkte von 1703 bis 1708 als Diaconus in Stuttgart. 1708 wurde er wegen obrigkeitskritischer Predigten amtsenthoben und musste Württemberg verlassen. Er übernahm eine Pfarrstelle in Pfedelbach in der Grafschaft Hohenlohe-Pfedelbach, wo er schließlich Superintendent und Hofprediger wurde.

nung von dem HErrn angenommen, oder was ihnen andere Leute untergeschoben haben. Unsere Jungfer Sturmin muste *allgemach*[81] lernen, und ihrer jedesmahligen Erkänntniß immer zuvor *getreulich gebrauchen* / ehe ihr von dem himlischen Vater ein mehrers Maaß zugetheilet wurde.[82] Dahero denn auch ihre Erkänntniß so ordentlich, so gewiß und gründlich, so freudig und zuversichtlich, und so voll guter Früchten war. An ihro konte man den allerschönsten und recht göttlichen *Methodum Mathematicam* (der jetzt so pralerisch getrieben wird)[83] wahrnehmen. Es war auf ihren Wegen zu GOtt kein *Saltus*[84] oder überhin hupfender Sprung, sondern Schritt auf Schritt; kein auf *fremde Autorität* angenommenes *Principium,* sondern es hieß: *Was wir gesehen und gehöret / und mit unsern Händen betastet haben von dem Worte des Lebens / das verkündigen wir.* 1. *Joh.* 1,1.

So offt Sie aber auf diesen ihren geseegneten Lehrer zu sprechen gekommen, so erinnerte Sie gemeiniglich dabey, wie es so gar nicht umsonst in der Litanie[85] stehe: Wir bitten dich, lieber HErre GOtt! Du wollest *deinen Geist und Krafft zum Wort* geben.[86] Man solle ja fleißig

---

81 Allmählich.

82 Röm 12,3. – Der Gedanke bzw. die Erfahrung, dass die praktische Anwendung einer bestimmten (biblischen) Erkenntnis zu weiteren Erkenntnisfortschritten und einem immer besseren Schriftverständnis führt, war charakteristisch für die pietistische Hermeneutik. Vgl. *Markus Matthias:* ‚Enthusiastische' Hermeneutik im Pietismus, dargestellt an Johanna Eleonora Petersens „Gespräche des Herzens mit GOTT" (1689), in: Pietismus und Neuzeit 17 (1991), S. 36–61.

83 Demonstrative Beweisführung, die jeden Schritt auf den vorhergehenden aufbaut, vertreten insbesondere von Christian Wolff (1679–1754). In der 2. Aufl. (*Rieger:* Tabea, 1732, S. 23) wird diese antiaufklärerische Polemik weggelassen.

84 Sprung.

85 Litanei / Liturgie.

86 In der *Württembergischen Großen Kirchenordnung* von 1559, die zu Lebzeiten Beata Sturms noch unverändert in Geltung war und von Zeit zu Zeit nachgedruckt wurde, kommt die Formel nicht vor, sie findet sich aber in der „Teutsche[n] Litaney" im *Württembergischen Gesangbuch,* z. B. in

darum *bitten* / daß der Heil[ige] Geist uns das Hertz zu seinem Wort aufthun wolle, denn sonsten bleibe es uns auch bey dem besten Prediger weder wol noch wehe. Sie tröstete auch insgemein dabey die Eltern, und sonderlich die Prediger, sie solten nur getrost in der Ermahnung zu dem HErrn anhalten. Denn wenn es schon offt lang scheine, als arbeiteten sie vergeblich, so wachen doch endlich die längst angehörte Warheiten unversehens auf, sonderlich[87] wenn der HErr mit einem *Leyden* den Menschen rütle und schütle. Welches sie mit nachfolgendem Exempel zu bestätigen pflegte. Herr *Dia-c[onus] U[nkauff]* habe einmahl von den *Pflichten der Waysen* gehandelt, und unter andern gelehret, wie diese Leute hauptsächlich *zum Leyden* beruffen zu seyn sich erachten sollen. Diese gantze Predigt aber seye ihr verschlossen[88] gewesen, und habe nicht, wie die andere, auf Sie gewürcket; denn weil Sie ihren Vater noch gehabt, habe Sie gedacht, in dieser Predigt seye Sie vergeblich gewesen. Habs deßwegen aus dem Sinn gelassen,[89] daß es ihr auch nicht ein einigs mahl mehr eingefallen seye. So bald aber ihr seel[iger] Herr Vater gestorben,[90] seye ihr diese vergessene Predigt wieder wie ein Blitz eingeschossen, und Sie habe sich nunmehro zu nichts, als zu[91] lauter Leyden gefaßt gemacht. Als Sie nun hernach in solchem Waysen=Stand in das Hauß des treuen Knechts GOttes, Herrn Prälaten Esenweins[92] zu Blaubeyren, gekommen, habe Sie sich verwundert, daß es ihr *so wohl* gienge. Wenn etwa eine andere Persohn ausser dem

---

der Ausgabe von 1729 (Das Zur Ehre GOttes und Erquickung Glaubiger Seelen eingerichtete bequeme Gesangbuch [...], Stuttgart: Müller, 1729, S. 165-167, hier S. 166).

87 Besonders.

88 Unverständlich / sie nicht betreffend.

89 Vergessen.

90 1709.

91 Auf.

92 Siehe S. 14, Anm. 38; S. 15, Anm. 40.

Hausse auf der Gassen bey ihrem blöden Gesichte sich ihrer angenommen, und Sie geführet, habe Sie sich nicht genug darüber verwundern können, daß ihr so viel Liebe wiederfahre, denn Sie habe gemeynet, daß ihr nichts, als lauter böses, begegnen solte. So eine gelehrige, willige und danckbare Jüngerin hatte dieser treu=verdiente Lehrer an unserer seel[igen] Jungfer Sturmin erzogen. Und doch meyne ich gäntzlich von ihr gehöret zu haben, daß Sie sich aus *Schamhafftigkeit demselben* niemahlen *bekannt* gemacht oder geoffenbahret habe. Es wird ihne aber, da er jetzt ausser Würtemberg stehet,[93] ohne Zweiffel so viel hertzlicher erfreuen, wo ihme dieses Wercklein vor Gesicht kommen solte, daß ihne der Höchste gewürdiget, an dieser seiner ausserwählten Tochter so ein geseegnetes Werck=Zeug abzugeben, und ohne sein Wissen einen solchen Schatz zu sammlen, dessen unser Stuttgard bißher so reichlich genossen hat, und der nun auch andern zum gemeinen Nutzen aufgethan wird.

Nachdem nun unsere seel[ige] *Beata* angefangen hatte, ihren *Himlischen Vater* kennen zu lernen: so solte Sie des *irrdischen Vaters* entbehren lernen. GOtt nahm in den ersten Tagen des 1709ten Jahres[94] diesen theuren Mann von ihrem Haupte weg. Aber von dem an, da dieses Weitzen=Korn in die Erde fiel und erstarb,[95] vermehrte es sich in unserer Jungfer Sturmin, und brachte viel Frucht. Denn so empfindlich und fast unverwindlich ihr dieser Tod gefallen: so mercklich ist von da an das Werck des HErrn in ihr gewachsen. Sie erinnerte sich selber hiebey der Worte im 1. B[uch] Mos. *XXV.* 11. *Nach dem Tode Abrahams seegnete GOtt seinen Sohn Isaac;* und sagte, sie seyen auch an ihr erfüllet worden. Nun habe Sie erfahren, daß ihr lieber Vater

93 Siehe S. 32, Anm. 80.
94 2.1.1709.
95 Joh 12,24.

gewandelt habe in den Fußstapffen des glaubigen Abrahams, und daß auch Sie eine Tochter desselben seye. Ja sie dörffe wohl bezeugen, *wenn etwas von Gnade in ihr seye / daß sich nach ihres Vaters Tod das Werck des HErrn viel geseegneter geäussert habe / als zuvor.* So gar mußte dieser GOttliebenden Seele alles zum besten dienen,[96] und was Schade[97] seyn könte, mußte Gewinn werden![98] Man hat schon mehrers[99] angemercket, daß es mit manchen Seelen zu keiner rechten Krafft kommen wolte, biß ihnen der Allweise GOtt etwas entzogen, welches sie für ihre Förderung hielten, in der That aber ihr Auffenthalt[100] gewesen war. O ein treuer GOtt, der so viel gibt, wenn Er nehmt![101] Ja freylich ein treuer GOtt, der diese seine Tochter von Kindheit auf so weißlich führete, ihre Tritte so leitete, und auch auf das Zukünfftige so vätterlich vorsorgete![102] Davon wir ein sehr erbauliches Exempel haben, wie Sie so gar nahe dem zarten Hertzen des himlischen Vatters von Jugend an müsse anbefohlen gewesen seyn. Es lag ihr nehmlich von Jugend auf, und so lang Sie sich zurück errinnern konte, beständig im Sinn der 38. vers aus *Psalm.* 119. *Laß deinen Knecht dein Gebott festiglich für dein Wort halten / daß ich dich fürchte;* ob Sie schon nicht wußte, daß Sie diese Worte gelesen hätte, oder woher es sonst käme, daß Sie dieselbe immer in ihren Gedancken wiederhohlen müßte. Aber wie hat der Fortgang so schön und verwunderlich gewiesen, daß dieses die allersorgfältigste Fürsehung[103] des himlischen Vaters voraus gewesen seye. Denn unter denen schwehren Anfechtungen, wel-

96 Röm 8,28.
97 Schaden.
98 Phil 3,7.
99 Häufiger.
100 Hindernis.
101 Nimmt.
102 Versorgte.
103 Vorsehung.

che wir hernach[104] erzehlen werden, war diese mit eine unter den ersten und ärgsten, daß Sie *zweifelte / ob die Bibel auch GOttes Wort seye?*[105] Da seye Noth und Lermen[106] bey Ihr entstanden; da habe es wohl recht geheissen: *Sie reissen den Grund um / was soll der Gerechte ausrichten?*[107] Freylich habe ihr der Feind[108] den gantzen Grund umgerissen, daß Sie elendiglich geschwebet habe, und nirgend keinen Fuß setzen können. Endlich seye ihr der oben angezogene[109] *Vers* lebendig und überzeugend worden, und Sie habe erkannt und geschmäcket, daß der HErr von langem her Sie damit auf diesen Kampff bereitet habe. Wie war Sie doch der Freuden so voll, als Sie dieses erzehlete! wie verwunderte Sie sich so höchlich,[110] daß der treue GOtt, ohne ihr wissen und dencken, so treulich für Sie in der Jugend gesorget, und Sie immer so im Gemüth angetrieben habe, diesen Seufftzer *Davids* zu beten, ob Sie gleich nie gewußt, warum Sie ihn so offt wiederhohle! Und das war der geheiligte Jugend=Wandel der seel[igen] Jungfer Sturmin in ihres Vaters Hauße.

*Ihre Zeit und Führung zu Blau*beyren.

SIe solte aber nach dem Willen des HErrn außgehen von ihres Vaters Hauß, und von ihrer Freundschafft,[111] und von den Augen des Volckreichen Stutgards, und in

104 Nachher. – Siehe S. 134–140.
105 Der Zweifel an der Bibel als Gottes Wort war eine im Pietismus verbreitete dem Bekehrungsbericht August Hermann Franckes (1663–1727). Vgl. *August Hermann Francke:* Lebensläufe. Autobiographie und Biographie, hg. von Markus Matthias, 2., überarb. Aufl., Leipzig 2016 (Edition Pietismustexte, 9), S. 51, Z. 6 f.
106 Unruhe.
107 Ps 11,3.
108 Teufel.
109 Herangezogene / zitierte.
110 Sehr / stark.
111 Gen 12,1.

das an denen Gräntzen des Landes gelegene Closter Blaubeyren[112] auf eine Zeitlang als fast unsichtbar verstecket werden. Denn also lenckete ihr der himlische Vater das Hertz, daß Sie bey ihren geänderten Hauß=Umständen ein besonderes Vertrauen gewann gegen den damaligen Abbten[113] des Closters Blaubeyren, *Herrn Matthaeum* Esenwein, einen gründlich=gelehrten, Hertz=frommen, und der Wegen GOttes sehr erfahrnen *Theologum* unseres Vaterlands, der recht von GOtt außersehen war, diese verwayßte *Mariam* aufzunehmen,[114] und Sie als eine verlobte Braut ihrem Bräutigam JEsu Christo immer näher zuzuführen. Der *Weg* dahin gieng unter *lauter Betten* ab. Denn da Sie durch einen Gutscher geführet wurde, der immer entsetzlich über Pferd und Wege fluchte, dergleichen etwas die fromme unschuldige Jungfer ihr Lebtag nit gehöret hatte, so wurde Sie in eine solche Noth, zugleich aber auch hefftige Inbrunst zu betten getrieben, daß Sie sich gleichsam in einen *Gegen=Streit* legte, und gedachte, *ey / es wird ja der Arge*[115] *die Zunge dieses armen Mannes nicht mehr und länger zum schwören mißbrauchen können / als ich mein Hertz und Zunge dagegen begehre zur Anbettung und Verherrlichung GOttes / dem Heil[igen] Geist als ein gantz gelassenes Werck=Zeug darzureichen!* Sie kam also bettend in Blaubeyren an. Und das war wol auch sehr nöthig gewesen. Denn dieser so zimlich rauhe und entlegene Ort war der bestimte Kampff=Platz, auf welchem der HErr beschlossen hatte, Sie nunmehr auch einmahl zu üben, und in den Streit mit dem Fürsten der Finsterniß[116] anzuführen.

112 Siehe S. 8, Anm. 39.
113 Der Leiter der Internatsschule Blaubeuren trug den Titel Prälat (s. S. 14, Anm. 38) und in Anlehnung an die Klostertradition des Ortes (s. S. 14, Anm. 39) auch den Titel Abt.
114 Joh 19,26 f.
115 Böse, d.h. Teufel.
116 Teufel.

Zwar wurde Sie schon bey Leb=Zeiten ihres H[err]n Vaters von dergleichen Pfeilen angefochten, u[nd] bereits zimlich zum *Selbst=Mord* versuchet, daß Sie sich bißweilen nicht unterstehen durfte, nahe an ein Fenster zu gehen. Zu Blaubeyren aber gerieth Sie dem Satan dergestalt in das Sieb, daß derjenige, dem Sie es nach der Zeit entdeckte,[117] nicht ohne Entsetzen solcherley Versuchungen anhören konte. Aber wie sahe man auch hie die abermahlige Vorsorge des verschonenden GOttes so augenscheinlich! Sie ware ja nach ihrer Lieben Eltern Tod noch bey[118] zwey Jahr lang in ihrem einsamen Hauß verblieben: doch durffte der Versucher[119] in dieser Einsamkeit nicht nahe zu ihr hinzutretten. Denn solche Versuchungen in der Wüsten sind Versuchungen nur allein für einen JEsum, der GOttes Sohn ist. Sondern der Feind mußte mit den größesten Anläuffen warten, theils biß Sie wohl erstarcket war in dem HErrn, und in der Macht seiner Stärcke;[120] theils biß Sie unter die Aufsicht und geistliche *Direction*[121] des oben belobten[122] in GOtt andächtigen Herrn *Praelat*ens[123] gebracht worden war.

Wir mögen wohl das wenigste davon erfahren haben. Ein und anderes aber haben die, über welche auch dergleichen Leyden giengen, von ihr heraus gebracht und aufbehalten. Darunter zehlen wir *vorderist*[124] ihre Bekäntniß, wie ihr das *betten so saur*[125] *gemacht worden seye* / indem Sie in solcher ihrer Anfechtung GOtt kei-

117 Offenbarte.
118 Etwa.
119 Teufel.
120 Eph 6,10.
121 Leitung.
122 Lobend erwähnten.
123 Prälat Matthäus Esenwein, Abt von Blaubeuren (s. S. 14, Anm. 38; S. 15 Anm 40).
124 Zuerst / vor allem.
125 Verdrießlich / unangenehm.

nen Vater mehr nennen können,[126] sondern lauter Widersprechen und Zurückstossen habe erleyden müßen. Sie habe je länger je weniger für GOtt kommen dörffen,[127] und seye ihr zuletzt alles genommen worden, was noch Hofnung oder Trost hätte geben sollen. Endlich habe Sie unter der verborgenen Gnade deß H[eiligen] Geistes noch dieses ergriffen, daß von GOtt gesagt werde, Ps. 68. 6. *Er seye ein Vater der Waysen.* Nun habe Sie gedacht, ich bin ein Wayß, darum bist du, o GOtt, mein Vater, und wenn du es sonst nirgends her bist, so will ich doch aufs wenigst hierauf, daß ich ein Wayß bin, dich jetzund einen Vater, einen Waysen=Vater, nennen. Und hierauf seye es etwas lichter in ihrem Gemüth worden. Und eben auf diesen Grund seye Sie auch sonst einmal von einer Magd,[128] die eines Predigers Tochter gewesen, und bey einem geringen Mann gedienet habe, gewiesen, und besser gestärcket worden, als wenn Sie damahls in vielen Predigten gewesen wäre. Denn diese Magd habe ihr bezeugt, ob sie gleich als eine arme Dienst=Magd kümmerlich leben müße, so dancke sie doch GOTT offtmals für ihren Waysen=Stand, denn so dörffe sie sich gewiß aller deren Verheißungen, die den Waysen in der Schrifft gegeben seyen,[129] anmaßen.

Eben in diesem Blaubeyren sollte Sie einsten *zur Beicht gehen:* konnte aber selbige Woche, auch biß auf die *Praeparations*-Predigt,[130] nicht mit sich selber schlüßig werden, um ihrer Unwürdigkeit willen, so, daß Sie vor Gedancken von selbiger gantzer Predigt nichts vernommen habe. Beym Beschluß deß GOttes=Diensts aber seyen ihr noch die Worte eingefallen, aus Spr. Sal.

126 Auch dies erinnert an Franckes Bekehrungsbericht. Vgl. *Francke:* Lebensläufe (wie S. 37, Anm. 105), S. 55, Z. 12 f.
127 Vor / zu Gott kommen dürfen.
128 Nicht ermittelt.
129 Dtn 10,18; Ps 82,3; Jes 1,17; Joh 14,18; Jak 1,7.27.
130 Gottesdienst zur Beichtvorbereitung.

c[apitel] IX. v. 4.5. die Weißheit ruffet draussen: *Kommet ihr Albern*[131] */ und esset von meinem Bißen / und trincket deß Weins / den ich schencke.* Da habe Sie gedacht, es seynd keine grössere Albern, als die Sünder, wie ich einer bin, und die werden von der Himlischen Weißheit an ihren Tisch geladen, ich will also hingehen, und hingehen als ein Alber und Thor, auf dieses Wort. Und es seye auch wol gerathen. Denn Herr *Specialis*[132] *Burck*[133] habe fast wieder seine Gewohnheit eine so Evangelische und tröstliche *Absolution* über die Worte *Joh. VI.* 37. *Wer zu mir komt / den will ich nicht hinausstoßen;* gehalten, daß Sie zimlich getröstet davon gegangen seye. Sonderlich da in der andern Predigt der damalige *Vicarius*, Herr G. S[eeger][134] wieder[135] den Unglauben so ein *populai*res Gleichniß gegeben und gesagt habe: höret ihr Bürger dieses Orts, wenn jemand unter euch mich zu gast laden, und mir den Löffel in die Schüssel tauchen würde,[136] ich aber wolte ihn nicht einmal heraus ziehen, und in den Mund schieben, würde es nicht heißen: der Mensch seye entweder ein Verächter der angebottenen Guthat,[137] oder ein sehr fauler Gesell? Und was soll man denn von euch sagen, die der HErr so freundlich an seine Tafel setzet, ihnen einen Tisch bereitet, voll einschencket,[138] und alles darbietet, was eure

131 Toren / Törichten.
132 Specialis und Spezial waren in Württemberg gebräuchliche Kurztitel für den Spezialsuperintendenten (Dekan).
133 Johann Philipp Burck (1673-1715) war von 1711 bis 1713 Spezialsuperintendent von Blaubeuren. Zu seiner Verbindung mit Beata Sturm vgl. auch S. 98, Anm. 85.
134 Die 2. Aufl. (*Rieger:* Tabea, 1732, S. 32) nennt den Nachnamen. Es handelt sich um den Pietisten Gottlieb Seeger (1683-1743), der zwischen seinem Magisterexamen 1704 und seinem Pfarramtsantritt in Weiler (Dekanat Brackenheim) 1714 offenbar um 1711-1713 Vikar in Blaubeuren gewesen war.
135 Wider / gegen.
136 Mt 26,23; Mk 14,20.
137 Guttat.
138 Ps 23,5.

Seelen sättigen und vergnügen kan, und ihr möget euren Mund nicht einmahl aufthun, und denselben füllen lassen von den reichen Gütern deß Haußes GOttes?[139] da habe sie gedacht,[140] es seye wahr, was hie der Gemeinde verwiesen werde, Sie wolle denn nimmer so ungeschmackt[141] und träge seyn, sondern nehmen, oder sich doch nur geben lassen von dem gnädigen und barmhertzigen HErrn.[142]

Der gröste Puff[143] aber wurde auf die letzte versparet,[144] mit dem es also[145] hergegangen. Da Sie einsten denen Closter=*Alumnis*[146] heimlich zugehöret hatte Chor halten, und im Creutzgang wieder zurück ging, drang der *Mörder von Anfang*[148] / Satanas, so hefftig auf sie an, sie solte sich jetzt erstechen, da es niemand sehe, Sie lasse ja nicht nach zu sündigen, wie offt Sie sichs auch vornähme, es seye also besser, Sie mache nur bey Zeiten ihres Lebens ein Ende, als daß sie ihre Verdamniß nur grösser machte durch längeres sündigen, usw. Und da habe Sie nicht nur eine *unaussprechliche Angst* / sondern auch eine *unglaubliche Gewalt und Zunöthigung* bey sich empfunden, von welcher Sie getrieben, bereits das Messer in die Hand gefaßt, mit demselben sich zu entleiben; als Ihr wie ein Blitz unter der dickesten Finsterniß noch ins Gemüth fiel, oder vielmehr, wie sie meynte, von jemand hinter ihr eilends ins Ohr gesagt wurde: *Du solt nicht tödten.*[149] Durch welches

139 Ps 36,9; Lk 1,53.
140 Verboten.
141 Geschmacklos / taktlos.
142 Ps 111,4 f.
143 Stoß.
144 Aufgespart.
145 Folgendermaßen.
146 Internatsschüler.
147 Das Chorgebet abhalten.
148 Joh 8,44.
149 Ex 20,13.

Wort Sie ermannet[150] unter einem Angst=Schweiß mit Zittern nach ihrem finstern Stüblein gelauffen seye, sich vor GOtt hingeworffen, und unter andern darauf sich beruffen habe: wie jenem Töpffer beym Jeremia der erste Topff mißrathen, und doch hernach wieder ein guter daraus gemacht worden seye, *Jerem. XVIII.* 4. *sq.* So könne und wolle der HErr auch aus ihr, als einem mißrathenen Gefäß, doch wieder ein gutes machen, usw. Worauf Sie guten Muths aufgestanden seye.

Nun auf solche unschuldige, reine und erbauliche Weise brachte die seel[ige] Jungfer ihr *Closter=Leben* zu, ob Sie gleich auf solche Lebens=Art niemahlen *Profession*[151] gethan[152] hatte! O daß solches beedes[153] in der Römischen, und auch unserer Evangelischen Kirchen, nicht anders, als zu einer solchen Schule, die *arcana*[154] *Regni tum DEi, tum Diaboli,* das ist beedes das Reich GOttes und deß Teufels, nach seinen Grund=Maximen, darinnen zu lernen, angewendet würde! O daß in diesen stillen Oertern sich viele Johannes zubereiten, und von dem Heiligen Geist stärcken liessen, hernach mit desto grösserer Krafft und Munterkeit herfürzutretten[155] vor das Volck Israel! *Luc. I.* 80. Aufs wenigst war bey unserer Jungfer Sturmin die Frucht von dieser ausgehaltenen Ubung eine friedsame Gerechtigkeit. Von dieser Zeit an ward das Reich GOttes in ihrer Seele Friede und Freude im H[eiligen] Geist. *Röm. XIV.* 17. Doch dem Ansehen[156] nach, und wie Sie es selbs bezeuget hat, mehr Friede als Freude. Aber ein fürtrefflicher Friede. Sinte-

150 Gestärkt.
151 Profess / Gelübde.
152 Abgelegt.
153 „Beedes" bezieht sich wohl auf das Folgende, die beiden – die römische und die evangelische – Kirchen.
154 Geheimnisse.
155 Hervorzutreten.
156 Anschein.

mahl[157] er ihr Hertz und Sinne gegen alle entkräfftende oder beunruhigende Zerstreuungen in Christo JEsu bewahrete, und Sie in derjenigen gleichen Ruhe enthielte, davon wir jetzt bald weiter hören werden.

157 Weil / insofern.

Der seel[igen] Jungfer Sturmin Zurückkunfft[1] ***nach Stutgardt / und dorten* geführtes *Exemplar*isches Christenthum.**

ALs der Ruf deß Ertz=Hirten JEsu Christi[2] ihren geliebten Herrn Prälaten von Blaubeyren nach Stutgardt zur Stiffts=*Praedicatur* und *Consistorial*-Raths=Stelle führte,[3] kam Sie mit demselben auch wieder in ihre Vater=Stadt, in welcher sie biß an ihr seeliges Ende mit ihrem heiligen Leben und göttlichen Wandel als ein Stern erster größe leuchtete, so daß jederman ihre gute Wercke sehen konte,[4] ob Sie gleich als eine[5] geistliche Biene ihr fürnehmstes Geschäffte im verborgenen triebe. Wir erinnern uns aber vorderist[6] und

I. Deß ungefärbten Glaubens /

Der in dieser *Loide* und *Eunike* gewohnet hat. 2. *Tim. I.* 5. Durch diesen Glauben wohnete Christus in ihrem Hertzen, der ihro alles war. *Eph. III.* 17. Sie hatte unter ihren demütigungen gelernet, aus dem Glauben zuleben, und alles auf die allein gültige Gerechtigkeit JEsu Christi ankommen zulassen. Es war eine Lust, ihro zuzuhören, wie Sie ihr gantzes, *gantzes Hertz setzte auf die Gnade / die ihr in Christo angebotten und geschencket war.* 1. *Petr. I.* 13. Wenn Sie auf die Gnade GOttes in Christo JEsu kam, so lebete Mund und Hertz an ihr.

---

1 Rückkehr.
2 1Petr 5,4.
3 1713 wechselte Esenwein (s. S. 15, Anm. 40) nach Stuttgart. Als Konsistorialrat gehörte er der Kirchenleitung (Konsistorium) an. Mit dem Amt verbunden war ein Predigtauftrag an der Stiftskirche, der Hauptkirche der Stadt.
4 Mt 5,16; 1Petr 2,12.
5 Obwohl sie wie eine.
6 Zunächst / zuvor.

Welches wol die fürnehmste Ursache seyn mag, warum, da Sie um ihrer schwachen Augen willen ausser der Bibel nicht wol ein ander Buch gelesen, gleichwol da ihr vor etlichen Jahren ein paar Tomi[7] von *Lutheri Jenensischen* Theilen[8] geschencket wurden,[9] Sie alsobald einen solchen Geschmack daran gefunden, daß sie dieselbe fortan neben der Schrifft gelesen, und bezeuget hat, daß ihr niemand noch Christum also köstlich geprediget, und groß gemacht habe, als ihr lieber *Luther* / an dem Sie sich nicht satt lesen könnte. Und gewis, wenn etwas hoch an ihr zu *aestimi*ren[10] ist, so ist es dieses mit, daß da Sie von Jugend auf vor groben Sünden bewahret, und auf einen so hohen Grad der Heiligung geführet worden ist, *Sie doch niemahlen sich in ihr schönes Licht verliebet / noch den Mond angesehen / wenn er voll war / noch ihre Hand geküßt / Iob.*[11] *XXXI.* 26. *sq.* Sondern beständig in der wahren Armuth deß Geistes, und demüthiger Erkäntniß ihres eigenen nichts, gehalten worden ist; aber desto getroster und mit beeden Fäusten zugegriffen hat in die überschwengliche Fülle der Gnade und der Gaben in Christo JEsu.[12]

Und was bedarfs viel? da Sie ihren lautern Evangelischen Grund von der Rechtfertigung uns so nachdrücklich einsten[13] vor Augen geleget hat, aus Gelegenheit derjenigen *Reflexion*en, welche sie über die letzte Worte, *deß II. Cap[itels]* 1. B[uch] Mos. machte: *Sie wa-*

---

7 Bände.
8 Gemeint ist die in Jena 1555-1558 erschienene Ausgabe von Luthers (deutschen) Werken, die oftmals nachgedruckt und im 18. Jahrhundert die gängige war.
9 Die 2. Aufl. berichtet, die Luther-Schriften seien ihr „von ihrem jüngern Herrn Bruder [Georg Gottfried Sturm] *recommendi*rt, und nach und nach geliehen" worden (*Rieger:* Tabea, 1732, S. 38).
10 Schätzen.
11 Hiob.
12 Eph 2,7.
13 Einmal.

ren beede nackend / der Mann und sein Weib / und schämeten sich nicht. Wir wissen wol, daß die Lehre von der Rechtfertigung eines armen Sünders vor GOtt, ohne alle seine Wercke und Würdigkeit, in dieser Stelle nicht eben ihren eigentlichen Sitz hat. Aber weilen[14] die Augen unserer seel[igen] Jungfer Sturmin dermaßen beym Bibel lesen auf Christum gerichtet waren, daß Sie weder Mosen noch Eliam, *sondern allein JEsum in der Schrifft sahe / Math. XVII.* 8. so erblickte Sie auch in denen angezogenen Worten[15] ihren theursten Heyland Christum, und gab mit solchen ihren Gedancken wenigstens den Grund uns zu erkennen, auf welchen Sie sich vor dem Göttlichen Gericht steurete.[16] Sie sagte, der Stand der Gnaden ist nichts anders, als eine Wieder=Aufrichtung deß Stands der Unschuld. Da solle sich nun eine Seele völlig in lauter Gnade hineinsencken, und wie gantz nacket werden, das ist, volkommen entblöset von allem eigenen Werck, deßgleichen von allem, auch dem heimlichstem und *subtil*sten Vertrauen auf irgend etwas deß ihrigen. Denn bey solcher blöße werde sie sich viel weniger zu schämen haben, als der erste Adam:[17] nachdem GOtt der HErr jetzund in dem neuen Bund der Gnaden[18] Sie mit einer andern und weit vollkommern Gerechtigkeit, nemlich mit der unendlichen Gerechtigkeit seines Sohnes,[19] bekleide usw. Wie gibt uns dieses allein so einen schönen Blick in ihr Hertz, und laßt uns sehen, wie Sie *alles / auch die von GOtt selbs gewürckte Gerechtigkeit in ihr verleugnet /* und sich blos und nacket dargestellet habe, wenn es auf *das Vertrauen vor dem Gericht GOttes /* und auf

14 Während.
15 Herangezogenen.
16 Stützte.
17 Gen 3,7.
18 1Kor 11,25; Hebr 8,8–10.
19 Röm 3,21; 1Kor 1,30.

den Grund der Hofnung ihrer Seeligkeit, angekommen ist! dabey fande Sie aber doch keine Ursach, sich in solcher blöse zu schämen, weil sie, als deß Königs Tochter, in die güldene Stücke deß rothen Bluts JEsu Christi eingehüllet wurde. Psalm. 45. 10.14.

Weilen ihr nun Christus alles, und ihr A und O[20] war, so waren ihr auch diejenige Predigten die Liebsten, in welchen Christus groß gemacht, und die Güter und Schätze in ihm mit vollem Munde angepriesen wurden. Wovon nicht nöthig ist, Zeugniße anzuführen. Denn auch eine geringe anderwärtige Anweisung[21] auf Christum im zufälligen *Discurs* konte Sie schon hoch erfreuen. Ich weiß, wie Sie einmal Gelegenheit gegeben hat, daß ihr die Lehre und Redens=Art von Christus *für* uns,[22] und Christus *in* uns,[23] erkläret wurde. Denn ob Sie gleich sonst eine treffliche Erkänntniß deß Heils hatte, so schiene doch, als ob sie von diesem Unterscheid noch keinen völlig deutlichen Begrif, oder auch wol gar irrigen Sinn gehabt hätte aus einem alten *discurs,* den ihr seel[iger] Vater mit einem gewisen Prediger[24] hie ehdessen geführt, und Sie damals die Sache nicht recht gefaßt haben mochte. Sie nahm deßwegen nicht nur die gegebene Erläuterung auf der stelle mit grössester Freude an, sondern danckte auch hernach besonders dafür, und sagte, Sie hätte dieselbe gantze Nacht nicht schlafen können, sondern habe sich immer mit dieser Wahrheit unterhalten, und GOtt von gantzem Hertzen darüber gepriesen, daß da Christus *in uns* öffters gleichsam verschwinde, der Grund unsers Heils und Zuversicht auf Christo *für uns* gleichwohl unbeweglich bestünde.

---

20 Apk 1,8.
21 Hinweis / Verweis.
22 Mk 10,45; 14,24; Mt 20,28; 26,28; Lk 22,19f.; Röm 5,6.
23 Röm 6,3.23; 8,1f.; 12,5; 15,17; 16,3.5.7.10; 1Kor 1,30; 16,24; 2Kor 1,21.
24 Nicht ermittelt.

Zur andern zeit hatte Sie eine kindliche und wol hertzliche Freude über eine sehr schlechte und vieleicht manchen verächtlich scheinende Sache. Aber weil sie daran den lautern Glauben an Christum abgebildet sahe, war es ihr nicht verächtlich, sondern groß und herrlich. Nemlich Sie schenckte einsten ihrer Magd etliche alte Hembder,[25] und weil die Magd anderer Geschäfften wegen sie nicht sobald mitnehmen konnte, so kam sie über eine weile, und sagte: da will ich *meine* Hembder abhohlen. Ach! welch eine Erquickung und Seelen=Weyde war dieses für den Geist unserer liebsten Jungfer Sturmin! *ihr glaube* wurde alsobald *rege* und munter auf *Christum* hin. Sie sagte: siehe, dieses Mensch[26] eignet sich jetzo[27] gleich diese Hembder als eigen zu, da ich Sie ihr geschencket habe, ungeachtet ich ein Mensch bin, der mich hätte ändern können, denn die Schrifft sagt ja, *alle Menschen sind Lügner.* Psalm. 116. *v.* 11. Ey warum mache ichs denn nicht auch so gegen GOtt dem Treuen und Wahrhafftigen? warum greiff ich nicht auch so getrost und einfältiglich zu, wenn mir GOtt seinen Sohn, und mit demselben alles, schencken will? warum nehm ichs nicht zu mir, als mein *Eigenthum* / das nunmehr *mir* zugehört? warum sage ich nicht auch so frey und keck hin: da will ich *meinen* JEsum hohlen! da will ich seine Gerechtigkeit *nehmen.* Da bin ich, und will *meine* Versöhnung, meine Vergebung der Sünden usw. abfordern!

Aus solcher lautern Quelle konte Sie desto erquicklichere Trost=Bächlein *auf andere* hin über leiten, die sich Christum zuviel aus den Augen rücken liesen. Da wußte Sie aus ihrer Erfahrung viel zu erzehlen, das zur einfältigen Hinweisung der müden Seelen auf Christum

25 Hemden.
26 Diese Frau (das Mensch).
27 Jetzt.

dienete, weil Sie (nach ihrer tausendfältigen[28] Redens=Art) selber auch hinter diesem Ofen gesessen[29] wäre. Sie erzehlte, zum Exempel, wie sie sich, ehedessen so viel Unruh gemacht mit so vielem Angeloben, da habe Sie sich, wenn Sie in einer Predigt recht warm worden seye, weiß nicht was zu ihrem Christenthum fürgenommen.[30] Ehe sie sichs aber versehen, so seye wieder ein Fehler vorgegangen, dadurch seye sie beständig verunruhiget[31] worden, und habe immer von neuem wieder anfangen müssen. Das habe sie aber getrieben, Christum recht kennen zu lernen. Sie habe sich nimmer mit so viel angeloben gebunden;[32] darnach wenn ihr ein Fehler offenbar worden seye, habe sie kurtzen Weg genommen, seye zu Christo gelaufen, und habe ihme den gantzen Handel[33] heraus gesagt; dabey sie sich allemal wol befunden. Kurtz, *GOttes Gnade habe Sie am brünstigsten / treuesten / eiferigsten und festesten gemacht /* und Sie habe lang zuvor erfahren, was neulich ihr gewesener[34] Beicht=Vater[35] geprediget habe: *Wer fromm leben wolle / müsse vorher seelig seyn /* nemlich durch Glauben die von Christo erworbene Seeligkeit angenommen haben. Und darum solle man sich von dem Gnadenvollen GOtt nur seeligmachen[36] lassen.

Als eine gewise ernstliche, damals aber todtkrancke Persohn, der Jungfer Sturmin bezeugte, wie es ihr jetzund so wol seye, wie sie nichts als Zuversicht zu GOtt

28 Vielseitigen / bilderreichen.
29 Weil sie auch gleichartige Erfahrungen gemacht hatte (Redewendung).
30 Vorgenommen.
31 Beunruhigt.
32 Sich nie mit vielen gelobten Vorsätzen aufgehalten.
33 Angelegenheit.
34 Vor Kurzem ihr ehemaliger.
35 Zu Beata Sturms Beichtvätern (Seelsorgern) gehörten sicher David Friedrich Jäger (s. S. 142, Anm. 130) und sehr wahrscheinlich Oechslin (s. S. 225, Anm. 20). Hier könnte Oechslin gemeint sein.
36 Mt 18,11; Hebr 7,25.

spüre, und im geringsten keine Anklagen mehr leyde, usw. Sie sorge aber nur, daß sie zu sicher seyn, oder in eine *falsche Ruhe* eingewieget[37] werden möchte. Darauf antwortete Jungfer Sturmin unter andern: Sie hätte einmal unsern lieben GOtt ernstlich angeruffen,[38] Er möchte ihr doch ihren innern Zustand, wie er vor seinen Augen aussehe, offenbahren, und ihr zu erkennen geben, wie sie mit ihm daran seye, und ob ihre Sache rechter Art wäre, oder nicht? so seye darauf eine solche Stille, Ruhe, Zufridenheit und Vergnügung in ihrer Seele worden, dergleichen sie zuvor nicht empfunden. Dieses habe sie nun *ohne scrupel* als eine göttliche Antwort angenommen, und solches nicht weg zu stoßen begehrt. Denn mann soll geniessen, wenn und was der HErr gibt: Wenn er gibt, solle man samlen; wenn Er seine Hand aufthue, so werde man mit Gut gesättiget.[39] Dessen solle man im Glauben genießen. Hieraus konte freylich nicht anders, als ein *zuversichtlicher Sinn / und recht kindliche Einfalt im Vertrauen auf GOtt* bey ihr entstehen; welches sich bey allen Gelegenheiten offenbahrete. Als da ein gewißer, ihr gar lieber Prediger auf dem Land,[40] Sie um ihre Fürbitte ersuchen ließ, antwortete sie: Sie thue es, und wolle es ferner thun. Aber mann solle selbigem guten Freund in ihrem Nahmen darneben ausrichten: Er selber nehme nur so wenig. O wir glauben so gar nicht, wie gut der Vater seye, sonst würden wir mehr erhalten. Die *kindliche* Hertzen fehlen uns, wie sie erst dieser Tagen an Herrn *N.*[41] Kind wahrgenommen, welches ob es wol von dem Vater sehr

37 Gewiegt.
38 Jak 5,15.
39 Ps 145,16.
40 Siehe S. 78, Anm. 94.
41 2. Aufl. (*Rieger:* Tabea, 1732, S. 45): ihres Herrn Bruders. - Am 9. Dezember 1729 war Rosine Elisabeth Sturm (geb. 1708), Tochter und erstes Kind von Johann Heinrich Sturm d. J., verstorben.

seye angefahren[42] worden, doch getrost geblieben seye, und nicht habe glauben wollen, daß es dem Vater ernst seye, sondern gemeynt, er stelle sich nur also. Hingegen die *größere Kinder* seyen immer scheuer und ängstiger etwas zu begehren, weil sie mehr Uberlegungen machen. Darum seye sie froh, daß ihro GOtt so einen *kindlichen Geist*[43] gegeben, und nicht *soviel Vernunfft* denn sie glaube gäntzlich, *die Gelehrten* seyen nur *zuvernünfftig* / daß Sie dem lieben GOtt, was sie nicht so bald mit ihren vermeynten Grund Warheiten reimen können, deßwegen auch nicht zutrauen, oder doch viel langsamer und träger seyen *zu glauben* / als die Unmündige und Säuglinge. *Luthers* Schriften gebe sie nach der Bibel den Preiß über alle andere Bücher, weil er ihr *den Glauben* so herrlich beschreibe. Es düncke sie offt, als wäre man in Predigten nur alzu fürsichtig, und traue sich um *besorgenden Mißbrauchs*[44] willen nicht, den *Glauben also zu erheben* und heraus zu streichen, *wie ers doch verdiente;* und wie es auch in allweg nöthig seye, beym Glauben anzufangen, wenn man nicht das Leben von den Todten fordern wolle.[45] Einmal man solte die Beschaffenheit deß Glaubens, die Ordnung deß Heils, und die *aus dem Glauben bereits schon habende unvergleichliche Seeligkeit* / öffters und ausführlicher dem grossen unberichteten[46] Haufen fürstellen. Denn Sie habe es aus eigener leydiger Erfahrung, daß weil sie ehdessen keinen richtigen Begrif von der Ordnung deß Heilß gehabt, seye sie darüber, wie jener Mondsüchtige, *bald ins Feur / bald ins Wasser gefallen; Marc. IX.* 22. Ja sie wäre biß zur Verzweiflung gekommen, wo die Barmhertzigkeit GOttes sie nicht noch erhalten hätte. End-

42 Barsch angeredet.
43 Röm 8,15.
44 Aus Sorge vor Missbrauch.
45 SapSal 13,17f.
46 Darüber nicht aufgeklärten.

lich habe Sie damals *Arnolds*[47] Evangelische Bottschafft[48] unter die Hand bekommen, und dadurch sey ihr ein Hertz zu dem lieben GOtt gemacht worden, dafür sie ihm hertzlich dancke.

Nachdem Sie aber jetzund den *Luther* erschmäckt[49] habe, so gehe dieser über alle. Erst neulich habe sie sich aus ihme recht vergnü[g]lich erbauet, daß er schreibe: *Ein Prediger soll seinen Beruf*[50] *von GOtt und der Obrigkeit erwarten / und wenn er solchen erhalten / hernach sich seine*[51] *Ungeschicklichkeit nicht abschrecken lassen. Und so sols auch ein jeder Christ machen beym betten / anhörung deß Worts GOttes / gebrauch deß H[eiligen] Abendmahls / überal soll er nur auf das Wort deß HErrn es aufnehmen / ohne auf seine Geschicklichkeit / Würdigkeit oder Unwürdigkeit zu sehen.*[52] Hierdurch seye sie sehr gestärcket worden. Sie bette jetzund so; und traue bloß dem Wort, daß GOtt befohlen habe zu betten, und auch verheissen, dasselbe zu erhören,[53] es möge hernach heraus kommen, wie es wolle. Denn an die *Gnaden=Empfindungen* müsse man sich ja nicht binden. Es seye ihr noch einmal, wie oben gesagt,[54] wenn man die Leuthe[55] fromm machen wolle, so müße

---

47 Gottfried Arnold: (1666–1714), radikaler Pietist und Mystiker, war 1697/98 Geschichtsprofessor in Gießen und später, 1707–1714, Superintendent in Perleberg. Er leistete wichtige Beiträge zur Kirchengeschichtsschreibung und dichtete Kirchenlieder.

48 *Gottfried Arnold:* Die Evangelische Botschafft Der Herrlichkeit Gottes in Jesu Christo, nach denen ordentlichen Sonn- und Fest-Tags-Evangelien vorgetragen [...], 1. Aufl., Frankfurt a. M.: Fritsch, 1718. - 1727 war bereits die 4. Aufl. erschienen.

49 Geschmack gefunden.

50 Berufung.

51 Durch seine.

52 Das durchaus zu Luther passende Zitat ist in Luthers deutschen Schriften und in den Tischreden nicht zu finden. Möglicherweise stammt es aus einem zeitgenössischen populären Buch über Luther.

53 Ps 50,15; 91,14–16; Mt 7,7.

54 S. 50, Z. 19–22.

55 Menschen.

man ihnen den Glauben predigen, und Christum angenehm machen. Wenn man einem Menschen etwas Böses entleyden,[56] oder eine sündliche Gewohnheit abthun wolle, ohne ihm was bessers dafür zu zeigen; so gehe es wie mit einem Kind, deme man ein Messer aus der Hand nehmen wolle. Das Kind werde es nur desto fester halten, oder ein grosses Geschrey anfangen, biß man ihme was gebe, das ihm besser gefalle, so denn werde es das Messer von selbsten hinwerffen. Man solle also nur die unendliche Liebe GOttes in Christo JEsu offenbahren, und die Seelen zum Glauben daran reitzen, so werde die Lust an der Sünde am besten entleydet[57] werden, usw.

Ein solcher Glaube muste, wie überhaubt Fruchtbar zur Heiligung, also insonderheit thätig gewesen seyn

56 Abgewöhnen.
57 Verleidet / abgewöhnt.

II. Durch die Liebe gegen GOtt und alle Menschen.

VOn *jener* zeugen alle Buchstaben dieser gantzen Schrifft, wiewol[1] das innerste und fürnehmste dem HErrn allein bekant geblieben ist. Die Liebe GOttes, welche durch den H[eiligen] Geist in ihr Hertz anfangs ausgegossen worden war,[2] ist niemal wieder vertrocknet, sondern hat von Jahren zu Jahren bey der seel[igen] mercklich zugenommen, gleich jenem Wasser in dem neuen Tempel, *welches dem Propheten erst an die Knöchel / darnach an die Knie / so denn an die Lenden gieng / biß ers zuletzt nimmer ergründen konte. Ezech.* 47. 2.5. Wir möchten Sie billig[3] eine Christliche *Vestalem*[4] nennen, die *Profession* davon machte,[5] das auf dem Altar ihres Hertzens fast mit dem Anfang ihres Lebens angezündete Feur der göttlichen Liebe, mit wachen Tag und Nacht dermassen zu unterhalten, daß es in ihrem gantzen Leben nicht bedorfft hat von neuem angezündet zu werden. O eine seelige Seele! o eine würdige *Beata,* wieder[6] welche der eifernde[7] Bräutigam JEsus Christus selber nicht einmal *etwas kleines hatte zu klagen / daß sie die erste Liebe verlassen hätte!* Offenb. *Joh. II.* 4. Nein, Sie hat nie darinnen nachgelassen, sondern beständig zu genommen. Niemand, der Sie nach ihrer gantzen Führung gekennet, wird zweiflen, daß sie nicht gehören solte unter die besonders *versiegelte hundert und vier und viertzig tausend Jungfrauen / die bey dem Lamme auf dem Berge Zion stehen / und den Nahmen*

---

1 Obwohl.
2 Röm 5,5.
3 Zu Recht.
4 Vestalinnen waren im alten Rom die Priesterinnen der Vesta, der Göttin des Herdfeuers.
5 Deren Beruf / Aufgabe es war.
6 Wider / gegen.
7 2. Aufl. (*Rieger:* Tabea, 1732, S. 49): sanfftmuthige.

seines Vaters geschrieben haben an ihren Stirnen / die auf der Harpffen spielen / und ein neues Lied vor dem Stuhl singen / welches sonst niemand lernen kan. Diese sinds (so deutet der Heilige Geist mit Fingern auf sie, und unter ihnen auch auf unsere zu ihnen versamlete seelige *Beata) diese sinds / die mit Weibern nicht beflekket sind / denn sie sind Jungfrauen / und folgen dem Lamme nach / wo es hingehet. Diese sind erkaufft aus den Menschen zu Erstlingen GOtt und dem Lamm. Und in ihrem Munde ist kein Falsches erfunden / denn sie sind unsträflich vor dem Stuhl GOttes.* Offenb. *Joh. XIV.* 1–5. Eine solche Jungfrau nach Leib und Geist war unsere theureste Jungfer Sturmin. Sie war mit Weibern nicht befleckt, das ist, wie es nach der Heil[igen] Sprache,[8] *μετα*, lauten solle, Sie war *samt* andern Weibern nicht befleckt. *andere* Weiber, nicht die in einem keuschen Eh=Stand leben, sondern *andere* Weiber, deren in der Offenbahrung Johannis gedacht wird, als zum Exempel das *Weib Jesabel / cap[itel] II.* 20. die grosse Hure, das Weib voller Abgötterey und Zauberey, *c[apitel] XVII.* 3. *sq.* und viel tausend andere, die wieder GOtt huren, und ihre Liebe an etwas anders ausser GOtt hängen, beflecken sich: aber unsere Jungfer Sturmin war nicht also beflecket; sie hat ihr Hertz nicht also Ehbrecherisch zwischen GOtt und der Welt getheilet, sondern ihr Braut=Hertz gantz allein und völlig ihrem Bräutigam geschencket und vorbehalten, ist mit ihrer Liebe dem HErrn allein angehangen, und also auch *ein* Geist mit ihme worden. 1. *Corinth. VI.* 17. O daß ihr unvergleichlich Exempel alle, sonderlich die ihres Geschlechts sind, zu eifern reitzen möchte! O daß sich viele mit dieser Fürgängerin[9] *als reine Jungfrauen*

8 Griechisch.
9 Vorbild.

Christo zubringen liessen / sie möchten hernach in der Ehe, oder ausser der Ehe leben! 2. *Cor. XI.* 2. *Nun pranget Sie im ewigen Crantz dieser ihrer Jungferschafft und unbefleckten Liebe GOttes / und hat behalten den Sieg deß keuschen Kampfs. Wer es höret / der nehme es zum Exempel an / und wers nicht hat / der wünsche es doch;* müssen wir alle unsere Leser ermahnen aus dem Buch der Weißh. *c[apitel] IV.* 2.

Da Sie nun GOTT ihren Himlischen Vater, und ihren außerwehlten Bräutigam JEsum Christum durch den Braut=Werber den H[eiligen] Geist, so hertzlich, so aufrichtig, so zärtlich, so brünstig, so beständig liebte: wie muß *Sie* nicht *hinwieder* so unaussprechlich *geliebet worden seyn* / als eine wolgerathene *Tochter* / als eine wolgeschmückte *Braut*[10] / als ein lebendiger *Tempel*[11] deß DreyEinigen *GOttes. Denn wer mich liebet / der wird von meinem Vater geliebet werden / und Ich werde ihn lieben / und mich ihm offenbaren* / ist der Wechsel=Ring der *mutuell*en[12] Liebe, welchen Christus an den Finger seiner geliebten Braut stecket, *Joh. XIV.* 21. O in welch einen geheimen Umgang wurde diese Seele mit GOtt zugelassen! wie bekandt wurde sie mit dem Hertzen des Vaters! wie hertzte Sie der Sohn der Liebe so zärtlich! Ihr Titul war: *Chaephzibah,*[13] das ist, meine Lust an dir, du lieber Buhle! *Esai.*[14] *LXII.* 4. Das kan man deutlich genug abnehmen aus denen jezuweiligen Bekäntnissen, die Sie gethan von dem, was sie erfahre und geniesse. Denn bißweilen hat sie es nicht bey sich behalten können, sondern muste davon zeugen, wo sie unter Vertrauten ware.

10 Apk 21,2.
11 1Kor 3,16; 6,19.
12 Gegenseitigen.
13 Hebräischer Name für Jerusalem (Jes 62,4), aber auch Frauenname (2Kön 21,1).
14 Jesaja.

Als Sie, z[um] E[xempel] nicht lang vor ihrem seeligen Ende gefragt wurde: Wie stehet es um Sie, Jungfer Sturmin? Antwortete Sie mit grosser Freude: Wenn man mich hierum fragt, so muß ich sagen: *O JEsu / mein Bräutigam / wie ist mir so wol!*[15] Doch das folgende (war ihre grosse Demuth) könne sie noch nicht hinzu setzen: *Deine Liebe / die machet mich gantz truncken und voll.*[16] Wie auch das andere noch nicht, wenn es heisse: *Weg / weg ihr Verwandten / ihr Freunde und Bekandten / usw.*[17] Denn die Ihrigen seyen ihr noch zu lieb. So wissen wir auch, daß Sie mehrmalen[18] zu Lieb ausgegangen ist, und gesaget hat: Sie müsse nur auch anzeigen, wie der HErr ihr Hertz so erfülle biß oben an. O wie süß, wie süß! Ach! was kan der HErr geben! O wie ist es mir für die arme unwissende Seelen so leyd, daß sie nichts hievon innen werden! Ach! daß ich es doch allen Fürsten und Königen anwünschen könte, daß auch sie ein Tröpfflein schmäckten von dem, was der seelige GOtt mich Unwürdige kosten lässet, sie würden alle ihre anderwärtige vermeynte Ergötzungen, als[19] faules Wasser dagegen ausspeyen! Bey Ausgang[20] des 1725. Jahrs kam Sie ein paar Tag lang in grosse Seelen=Noth; wurde aber darauf mit himlischem Trost also überschwenglich überfüllet, daß Sie *denselben nicht mehr fassen noch ertragen konte / sondern bitten muste / der HERR wolle nachlassen / mit solchen Strömen auf Sie zuzugiessen.* Sie meynte deßwegen, die Glaubigen

---

15 Strophe 1 des Liedes *O Jesu, mein Bräutigam.* - *Johann Anastasius Freylinghausen:* Geistreiches Gesangbuch. Edition und Kommentar, hg. von Dianne Marie McMullen und Wolfgang Miersemann, Bd. 1, T. 2, Tübingen 2006, S. 656 f., Nr. 459, hier S. 656.

16 Ebd.

17 Ebd. (Strophe 4).

18 Mehrmals.

19 Wie.

20 Am Ende.

auf Erden hätten nicht nur einen Vorschmack[21] des ewigen Lebens auf Erden, sondern das Wesen des ewigen Lebens selber. Uber welcher *Materie* Sie in ein solch entzückendes[22] Gebet geriethe, daß die Anwesende gegen einander bekanten, nicht nur dergleichen Worte niemalen gehöret zu haben, sondern sie auch nicht fassen und behalten zu können. Wie Sie denn auch das gantze Vater Unser auf diese Gemeinschafft mit der obern Kirchen erklärte; so wir aber nimmer nachsagen können.

Zu einer andern Zeit, und noch nicht gar lang, fieng Sie unter einem *Discurs* an mit grosser Freude und Hände=klopffen zu erzehlen, was Sie jüngstens vor einen besondern Sonntag gehabt, an welchem Sie das heilige Abendmal genossen habe. Von dem *Erwachen des Morgens* an seye nichts als unaussprechliche Süssigkeit in Sie ausgegossen gewesen, die sich noch mehr ausgebreitet *unter* ihrem *Gebet* / und darauf fürgenommener[23] *Ordinari-Bibel=Lection*[24] aus *II. Samuel VII.* darüber Sie gantz besondere Gedancken hatte, die wir vielleicht unten beybringen wollen.[25] Ferner sey Ihr die *Morgen=Predigt* in dem Stifft[26] auch gar erbaulich gewesen; sodenn seye der *Genuß des Leibes* und *Blutes JEsu Christi* selbst erfolget. Alles dieses habe Ihr so viel Freude und Süssigkeit zugeflösset, daß dieselbe sich

21 Vorgeschmack.
22 Hinwegreißendes / erhebendes.
23 Vorgenommen.
24 Bibellesung nach festgelegter Ordnung. - Bibelleseplàne, die jedem Tag feste Texte zuordneten und einmal im Jahr durch die ganze Bibel führten, gab es seit dem späten 16. Jahrhundert und waren im 17. Jahrhundert sehr beliebt, im Pietismus jedoch durchaus umstritten. Beata Sturm und ihr Vater und auch Rieger scheinen das regelmäßige Lesen der Bibel praktiziert zu haben.
25 S. 149, Z. 26 – S. 152, Z. 9.
26 2. Aufl. (*Rieger:* Tabea, 1732, S. 55): Herrn Stiffts=pred[iger] Fr[isch]. - Johann David Frisch (1676- 1742) war von 1726 bis 1742 Konsistorialrat und hatte einen Predigtauftrag an der Stuttgarter Stiftskirche.

von der *Seele* auch *in den Leib* ergossen, und *Sie sich in der Kirche mit dem Schlupfer*[27] *habe verhüllen müssen* / damit Sie mit ihren Geberden niemand anstössig werden möchte. *Nachmittag* habe der liebe GOtt diese Erquickung mit einer nochmaligen *Predigt* / und endlich in dem *Umgang zweyer* Christlicher *Jungfrauen* fortgesetzet, so, daß es *ein recht lustiger Sabbath worden seye* / und Sie es dem Leibe nach nimmer[28] lang hätte ertragen können; wie Sie denn starckes Kopffweh bekommen, und sich der Gedancken mit Gewalt habe entschlagen[29] müssen. Solche Freude wäre nicht auszusprechen in dieser Hütten.[30] Sie habe gewünschet, daß Sie jetzo doch alle Menschen umfassen, und in den Himmel auf ihren Händen tragen könte! Wenn doch alle Liebhaber der Welt=Lust nur etwas von dieser Lust empfinden möchten! es seye doch unaussprechlicher Schade, daß eine einige Seele auf der Welt zurück bliebe, und nicht mit diesem Liebes=GOtt bekannt würde! den Frieden mit GOtt geniesse Sie schon geraume Zeit beständig: Dieses aber seye eine Sonntägliche und ausserordentliche Hochzeit=Freude gewesen. Sie bitte uns um Verzeihung, daß Sie nach Art der redlichen Deutschen so frey bey uns heraus gehe. Allein Sie dencke, Sie seye jetzo das Weib, das den Groschen gefunden habe, und müsse ihre Nachbarinnen zur Freude mit aufruffen. *Luc. XV. v.* 8. Sie erinnere sich noch immer, wie Sie ehmals von Zaisenhausen nach *N.*[31] über Feld gegangen, einen Ihr besonders lieben Prediger[32] zu

---

27 Muff / Handwärmer.
28 Nicht mehr.
29 Entledigen.
30 In diesem (sterblichen) Leib. – Vgl. 2Kor 5,1.
31 Vermutlich Niederhofen.
32 Vermutlich der Konvertit Johann Jacob Dennhardt / Dennart (gest. 1758), ein ehemaliger Dominikaner aus Boppard, der 1714-1753 in Niederhofen wirkte. Sein Predigttalent ist auch anderweitig bezeugt. Vgl. [*Karl Emil*

besuchen, und sich mit ihme im HERRN zu ermuntern. Er seye Ihr aber damahls zu mehrer[33] Betrübniß worden, weil er so still gewesen, und nichts gemacht habe. Darum weil es Ihr damals so weh gethan, habe Sie sich fürgenommen, Sie wolle unter Christlichen Seelen niemalen[34] so stille seyn, noch jemand betrübt von sich gehen lassen, weil der HErr so freundlich seye, und Ihr Hertz schon so viel tausendmahl erfreuet habe.

Auch dadurch wurden wir einsten in Verwunderung und Bestürtzung gesetzet. Als eine fürnehme[35] Person starck auf ihr Gewissen eindrang, wegen ihres so gar schlechten Essens, und ihre andere Entschuldigungen nicht für wichtig genug erkennen wolte: wrunge[36] Sie die Hände, seufzete, und sprach endlich, Sie müsse es uns nur gestehen, Sie werde *so himlisch von GOtt gespeiset* / Sie werde mit denen Gütern GOttes an ihrer Seele also vergnüglich geweydet, daß es *auch der Leib mitgeniesse / und Sie sich also ein Gewissen machen müste / wenn Sie für ihren Leib das geringste mehrers / als die höchste Nothdurfft / nähme.* So haben wir auch sonst mehrmahlen aus ihrem Munde gehöret, wenn der HErr ihre Seele erquicke, so theile sich solches auch dem Leibe mit, daß Sie wohl verstehe, was David[37] sagen wolle: Mein Leib und Seel freuet sich in dem lebendigen GOtt. *Psalm.* 84. *v.* 3. Es werde Ihr um und um wohl. Ja Sie dörffe wohl sagen, daß es Ihr bey ihrem kräncklichen Leibe fast nie wohl seye, als wenn Sie bette, oder in der Bibel lese, oder eine Predigt höre.

Gustav] *Wolff:* Zur kirchlichen Kulturgeschichte Württembergs von 1550 bis 1800. Nach Akten des Bezirks Brackenheim dargestellt, in: Blätter für württembergische Kirchengeschichte, Neue Folge 9 (1905), S. 143-175, hier S. 146 f.

33 Großer.

34 Niemals.

35 Vornehme.

36 Rang.

37 König David als Autor oder Sänger der Psalmen.

Wenn der HErr sein Angesicht über ihre Seele leuchten lasse,[38] so werden auch ihre leibliche Augen heller davon. Dieser Honigseim[39] mache ihre blöde Augen so wacker,[40] daß Sie es beym Lesen offenbahrlich spüre, usw. bey der strengen Kälte des bekanten Winters zu Anfang 1729.[41] fühlte Sie Beschwerlichkeit am Leibe, und zweifelte, ob Sie in die Kirche gehen könte. Sie wagte es aber doch. Und da gerade eine *Materie* nach ihrem Geschmack fürkam,[42] entzündete sich die Freude und Lust ihres Geistes darüber dergestalt, daß von dieser innerlichen Hitze auch der Leib gantz warm worden ist, und Sie sich hoch erfreuet hat, daß Sie sich die Kälte nicht hätte zurück halten lassen.

Und eben dieses mag eine *Ursach* ihres *verlängerten Lebens* seyn. Sie ist zwar nicht alt worden. Aber es ist hoch zu verwundern, daß Sie nicht 10. Jahr bälder[43] gestorben, sonderlich wenn wir die strenge *Mortificationen*[44] bedencken, mit welchen Sie hinter ihrem Fleisch hergewesen war, wie wir unten mit mehrerem vernehmen werden.[45] Destoweniger kan jemand zweiflen, daß der Leib von ihrem sanfften und stillen Geist gar viel genossen habe. Denn gleichwie andere bey ihrem täglich vermeynten Wohl=Leben an ihrer Gesundheit durch ihre ungehaltene und stürmische *Affec*ten gehindert werden: also hat hingegen Sie ihre wenige[46] Ge-

38 Num 6,25.
39 Dicker Honigsaft.
40 Tüchtig.
41 Im Winter 1729 gab es mehrere sehr kalte Tage, die den Reben Schaden zufügten. Vgl. *Karl Pfaff:* Geschichte der Stadt Stuttgart. Nach Archival-Urkunden und anderen bewährten Quellen. T. 2: Die neuere Geschichte der Stadt Stuttgart vom Jahre 1651 bis 1845, Stuttgart 1846 (Repr. Frankfurt a. M. 1981), S. 315.
42 Vorkam / zur Sprache kam.
43 Früher.
44 Abtötungen der Begierden in der Askese.
45 S. 73, Z. 11 - S. 74, Z. 3.
46 Geringe.

sundheit fürnehmlich durch ihre unverrückte Gemüths=Ruhe, die Sie beständig (etliche wenige Stürme außgenommen) genossen, unerachtet aller ihrer strengen Lebens=Art, beybehalten und unterstützet. Was ein Christlich=geordnetes Hertz dem Leibe für ein Lebens=Balsam werden möge, hat der allerley Ursachen wegen berühmte ehmalige Chur=Fürstl[ich] Brandenburgische Leib=*Medicus Bentekoë*[47] in einem seiner *Opusculorum*[48] selbs anmercken müssen. Es ist auch besonders der Seel[ige] *D[octor] Spener*[49] hievon zu lesen in seinen *Theol[ogischen]* deutschen Bedencken, und zwar dem Canstein[ischen] Zusatz 3.te *Th[eil] Distinct[io] III.* von *A[nno]* 1680. 1681. *Sect[io] VI.*[50] auf welche Zeugnisse wir uns, fast wider unsere Gewohnheit in diesem Werckgen, darum beziehen, weil sie theils zur Bekräfftigung dessen dienen, was vielleicht zu manchen Lesers Befremdung die Seelige hierinn von sich gesagt hat, theils aber auch zu einem guten *Recept* für solche, die es für nöthig erkennen werden, an sich selbs eine erwünschte Probe zu machen.

47 Cornelius Bontekoe (sprich: Bontekuh), Pseudonym des Niederländers Cornelius Dekker (1647-1685). Er war Leibarzt des Kurfürsten Friedrich Wilhelm von Brandenburg (1620-1688).

48 Vermutlich ist seine erstmals 1685 erschienene, dann bis 1719 vielfach, teilweise in erweiterter Form publizierte *(Kurtze) Abhandlung von des Menschen Leben, Gesundheit, Kranckheit und Tode* gemeint.

49 Philipp Jacob Spener (1635–1705), der Begründer des Pietismus. 1666–1686 wirkte er als Senior desPredigerministeriums (evangelisch-lutherische Pfarrerschaft) in Frankfurt a.M., wurde dann Oberhofprediger in Dresden und 1691 Oberkonsistorialrat und Propst in Berlin.

50 *Philipp Jacob Spener:* Letzte theologische Bedencken und andere Brieffliche Antworten 1711. Nebst einer Vorrede von Carl Hildebrand von Canstein, T. 3., Halle 1711 (Repr. Hildesheim 1987), S. 85–88; *Philipp Jakob Spener:* Briefe aus der Frankfurter Zeit. 1666-1680, Bd. 4: 1679-1680, hg. von Johannes Wallmann, Tübingen 2005, S. 726-729, Nr. 185. - Das „Bedencken" (Gutachten), eigentlich ein Brief, war 1680 an Abraham Hinckelmann gerichtet. In den „Bedencken" trägt der Text die Überschrift: „GOttes güte bey kranckheiten. Vereinigung mit GOtt ein herrliches mittel auch der leiblichen gesundheit. [...]" (ebd., S. 85). Die Distinctio III enthält „Bedencken" der Jahre 1680 und 1681.

Siehe, Christlicher lieber Leser, diese Beerlein haben wir aufgelesen von der hertzlichen Liebe dieser Seeligen gegen GOtt, und GOttes gegen Sie. Aber was in dem Weinkeller selbs fürgegangen ist, weißt der allein, der Sie darein geführet hat.[51] Wir nehmen aber auch mit diesem wenigen vorlieb, und dancken GOtt, daß wir unsere liebste *Beata* ein und ander mahl vor gutem Muth gehöret haben jauchzen, wie eine Trunckene, wie eine, die voll süssen Weines war. Apostel=Gesch. *II. v.* 13. Nun wollen wir mit unermüdeter Begierde betrachten

51 Hhld 2,4. - Weinkeller ist eine Metapher für den mit Liebe gefüllten Begegnungsraum Gottes mit der Seele.

III. Ihre thätige Liebe gegen den Neben= Menschen.

WAr Sie in GOtt eine *Beata,* so möchten wir Sie gegen die[1] Menschen eine *Johanna* heissen, eine Huld= und Gnaden=reiche,[2] voll Holdseeligkeit, Freundlichkeit, Liebe und Gutthäthigkeit gegen alle Menschen; oder, wie wir einmal angefangen haben zu sagen,[3] eine *Tabea,*[4] voll guter Wercke und Allmosen, nicht nur nach allem ihrem Vermögen, sondern, wie es hie bekannt ist, und wir bald beweisen wollen, auch weit über ihr Vermögen. Doch wir wollen uns an einem nach dem andern ergötzen, worinnen uns ihre Liebe so erquicklich offenbar worden ist. Die *Blödigkeit* der *Augen* / in welchen sonsten der Sitz der Annehmlichkeit ist, *benahm*[5] *ihrer Leutseeligkeit nichts*. Der HErr hatte ihre Gestalt schön gemacht von Oele, Ps. *CIV. v.* 15. nehmlich von dem Oel des H[eiligen] Geistes, deß Geistes der Freude und der Liebe,[6] die überall herfür[7] leuchteten. Sie hatte in ihrem äusserlichen nichts unangenehmes, geschweige was widriges, ungeberdiges, murrisches oder verdrießliches, worein sonst andere, die ernstlich[8] seyn wollen, gemeiniglich[9] verfallen. Sondern der Geist, oder die neue Art aus der Wiedergeburt, trug neben andern Früchten auch die Frucht der Freundlichkeit und Frölichkeit, *Gal. V. v.* 22. Und wenn wir Ihr gantzes schönes *Angesicht* / wie es *gegen den Neben=Menschen* gerichtet ge-

1 Gegenüber den / für die.
2 Der hebräische Name Johanna hat die Bedeutung „Gott ist gnädig".
3 Siehe S. 18, Z. 6.
4 Apg 9,36.
5 Nahm / entzog.
6 Vgl. Strophe 6 und 7 des Liedes *Zieh ein zu deinen Toren* (Evangelisches Gesangbuch 133) von Paul Gerhardt (1607–1676).
7 Hervor.
8 Ernsthaft / konsequent.
9 Häufig.

wesen ist, abmahlen sollen, so müssen wir sagen, daß es ein vollkommenes Ebenbild gewesen seye dessen, was der Seel[ige] Arnd[10] in seinem gepriesenen Paradiß=Gärtlein[11] hat betten gelehret in folgenden Stücken: Sey mir gnädig mein Heyland, und lehre mich heilsame Sitten und Erkäntniß, die dir wohlgefallen. Laß aus meinen Augen leuchten deiner heiligen Augen Lieblichkeit, aus meinem Munde deiner Lippen Holdseeligkeit, aus meinem Angesicht deines Angesichts Freundlichkeit: daß sich mein armer Nächster meines Angesichts freue, meiner Lippen sich tröste; daß meine Zunge seye ein heilsamer Baum des Lebens, und ein Balsam, der da heile die Wunden meines Nächsten; daß ich mit Gelindigkeit fahre[12] gegen jederman, mit männiglich[13] handle mit Sanfftmuth, jederman begegne mit Gütigkeit; mit Rath erscheine denen, so mich bitten, mit Trost den Betrübten, mit Hülffe den Dürfftigen, mit Freundlichkeit den Furchtsamen, mit Ehrerbietung den Tugendsamen; daß ich niemand schade mit Worten, niemand ärgere mit Reden, niemand tödte mit meiner Zunge, niemand betrübe mit meinen Lippen, niemand erschröcklich seye mit meinen Geberden, usw.[14] Wie offt habe ich die Seelige mit Erinnerung dieser Worte angesehen, und gedacht, siehe, was hie ein anderer erbitten muß, das hat diese bereits schon in guter Erfüllung!

Von Ihrer zarten Liebe aber gegen *ihre Geschwistern* und derselben Angehörige, von Ihrer treuen Dienstfertigkeit und unermüdetem Beystand in gesunden und

10 Johann Arndt (1555-1621), Pfarrer in Braunschweig und später Generalsuperintendent des Herzogtums Braunschweig-Lüneburg in Celle.

11 Gebetbuch, 1612 erstmals erschienen.

12 Umgehe / verhalte.

13 Jedem / allen.

14 *Johann Arndt:* Paradiß Gärtlein / Voller Christlicher Tugenden […], Magdeburg: Francke, 1615, S. 141f.

krancken Tagen, in leiblicher und geistlicher Angelegenheit, wollen wir *in specie* nichts melden,[15] weil es theils durchgängig bekant, theils sich aus dem übrigen genugsam schliessen läßt. Im übrigen genossen Ihrer Liebe absonderlich[16] die, welche der Liebe am bedürfftigsten waren, die verborgene, die sich säuerlich[17] nährende, die in Schulden steckende, die Angefochtene, die Wittwen und Waysen, die Armen überhaupt, die Krancken, die in Spitälern, Lazarethen und andern Löchern und Stübgen[18] liegende, zu welchen sonsten nicht leicht jemand einzukehren pflegt. Dieserley Personen machte sich unsere Seelige Jungfer Sturmin bekant; für diese sorgte Sie nach eigenem Vermögen, und durch Fürsprache bey andern; diese besuchte Sie; diese tröstete Sie; diesen brachte Sie Essen, Trincken, u[nd] was ihre Hand fand; diesen suchte Sie durch ihre Handreichung an das Hertz zu kommen, und ihre Seelen an denen Sailen der leiblichen Wohlthaten aufwarts zu denen geistlichen Gütern, und zu GOtt zu ziehen, so, daß diese wohlthätige Rehe[19] unter uns als eine allgemeine Zuflucht der Betrübten und Verlassenen gelebet hat, aber auch bey ihrem Sterben von jederman, absonderlich[20] denen Wittwen und Armen, die Ihr so viele Wohlthaten nachrühmen konten, auf das schmertzlichste ist beklaget worden.

Das Ihr zugefallene Erbtheil von ihren seeligen Eltern, so viel zu ihrer eigenen nöthigen Verpflegung nicht zu *Capital* ist geschlagen worden, und in Kleidern, Schmuck, Kleinodien, u[nd] d[er] g[leichen] Dingen bestanden ist, wurde so gleich von Ihr zu Geld ge-

15 Nichts im Detail schildern.
16 Vor allem.
17 Mühsam / unter großer Anstrengung.
18 Stübchen.
19 Reh. - Tabea / Tabita bedeutet Gazelle.
20 Besonders.

macht, und an die Armen gewendet.[21] Wie denn, da sie vor einigen Jahren schwer erkranckete, und man aus ihrem Leinwand=Kasten frische Leylacher[22] hohlen wolte, man mit Verwunderung wahrnehmen müssen, wie nichts von weissem Zeug mehr übrig gewesen, sondern alles, nur die äusserste Nothdurfft ausgenommen, an Arme weggegeben war. Sie selbsten *kleidete sich schlecht* / und weit unter ihren Stand, auch darum, damit Sie desto besser die Nackete kleiden[23] könte. *Sie brach*[24] *ihrem Essen und Trincken ab* / damit Sie desto besser ausreichen[25] konte, die Hungerige zu speisen, und die Durstige zu tränckcken.[26] Es war Ihr sonst auf eine Mahlzeit ein Gläßlein Wein bestimmet: Sie meynte aber, über eine Zeit lang nach, daß Sie am halben Theil genug haben, und den andern halben Theil zur Labung der Krancken anwenden könte.

Als Ihr vor etlichen Jahren der Dürfftigen[27] so viel bekant wurden, daß Sie mit ihren *ordinair*en[28] Einkünfften gegen sie[29] nicht hinlänglich zureichen[30] konte, und ihnen doch geholffen wissen möchte: so suchte Sie beedes im anhaltenden Gebet, bey GOtt, als auch durch allerhand Mittel bey denenjenigen, welche über Ihr Vermögen die *Direction*[31] hatten, es zu erlangen, daß ein gewisser Post[32] von etlich hundert Gülden[33] ihres eben

21 Gegeben.
22 Leintücher.
23 Mt 25,36.
24 Reduzierte / minderte.
25 Austeilen.
26 Mt 25,35.
27 Bedürftigen.
28 Gewöhnlichen.
29 Ihnen.
30 Geben.
31 Aufsicht. - Als alleinstehende Frau war sie nicht voll geschäftsfähig, sondern bedurfte eines Vormunds.
32 Posten / Betrag.
33 2. Aufl. (*Rieger:* Tabea, 1732, S. 64): zwey hundert Gülden.

nicht überflüßigen Capitals abgelöset werden dürffte. Und da Sie solches endlich erhielte, mithin ihre Hand voll nehmen konte von diesem außzustreuenden Saamen: so ist noch etlichen unter uns in gar vergnünglichen[34] Angedencken, mit welcher Freude Sie diese Erlaubniß angenommen hat. Man darff, ohne geistliche Pralerey zu machen, mit Zuversicht auf den allwissenden GOTT, sagen, daß kein Geitziger so grosses *Plaisir*[35] geniesse, wenn er etliche tausend Thaler auf Wucher[36] geben kan, als diese Lieb=volle Seele genossen hat, da Sie etlich hundert Gülden von ihrem mäßigen Vermögen ablösen, und solche auf ewige *Rentes*[37] dem lebendigen GOtt außleyhen konte. Aber auf ein *anderwärtiges Geld außleyhen hielte Sie nicht viel.* Als Sie einsten darüber Raths gefragt wurde, gab Sie diesen Außschlag:[38] Sie habe das Geldaußleyhen, nach ihres Seel[igen] Vatters Exempel, niemahlen anfangen mögen, sondern denen, die solches begehret, lieber etwas geschencket. Denn es schade meistens, sonderlich bey Predigern um vieler Ursachen willen, mehr, als es zur Gewinnung der Gemüther diene.

Ihre Kräncklichkeit und Gesichts=Blödigkeit[39] hätte ein und das andermahl erfordert, daß Sie sich des Sauerbrunnens, der Ihr insgemein wohl gedienet, gebrauchet hätte. Aber Sie hatte sich mit Allmosen, oder sonst mit aufgenommenen Schulden auf die einzugehende Zinse, bereits also entblöset,[40] daß *Sie Ihre eigene Cur einstellen muste.* Und Sie meynte einsten, ihre Augen wären dennoch den Winter über also gestärcket wor-

34 Positivem.
35 Vergnügen.
36 Gegen Zins.
37 Rente (Rendite). - Regelmäßiges Einkommen aus angelegtem Kapital.
38 Auskunft.
39 Sehbehinderung.
40 Verausgabt.

den, als wenn Sie im Brunnen[41] gewesen wäre. Man kan aus folgender sehr nachdencklicher Geschicht in eine zimliche[42] Oefnung ihres verwunderlich mitleydenden Hertzens hinein sehen.

Wir waren bey Anfang des 1726. Jahrs beysammen, da es Ihr unter dem Gebet übel geworden. Nach der Hand[43] ratheten wir, es müste vielleicht von ihrem schlechten Essen herkommen, welches Sie nicht gestehen wolte, und auch nicht läugnete, mithin eben damit uns genug bekennete. Und da wir weitere Fürstellung[44] deßwegen thaten, kam es allgemach heraus, wie Sie freylich eine Zeitlang her abermal elendiglich esse, um etwas zu ersparen, denen Armen mehrers geben zu können. Die grosse Noth mancher Ihr bewußter Mangel=leydenden Personen, die daher zu allerhand Versuchungen kämen, und in Gefahr ihrer Seelen geriethen, seye Ihr so nahe ans Hertz gelegt, daß Sie heute Nacht davor[45] nicht habe schlaffen können, und weil Sie kein Mittel sehe, sich ihrer nachdrücklich anzunehmen, *habe Sie gewünschet zu sterben / nur damit aus ihrer denen Armen bestimten Verlassenschafft*[46] *ihnen eine erkleckliche*[47] *Hülffe zu kommen möchte.* Sie dencke, daß Sie durch ihr Sterben den Armen mehr Nutzen schaffen könte, als durch ihr Leben, drum möchte Sie sich gern für dieselbe hingeben. Welche Liebe uns billich[48] in die höchste Verwunderung setzte; auch sonst bey einem Anwesenden gute Würckung [t]hat,[49] welches ohne Zweifel die Seelige mit dieser heiligen List zugleich, mit

41 In der (Sauer-)Brunnen-Kur.
42 Große.
43 Ohne nähere Prüfung.
44 Vorhaltungen / Nachfragen.
45 Deshalb.
46 Nachlass.
47 Erhebliche / beträchtliche.
48 Zu Recht.
49 Korrigiert gemäß Corrigenda (*Rieger:* Tabea, 1730, S. R4^{v}).

gesuchet hatte. Hingegen wissen wir, daß Sie zu einer andern Zeit um längeres Leben gebetten hat, um einer Verwandten Ursache willen. Sie kriegte einsten[50] schnell eine Fürstellung[51] in ihrem Gemüth, wenn man einem den Hauß=Zinß[52] aufkünde, so müsse man sich um ein ander Hauß umsehen. Nun seye Sie in dieser Welt, als ein Fremdling, also solle Sie sich denn um die ewige Hütten bekümmern. Bald darauf fiel Sie in eine Kranckheit, die Sie nach dem Vorigen so viel mehr auf ihr Ende deutete, als auch der *Medicus* selbsten urtheilte, daß Sie die nächste Nacht schwerlich überstehen würde, indem alle Anzeigungen[53] des Todes da gewesen. Allein es habe sich wieder gewendet. Denn ungeachtet Sie so hertzlich gern und frölich gestorben wäre, habe Sie doch GOtt dißmahls um Aufschub gebetten, und das darum, weilen Sie unbekanter Weise bey jemand 50. Gülden für die Armen aufgenommen[54] gehabt, welche noch nicht bezahlt gewesen seyen.

Sie war aber nicht nur eine milde, sondern auch eine *fröliche* Geberin.[55] Sie hat mit ihren Liebes=Wercken nicht so wohl *andern* / als *sich selbsten* gutes gethan, d[as] i[st] Sie hatte grössers Wohlgefallen zu geben, als der andere zu nehmen. Je mehr Sie den Armen gab, jemehr speißte und tränckte Sie ihr eigen Vergnügen. Hingegen war dieses der gröste Tort[56] und Verdruß, den unsere Jungfer Sturmin in der Welt erlitten hat, daß Sie nicht auf einmahl aller Menschen Nothdurfft *consoliren*[57] können. Wie Sie dann einmahl, als Sie nicht allen Bedürfftigen aushelffen konte, in einen heiligen Unwil-

50 Vor einiger Zeit.
51 Idee.
52 Das Mietverhältnis.
53 Anzeichen.
54 Ausgeliehen.
55 2Kor 9,7.
56 Ärger.
57 Abhelfen.

len[58] gerathen ist, und, wie *Moses* ehmahls unter der Last des Volcks, *expostulirt*[59] und gepochen[60] hat mit dem HErrn, und gesagt: *Warum bekümmerst du deine Magd so? und warum soll ich die Last des gantzen Volcks tragen? habe ich denn dieses Volck empfangen und gebohren / daß du zu mir sagst: trage es in deinen Armen / wie eine Amme ein Kind trägt? ich kans nicht alles ertragen! schaffe mir vermögliche und willige Hertzen / die mit mir tragen helffen!* 4. B[uch] *Mosis XI. v.* 12.

So völlig Sie aber in der Liebe ware gegen andere, so sorgfältig und fast *allzuscrupulos*[61] war sie, um der Liebe willen *niemand beschwerlich zu werden!* Sie war bereit jederman zu dienen, und freuete sich, wenn Sie mit ihren dunckeln Augen jemand eine Thür oder Hauß zeigen, eine Magd einer Arbeit überheben,[62] für sie die Kinder hüten, ja auch das Holtz in die Kuche tragen konte: *Sie* hingegen *hielte sich für unwürdig / sich dienen zu lassen.* Sie schonte der Prediger und anderer, mit welchen Sie doch gern umgienge, äusserst, um sie nicht zu bemühen, oder ihre Geschäfften durch Besuch zu vermehren. *Sie nahm* / wenn Sie auch Mangel litte, *kein Geschenck für sich* weder von den Ihrigen, noch andern, an. Sie entzog sich ihres Herrn Bruders[63] besseren Tische, und fieng selber an zu kochen. Wie schlecht aber solches bestellet war, ließ Sie sich dennoch in denen letztern Jahren her, von *niemand zu Gast bitten* / und wenn Ihr etwas geschickt wurde, wendete Sie es ab, oder brachte es denen Armen und Krancken. Wir erfuhren einmahl auf eine wunderliche Weise nach der

58 2. Aufl. (*Rieger:* Tabea, 1732, S. 68): in eine hefftige Bekümmerniß.
59 Sich beschwert.
60 Trotzig / zornig gesprochen. – Die 2. Aufl. (*Rieger:* Tabea, 1732, S. 68) hat die Formulierung ganz gestrichen.
61 Zu sehr mit Bedenken erfüllt.
62 Abnehmen.
63 Johann Heinrich Sturm d. J. (s. S. 15, Anm. 42).

Hand,[64] daß es vor einiger Zeit so weit mit Ihr gekommen gewesen seye, daß Sie *zwey gantzer Tag keinen Bissen zu essen gehabt* habe, *und froh gewesen wäre / wenn Ihr jemand ein Stücklein Brod gegeben hätte / bekennende / daß es etwas Entsetzliches um das Hungerleyden seye.* Dennoch hat Sie von diesem ihrem Mangel weder ihren leiblichen Anverwandten, noch andern guten Freunden kein Wort entdecket, da jedes Ihro mit Freuden lieber überflüßig,[65] als zu wenig würde gegeben haben.

Es seynd Ihr zwar um dieses gesparsamen und rauhen Essens willen offtmahlige, auch *ernstliche Fürstellungen*[66] gethan, und nach der Regel Göttlichen Worts bezeuget worden, daß Sie auf solche Weise in der *Mortification* ihres Leibes über die Gebühr zu gehen schiene. Sie machte aber dagegen allerhand *Entschuldigungen* / die wir theils oben berühret,[67] theils vor[68] uns behalten wollen. Mich geschweigte[69] Sie einmahl in dieser *Materie* also, daß ich Ihr hernach nicht mehr angelegen bin,[70] denn Sie sagte: *Sie wisse nicht / es seye Ihr immer bedencklich fürgekommen*[71] / *daß der Teufel durchs Essen unsere erste Eltern gefället habe;* 1. B[uch] *Mosis III. v.* 6. Sie sorge, es geschehe solches auch jetzo noch mehrers, als man insgemein gedencke.[72] Und dahero wolle Sie sich hierinnen *desto mehr* in acht nehmen. Jedoch könne Sie sich auch nicht genug über die Weißheit unsers GOttes verwundern, der den Teufel wieder mit seinem eigenen Schwerd geschlagen habe,

64 Zufällig / nebenbei.
65 Zu viel.
66 Ernsthafte Vorhaltungen.
67 Siehe S. 61, Z. 12.
68 Für.
69 Gebot zu schweigen.
70 Sie nicht mehr darauf ansprach.
71 Bedenkenswert vorgekommen.
72 Meine.

und im heiligen Abendmahl durch Essen uns wieder zum Leben helffe, wodurch Satanas uns anfangs den Tod zugebracht habe.

Wir wollen aber nun beym Beschluß[73] dieses Stücks von ihrer Liebe und verwunderlichen Mildthätigkeit gegen die Arme, unserm Christlichen Leser nicht verbergen, daß *anfangs* ihre Liebe und Mitleydigkeit grösser gewesen seyen, als *ihre Klugheit* und *Fürsichtigkeit.*[74] Sie maß nach ihrem guten und unschuldigen Hertzen alle andere Menschen. Sie wußte noch nicht, daß unter der Armuth so grosse Boßheit stecke. Sie dachte nicht voraus, wie Sie heute diesem also geben solte, daß Sie morgen einem andern auch noch etwas mittheilen könte. Dahero wenn Sie freye *Dispositon*[75] gehabt hätte, würde Sie in kurtzer Zeit unvermöglich[76] worden seyn, etwas gutes zu thun, ja anderer Leuthe Hülffe bedörfft haben, und ihnen zur Last gefallen seyn. Welches Sie hernach öffters mit hertzlichem Danck gegen die liebe Ihrige erkant hat. Gleichwie auch der himlische Vater es an seiner Zurechtweisung nicht hat fehlen lassen. Also war Sie einsten zu Zaisenhausen in der Cur, und weil noch eine arme blinde Frau, samt andern Armen auch da waren, hat Sie so unter sie außgetheilet, daß Sie sich selber nicht nur nicht Cur=mässig, sondern nicht wohl nach Nothdurfft halten konte. Da nun die Cur gar nicht wohl angeschlagen, muste Sie den Vorwurff in ihrem Gewissen leyden: Siehe da, du wilt[77] dich so gar nicht an die Mittel und Ordnung halten, sondern forderst gleichsam, daß GOtt Zeichen und Wunder an dir thun solle: das heißt aber GOtt versucht![78] welche Bestraffung Ihr zimliche Angst verursachet hat.

73 Am Ende.
74 Weitsichtigkeit.
75 Verfügung.
76 Unvermögend / arm.
77 Willst.
78 Jak 1,13–15.

Es kan uns aber niemand besser erzehlen, als Sie selbs, wie Sie in dieser Liebes=Ubung theils gefehlet, theils gelernet habe. Dahero wir ihren eigenen *Discurs*, den Sie noch im letzten Jahr ihres Lebens hievon geführet hat, wiederhohlen wollen. Sie sagte, Sie habe eine solche Begierde gehabt, Armen gutes zu thun, daß Sie ihnen nicht nur *all Ihr Haab* / sondern *auch die Rippe aus dem Leibe gern gegeben hätte* / wenn es möglich gewesen wäre. Sie habe geglaubt, daß sie bald sterben würde, und also eilen müste, gutes zu thun. Allein wenn die Ihrigen nicht fürsichtiger gewesen wären, so hätte Sie sich 1. entblösset, daß Sie selbs hätte darben müssen. Denn da Sie schüchtern seye, hätte Sie von niemand nichts begehren können, und mithin wäre Sie in zimliche Noth gekommen. 2. Haben es die meisten Armen sehr mißbraucht, und es als was gewohntes angenommen. Eine einige *Separatist*in[79] seye Ihr von Herrn *D[octor] W.*[80] *recommendi*ret[81] hinterlassen worden, an deren Sie das seltene gefunden, daß sie nicht länger Allmosen angenommen, als Sie es bedörfft, und nicht selbs habe arbeiten können; aber ausser dem nichts. 3. Haben die meisten Armen das, was Sie sich abgebrochen, liederlicher und leichtsinniger Weise aufgezehrt, daß

79 Nicht ermittelt.

80 Wahrscheinlich Christian Eberhard Weis(s)mann / Weißmann (1677-1747). Er wirkte von 1706 bis 1721 als Professor für Philosophie und Kirchengeschichte am Obergymnasium und Mittwochsprediger in Stuttgart, bevor er Theologieprofessor in Tübingen wurde. Seit 1722 trug er den Doktortitel. Da er Verbindung mit Halle hatte, in Tübingen Erbauungsstunden in seinem Haus durchführte und an eine endzeitliche Judenbekehrung glaubte, kann man ihn dem Pietismus zuordnen. Rieger erwähnt Weissmann in seiner Vorrede (*Rieger:* Tabea, 1730, S.)(3^{v}). Ferner stammt, wie die 2. Auflage (*Rieger:* Tabea, 1732, S.)( )( )(3^{v}) offenlegt, die 3. Vorrede von ihm, und Rieger bezeichnet ihn im Titel dieser Vorrede als „einen aufrichtigen Freund der seel[igen] Jungfer Sturmin" (*Rieger*: Tabea, 1730, S.)( )( )( )(2^{r}). Beata Sturm scheint mit ihm in enger Verbindung gestanden zu haben (s. auch S. 80, Z. 17; S. 214, Z. 14). Mit hoher Wahrscheinlichkeit ist er auch der Autor des letzten Kapitels von Riegers Biographie (s. S. 240–248).

81 Empfohlen / anvertraut.

Sie sehen müssen, wie die Leute dadurch gar nichts gebessert worden. Deßwegen habe Sie müssen 4. Einhalt thun, und habe sich der Worte der klugen Jungfrauen erinnert, da die Thörrichte Sie um Oel ansprachen: *Matth. XXV. v.* 9. nicht also, auf daß nicht uns und euch gebreche. Denn da Sie nicht im Stand seye, mit ihrem blöden Gesicht zu arbeiten, und ihr eigen Brod zu verdienen, so wäre Sie in unaussprechliche Versuchungen darüber gerathen; ja durch das beständige Sorgen, Rennen und Lauffen nach so vielen armen Häusern, frühzeitig um ihr Leben gekommen. Sie habe 5. anfänglich es denen ersten Christen nachmachen wollen; habe aber gefunden, daß Sie es nicht mit solchen Christen zu thun gehabt. Denn da jene nicht mehrers, als die Nothdurfft[82] erforderte, begehret: so seyen die meisten der heutigen Armen ohne Noth unersättlich. Daraus Sie gesehen, wie man mit unzeitiger und unbedachtsamer Liebe den andern so schädlich seyn könne. 6. Herr *D[octor] W.* habe es Ihr etlichmal[83] fürgestellet,[84] und dabey bezeuget, wie Sie sich solchergestalt auch an denen Armen selbs verschulde, und sie liederlich mache. Allein Sie habe damals gedacht, das seye Unglaube, Vernunfft, u[nd] d[er] g[leichen]. Ja Sie habe sich (damit Sie es frey gestehe) darinnen für besser gehalten, als Ihn. Aber Sie habe es mit ihrem Schaden erfahren, und betaure[85] noch, daß die junge Leute denen alten und erfahrnen so gar nicht folgen wollen, sondern (wie Sie auch gemeynt) ihrem guten Trieb folgen, und dafür halten, der seye allezeit richtig, und aller Menschen Rath vorzuziehen, da es doch offt gar unlauter damit zugehe. Jetzt gedencke Sie offt daran, wenn Sie jemand einen guten Rath aus

82 Notwendigkeit / als notwendig war.
83 Häufig.
84 Vor Augen gestellt.
85 Bedaure.

ihrer Erfahrung gebe, und man ihme nicht folge, daß es Ihr jetzund auch so gehe, wie Sie es andern gemacht habe. Herr *D. O.*[86] habe Ihrs noch jüngstens auch verwiesen; da habe Sie *aus Psalm XXV. v.* 7. gebetten: *Ach! HErr / gedencke nicht der Sünden meiner leiblichen und geistlichen Jugend!* womit er zu Frieden gewesen seye.

Noch mehr aber müsse Sie die Gedult und Gnade *ihres lieben GOttes* rühmen, welcher Sie niemahls umsonst fehlen lassen, sondern wie ihre andere, also auch diesen Fehler, Ihr zum besten gewendet. Denn wenn Sie jetzund *Geld einzunehmen* habe, so beuge Sie sich allemal vor ihrem GOtt, und *dancke Ihm /* daß Er Ihr zu diesen Trangsals=vollen Zeiten nach seiner gütigen Fürsehung durch ihre lieben Eltern so viel aufbehalten habe, daß Sie nothdürfftig davon leben, und noch andern mittheilen könne. Sie *bitte darneben ab* alle in vergangener Zeit unweißlich[87] geschehene Verwaltung und Verschwendung, indem Sie nun betrübt sehen müsse, daß Sie manchem Dürfftigern jetzund nicht mehr so reichlich dienen[88] könne, weil Sie das mehrere an weniger Nothdürfftigere geschleudert[89] habe. So denn *bette Sie* endlich auch *um weißliche Außtheilung* und Gebrauch dessen, was Sie ihnen jetzund noch geben könne, etwa auf diese Weise: HErr, lehre mich mit diesem Geld nun thun nach deinem Wohlgefallen, denn du

86 Unklar ist, wer hier gemeint ist. Das Gespräch scheint 1729 („im letzten Jahr ihres Lebens", „jüngstens") stattgefunden zu haben. Einen Theologen „D[octor] O." oder einen „D[iaconus] O." gab es damals in Stuttgart nicht. Es könnte Oechslin (s. S. 225, Anm. 20) gemeint sein, der bis 1726 als Diaconus gewirkt hatte und mit hoher Wahrscheinlichkeit einer von Beata Sturms Beichtvätern gewesen war. 1729 war er noch in Stuttgart, aber nicht mehr Diaconus. Es könnte sich aber auch um einen Druckfehler (in der 2. Aufl. blieb die Textstelle aber unverändert) handeln und wie zuvor „D[octor] W[eissmann]" gemeint sein (s. S. 75, Anm. 80).

87 Unvernünftig.

88 Im Originaldruck: „dienen dienen". – In der 2. Aufl. (*Rieger:* Tabea, 1732, S. 75) wurde die Duplikation korrigiert.

89 Verschleudert.

hast mirs ja gegeben, und wirst auch Rechenschafft von mir fordern. Darum führe mich auch hierinnen nach deinem Wohlgefallen auf ebener Bahn, daß ich weder zu viel noch zu wenig thue. Verleyhe aber auch, daß dieser mein guter Wille ein gutes Hertz bey denen Armen finde, und sie zum Vertrauen auf dich, zum Gebet, zur Fromkeit,[90] usw. hinweise.

Und da führte Sie das Exempel *Pauli* an, der seine Römer ermahnte, sie solten zu *GOtt betten / daß sein Dienst / nehmlich das unter den Griechen gesamlete Allmosen / angenehm werden möge denen armen Heiligen zu Jerusalem / welchen er es bringen wolle. Rom. XV. v.* 30.31. Da solte einer meynen, wer denen Armen Geld bringe, seye immer angenehm, es bedarffe[91] nicht viel, GOtt darum zu bitten. Aber da sollen wir unsern Unterscheid von den Aposteln sehen. Es seye freylich nicht damit ausgerichtet, daß ich denen Armen eine Gabe zuwerffe: ich solle auch betten, daß solche Gabe ihnen auch zu rechter Zeit zukomme, ihnen erquicklich werde, ihnen ein süsses Hertz zu GOTT mache, und sie zum Preiß GOttes ermuntere. Aus denen lieblichen Exempeln, die die seelige Jungfer hierinnen erfahren hat, wollen wir ein einiges[92] zur Erläuterung hieher setzen. Als ihr einsten Geld unter Händen[93] kam, überreichte Sie einem guten Freund fünff und zwantzig Gülden davon, solche an einen treuen und frommen Prediger auf dem Lande *B.*[94] ohne zu melden, von wem es komme, zu

90 Frömmigkeit.
91 Bedürfe.
92 Wenig.
93 Unter / in die Hand.
94 Diesen „Prediger auf dem Lande" erwähnt Rieger mehrfach (s. S. 51, Z. 21f.; S. 214, Z. 16f.; S. 218, Z. 4), allerdings nur hier mit abgekürztem Namen. Im Anhang seines Werkes druckt Rieger 22 Briefe Beata Sturms „an einen damals auf dem Land dienenden Prediger" ab (*Rieger:* Tabea, 1730, S. 1-27, 2. Zählung, Zitat S. 1). Leider kann man auch aus diesen Briefen nicht erschließen, wer dieser für Beata Sturm offenbar sehr wichtige Mann war. Johann Albrecht Bengel (1687-1752) war nicht auf dem

übermachen.[95] Da nun mittler Zeit[96] diesem Prediger ein Kind gestorben war, er aber nicht hatte, solches ehrlich beerdigen lassen zu können, und deßwegen mit seiner Frauen in die Kammer gienge, GOtt solche Noth wehmüthig fürzutragen,[97] und um Hülffe zu bitten, daß sie ihr todtes Kind könten unter die Erden bringen lassen: so klopffte unter dem Gebet der Both[98] an das Hauß, und überbrachte diese 25. Gulden, wodurch sie unaußsprechlich erfreuet, und im vertrauen auf die gnädige Vorsorge des himlischen Vaters herrlich gestärcket worden seynd. Und eben so grosse Freude und köstliches Lob verursachte es der lieben seeligen Seele, da Sie es erfahren, daß auf ihr Gebet diese Wohlthat so zur rechten Zeit eingelanget seye. Wir gedachten den erbaulichen und erwecklichen Brief des erfreuten Pfarrers, den er an den guten Freund hieher zur Antwort geschrieben, hineinzurücken: aber wir konten ihn jetzt nicht zur Hand bekommen.[99] Und eben dieses leitet uns nun auf die weitere Handlung

Lande und hatte mit Beata Sturm auch keinen Briefkontakt. Denkbar wäre Andreas Bardili (1686-1754), der 1712 als Separatist des Landes verwiesen worden war, aber 1714 zurückkehren und wieder in den Kirchendienst eintreten konnte. Von 1718 bis 1731 wirkt er in Boll (heute: Bad Boll). Dieser „auf dem Lande" gelegene Ort war von Stuttgart nicht allzu weit entfernt. Ca. 1720/21 und ca. 1725/26 starben zwei seiner Kinder kurz nach der Geburt.

95 Übermitteln.
96 Mittlerweile.
97 Vorzutragen.
98 Bote.
99 Ausfindig machen.

IV. Von der Gabe und Ubung Ihres Gebets.

WEnn das Gebet mit Recht der Athem des inwendigen Menschens genennet wird, so muß man sagen, daß unsere seelige Jungfer Sturmin im geistlichen Leben recht gesund und wohlauf gewesen seye, weilen dieser Athem so munter und leicht bey Ihr beständig auß= und eingegangen ist. Sonsten sagen die Gelehrten:[1] *Vita non reciprocatione spiritus, sed bonis actionibus metienda est,*[2] d[as] i[st] Man muß nicht meynen, daß das gelebt heisse, wenn man lang Athem gehohlet, sondern wenn man viel Löbliches und Nutzliches in der Welt außgerichtet hat. Von unserer seeligen Jungfer Sturmin aber können wir sagen, daß Ihr *gantzes Leben* bestanden seye in dem *geistlichen Athem hohlen* des Gebets, und in *nützlichen Verrichtungen.* Sie hat entweder gebettet, oder ein gutes Werck außgerichtet. Ja Sie hat nichts gethan, als gebettet. Denn indem Sie auch etwas anders thate, bettete Sie doch ohne Unterlaß.[3] Wer Sie gekennet hat, der hat einen lebendigen *Commentarium* über die Wort Christi gehabt, *daß man allezeit betten / und nicht müde werde solle. Luc. XVIII. v.* 1. Sie bettete bey Tag und bey Nacht; Sie brachte halbe, auch bißweilen gantze Nächte zu im Gebett; hingegen nie kein gantze Nacht mit schlaffen. Denn Sie stunde nicht nur Sommers, sondern auch um Winters=Zeit vom Bethe[4] auf, und legte sich auf ihre Knie, um ihrem Umgang mit GOtt durch Gebet, Fürbitte und Dancksagung vergnüglich zu *indulgi-*

1 Samuel Pufendorf (1632-1694). Der lutherische Rechtsphilosoph und Historiograph wirkte in Heidelberg, Lund, Stockholm und Berlin und gilt als der Begründer des modernen Natur- und Völkerrechts.

2 *Samuel Pufendorf:* Gesammelte Werke, hg. von Wilhelm Schmidt-Biggemann, Bd. 4: De jure naturae et gentium, T. 1, Berlin 1998, S. 178, Z. 22.

3 1Thess 5,17.

4 Bett.

ren.[5] Sie mußte aber, und zwar auf Christliches zusprechen, von dieser Ubung was nachlassen, weil sie in winterlicher Zeit sehr erfrohren[6] und also von solchen, die ihren Gebrauch durch *Domestiquen*[7] erfahren, und einen besondern Zutritt[8] zu dero[9] Gewissen hatten, überwiesen wurde, daß diese Strenge wider ihren Leib kein Wohlgefallen ihres lieben himlischen Vaters heisse. Ausser diesen wenigen Stunden nun zur nöthigen Ruhe des Leibes war ihre Verrichtung zu betten. Wolte Sie in der *Bibel lesen* / so bettete Sie; lase Sie würcklich in der Bibel, so bettete Sie, und vermengete lesen *mediti*ren und betten beständig mit einander, daß es unvergleichlich war, wer nur ein Abschnüpfelein[10] davon innen worden hat; und so beschloß Sie es auch mit betten. *Ans betten* gieng Sie mit betten, d[as] i[st] wenn Sie in eine öffentliche Bet=Stunde, oder zu einer *Privat*-Gebets=Ubung gieng, bereitete Sie sich vorhero drauf mit betten und Fürbitte für sich, und die Mitversamlete.[11] *Kam Sie heim* / so bettete Sie abermal, daß sichs der himlische Vater wolte nahe kommen lassen, was gebettet worden seye. Wurde Sie von jemand *zu rath gefragt* / so fragte Sie zuvor im Gebet den Mund des HErrn um Rath. Hörte Sie in ihrem Hause in die *Raths=Versamlung läuten* / so beugte Sie ihre Knie vor die zu Rathgehende Land=Stände[12] mit Bitten und Flehen vor Sie und das gesamte Vatterland. *War etwas besonders für*[13] in ihrer *Familie,* oder sonsten, so hatte man [an][14] Ihr nicht nur eine treue Fürbitterin, sondern man konte

5 Völlig zufrieden hinzugeben.
6 Gefroren.
7 Dienstboten.
8 Zugang.
9 Deren.
10 Ein ganz klein wenig.
11 Mitversammelten.
12 Für die sich zu einer Sitzung versammelnden Landstände.
13 War etwas Besonderes los / fiel etwas Ungewöhnliches an.
14 Korrigiert gemäß Corrigenda (*Rieger:* Tabea, 1730, S. R4[v]).

sich auch darauf verlassen, wenn Sie es für den HErrn gebracht hatte. Sie war nicht nur gewohnt, mit dem HErrn zu reden; sondern auch *geschickt / seine Antworten zu vernehmen*. Unter dem *Gehen auf der Gassen* warff Sie ihr Hertz immer hinauf in den Himmel; und wenn Sie *in ein Hauß eintrat* / so sprach Sie still: Friede sey mit diesem Hauß, nach dem Befehl ihres Heylandes, *Luc. X. v.* 5.

Ihre *gabe* zu *betten* war deßwegen recht außnehmend[15] *groß*. Sie wußte eine jegliche Angelegenheit vor dem HErrn außzubreiten, und solche Beweggründe fürzulegen,[16] daß man sich über ihre Weißheit, Glauben und Vertraulichkeit nicht genug verwundern konte. Sie konte *eine* / und mehrere Stunden lang anhalten im Gebett ohne *Tautologie* und unnütze Wiederhohlung, ohne Unordnung, ja auch ohne Ermüdung ihres Leibes, ob Sie gleich aus allen Kräfften Leibes und der Seelen bettete: *Ihr Geist* erhobe und streckte sich aus nach GOtt, als ob er den Leib verlassen wolte. *Ihre Hände* klopffeten bald zusammen, bald schlugen sie auf die Brust. *Augen / Gesicht / Arme* / und was an Ihr war, bettete, ohne daß es ungeberdig gelassen[17] hätte. Vielmehr wissen es die lebendige Zeugen, daß wenn man nur ihre andächtige und entzückte Geberden und *Positur*[18] gesehen hat, man zur Andacht aufs kräfftigste muste erwecket werden.

Von ihrem *geheimen* und einsamen *Gebett* wissen wir freylich nichts zu sagen, als was Sie sich bey Gelegenheiten hat vermercken lassen, wie Sie nemlich auch darum nicht gern in Gegenwart anderer bete, weilen Sie sich da um anderer Leute willen auf[s] Wort besin-

15 Außergewöhnlich.
16 Darzulegen.
17 Gewirkt / ausgesehen.
18 Haltung.

nen, oder doch wenigstens unter dem Außsprechen auf ihre Worte achtung geben müsse. Da Sie hingegen in ihrem einsamen Gebet gar an keine Wort gedencke, und so zu reden, nur sage, was Ihro in den Mund komme. Bißweilen mache Sie Worte, bißweilen keine. Sie überlasse sich darinnen blos ohne sinnliche *Reflexion* dem in Ihr redenden Geist des Gebetts.[19] Offt wisse Sie selber nicht, was Sie geredet habe: offt kommen Ihr Sachen und Worte ein, die Sie ihr lebtag nie gehöret, noch verstanden habe, noch nachsagen könne. Aber Sie thue alles in der Einfalt, und suche nur, daß es ja Sie nicht seye, die da rede, sondern des Vaters Geist in Ihr. *Matth. X. v.* 20. Dahero kam es auch, daß Sie nicht wußte, *wie lang* Sie gebettet hatte, sondern öffters die bestimte Zeit zu essen, oder sonst wohin zu gehen, ohnwissend unterm Betten überging, und wenn Sie meynte, es wäre etwa um 11. oder 12. Uhr, so war es um 1. oder 2. Uhr. Unter disem allem aber spürete Sie ein solche *Erquickung* / und auch *leibliche Stärckung* / daß mich von Ihr gehöret zu haben erinnere, es sey Ihr unter dem Betten nicht, als wenn sie was würckete, oder etwas *von sich gebte;* sondern als wenn sie nur ruhete, und bloß *annähme* und empfienge. Und widerum einmal: Wenn ich betten will, so denck ich, ich sey vor dem allwissenden GOtt, da suche ich nur, daß mein Hertz redlich seye vor GOtt. Ich darf nicht viel Wort machen, GOtt weißt alles vorher; der Geist selber vertritt mich bey GOTT mit unaussprechlichen Seufzern.[20] Die Worte seynd vielmehr nöthig um des Neben=Menschen willen.

Ob Sie aber nun gleich den Geist der Gnaden und deß Gebets[21] in so reichem Maaß hatte, und mit *eigenen* Worten *überall* betten konte: so hielte Sie doch darne-

19 Sach 12,10.
20 Röm 8,26.
21 Sach 12,10.

ben viel auf gewisse *Formularien* / und glaubte, daß man in denen *Haußhaltungen* bey einem gewissen *Morgen= Abend= und Tisch=Gebett* / um der Kinder und Gesinds[22] willen, verbleiben solle. Und darum sey ihr auch das *Vatter Unser* so wol bekommen, welches Sie für alle Zufälle und Umstände gut befunden habe. Sonderlich wenn sie eine Untüchtigkeit zu betten bey sich verspüret, da habe sie gedacht, wie die Braut im Hohen=Lied Salomonis: *I. v. 8. Ich will den Fußstapffen der Schaafe nachgehen.* Und hierzu haben Ihr auch die *Gesänge* wohl gedienet. Wenn gute Freunde voneinander scheiden müssen, so kommen sie doch bald wieder in dem Vatter Unser zusammen. Denn dises bette Sie nicht nur in der kleinen, sondern auch in der grossen Gemeinschafft, nicht nur der Glaubigen auf Erden, sondern auch des *Sohns GOttes* / als ihres *Erstgebohrnen Bruders* selber, und aller *Seeligen im Himmel.* Sie hätte einmahl ein todtes Kind bey Nacht[23] auf den Kirch=Hof begleitet, da habe der Todten=Gräber vor dem Einscharren den Umstand ermahnet: Lasset uns auch ein Christlich Vater Unser betten! O das sey Ihr ein kräfftigerer Prediger gewesen, als nicht leicht ein anderer! Und in selbigem Augenblick habe sie einen Aufschluß von dem Vatter Unser auf den Zustand der Verstorbenen und der Seeligen bekommen, den Sie zuvor nie gehabt, aber auch unterdessen sich nichts mehr dessen erinnern könne, was Ihr damals durch alle Bitten hindurch so reichlich zugeflossen seye, da Sie doch zimliche Zeit mit solchen Gedancken zugebracht habe.

Ihr Tisch=Gebett verrichtete Sie zwar mit eigenen Worten, wie es ihr jedes mal gegeben ward, und gedachte sonderlich der Dürfftigen darinnen; behielte

22 Gesinde / Hausbedienstete.
23 Nächtliche Bestattungen waren billiger und wurden deshalb von weniger Vermögenden gewählt.

auch diese Weise, wenn andere mit Ihr gegessen. Da Sie aber merckte, daß einige sich es wolten befremden lassen, so blieb sie hernach bey dem gewöhnlichen Tisch=Gebett *Lutheri*. Sonderlich weil Ihr das Wort: *Aller Augen;*[24] sehr erwecklich war, als daraus Sie die Grösse ihres GOttes, und hingegen ihre und aller Menschen Nichtigkeit erkante, welche als Dürfftige Würmlein aus seinen Händen alles erwarten und empfangen müssen. Welche Seelen Ihr *besonders lieb* / oder sonst nahe zur Fürbitte angelegen waren, deren Nahmen brachte Sie in *alle ihre Gebette* / auch vor und nach dem Tisch, weil Ihr so nachdencklich war, daß *Paulus* von seinen geliebten *Philippern* sage: Ich gedencke eurer in allem meinem Gebet, *Philip. I. v.* 4. Bey dem *Amen* war Sie auf ein neues erwecket, und konte sich offt eine gute Weile damit aufhalten. Amen, O himlischer Vater, sprich du jetzt auf mein Amen auch dein Amen. Ich in dir, O JEsu! und du in mir, betten zu dem Vater, und darum muß ich erhöret seyn, Amen. Amen, das ist gewißlich wahr. Usw.

Von *gemeinschafftlichen Gebets=Ubungen*[25] zwischen gewissen Personen auf beständige Ort und Zeiten hielte Sie nicht gar hoch, *weilen* insgemein ihrer zu viel, und doch nicht so gar vertraute zusammen kämen; *weilen* manchmahlen Sachen vorfielen, mit welchen sich nicht ein jedes vereinigen könte; *weilen* man wegen des unterschiedlichen Seelen=Zustands in Sorgen stehen müsse, ob nicht bey dem einen mehr verderbet, als bey dem andern gebessert würde. Usw. Sie hielte es für besser, wenn

---

24 „Aller Augen warten auf Dich, HERRE, und Du gibst ihn ihre Speise zu seiner Zeit." – *Martin Luther:* Der kleine Katechismus, in: Die Bekenntnisschriften der evangelisch-lutherischen Kirche. Herausgegeben im Gedenkjahr der Augsburgischen Konfession 1930, 7. Aufl., Göttingen 1976, S. 499–541, hier S. 522, Z. 31 f.

25 Unklar ist, was hiermit gemeint ist. Pietistische Konventikel (Privatversammlungen), die in Stuttgart stattfanden, scheinen nicht im Blick zu sein. Eher kommen regelmäßige, jedermann zugängliche Erbauungsstunden in Frage, die möglicherweise von Stuttgarter Pfarrern veranstaltet wurden.

man einander eine *Zeit bestimte* / und ein jedes in der Stille für das andere bettete; oder man könte sich auch an dem *öffentlichen* Gebet für und mit einander, da man täglich in die Kirchen gehen könne, *begnügen* lassen. Aufs wenigste, wenn Sie ein Pfarrer wäre, würde Sie solche Gebets=Gemeinschafft, sonderlich denen gemeinen Leuten schwerlich, oder nicht ohne die äusserste Fürsichtigkeit,[26] rathen. Denn es entstehe leichtlich *geistlicher Stoltz* / *geistliche Schwätzerey* / *geringere Achtung* der *öffentlichen Gebette* und *Formuln* / und anderes Ubel daraus. Ihr schlage nichts bessers zu,[27] als mit dem Vater allein zu reden. Denn da seye Sie recht frey. Könne Sie reden, so gebe Sie dem HERRN die Worte wieder,[28] die Er ihr gegeben habe: gebe Er ihr keine Wort, so seye Sie auch wol zu frieden. Denn Sie habe öffters unaussprechliche Süßigkeiten[29] dabey, und stehe mit vielen Freuden auf. Oder auch, wenn Sie durch andere gehindert werde, daß Sie gar nicht zum förmlichen Gebet kommen könne, so sage Sie es dem himlischen Vater: Siehe, lieber Vater, ich bin so und so gehindert worden, daß ich an statt im Betten mit Dir umzugehen, meinem Nächsten habe dienen müssen, du wollest es mir zu gut halten. Usw. Und so denn bekümmere Sie sich nicht weiter. Und eben so mache Sie sich auch kein Bedencken, wenn Sie im Betten begriffen seye, und es werde Ihr im Hause geruffen, so gleich abzubrechen, und nach den Leuten zu lauffen, damit Sie nichts versaume von dem, was Ihr GOtt zu thun anweise. Endlich sagte Sie, einer hält das *Privat-Gebet* / der andere das *gemeinschafftliche Gebett* für besser. *Ein jeder seye in seiner Meynung gewiß.*[30]

26 Vorsicht.
27 Ihr bekomme nichts besser.
28 Zurück.
29 Geistlich Wohltuendes / geistliche Freuden.
30 Röm 14,5.

Aus diesem Grund ist es nicht zu verwundern, daß man Sie schwer zum gemeinschafftlichen Gebet bringen konte, davon wir hie nur *ein* Exempel beybringen[31] wollen. Als ich (so erzehlet einer) bey dem Zeichen der Abend=Glocken auf unsern gehaltenen *Discurs* Sie ersuchte, unsere Unterredung mit einem Seufzer[32] zu beschliessen: so entschuldigte Sie sich, daß so ungern Sie mit andern Leuten Umgang gepflogen, noch ungerner habe Sie sich in eine Gebets=Gemeinschafft eingelassen. Doch nach wiederhohlter Bitte gieng Sie endlich ein, ich solte anfangen, so wolte Sie nachfolgen. Darauf fieng ich in aller Einfalt an ein kurtz Seufzerlein für den HErrn zu bringen, aus Begierde, Sie nur bald hören zu können. Als ich nun nach meinem Beschluß[33] meynte, jetzt würde Sie so gleich anfangen, stund Sie da, und rang gegen eine Viertel=Stund in der Stille mit GOtt, ob Sie betten solte, oder nicht. Ich stund, und bettete auch, daß es doch dem HErrn gefallen möchte, es Ihr zu erlauben. Da es aber so lang währte, begab ich mich der Hofnung,[34] und bate nur, daß was Sie dem HErrn in das Ohr sage, das möchte Er an mir erfüllen öffentlich. Endlich aber fieng Sie laut an, und bat auf das hertzlichste, mächtigste und kindlichste eine gantze Stunde, daß ich dergleichen gehöret zu haben, da ich doch meyne, ich habe viele Kinder GOttes in diesen, und in fremden Landen, gehöret, mich nicht erinnere. Bey dem Eingang[35] da Sie um die Gnade zu betten, wie es dem himlischen Vater angenehm wäre, anhielte, brachte Sie den herrlichen Bewegungs=Grund, daß dieses *Abend=Gebet* um des *Abend=Opfers* JESU willen angenehm seyn möchte. Nebst andern kam Sie auf

31 Anfügen.
32 Stoßgebet.
33 Abschluss.
34 Gab ich die Hoffnung auf.
35 Am Anfang.

das *Predig=Amt* / und sagte, daß weilen die daran arbeitende mehrers vonnöthen hätten, als Sie und ihres gleichen, in dem jene so vielen so vieles mittheilen müsten: so wolle ihnen doch der himlische Vater auch *mehrers* / als andern Leuten geben. Er seye ja kein harter Mann, der zu schneiden begehrte, wo Er nicht gesäet hätte.[36] Er sehe ja auch, wie der Satan seine Werckzeuge außrüste: Ach! darum solle Er ihnen andere von Ihm selbs außgerüstete Werckzeuge entgegen setzen, daß sie durch Lehr und Leben mächtig werden, zu überzeugen die Widerwärtigen, usw. Auch bate Sie, daß *diese Bitte* und Gebet *alle andere bitten*[37] / die wir unser Lebtag nach seinem Willen gethan, *einschliessen* / und ihr Ende erreichen möchte, usw. Sie schließte[38] ein *alle* / die für Sie betteten, und nicht betteten; die Sie kenneten, oder nicht; die von Ihr gehöret hätten, oder nicht / usw. Sie opferte GOtt *ihren Umgang* mit andern auf, und lobte seinen Namen höchlich, daß Ers mit Ihr, wie mit jener *Samariter*in *Joh. IV. v.* 7. *seq*. gemacht, als die Sie zwar selber Christum nicht recht kenne, und dennoch durch ihre Reden von Ihm Gelegenheit gebe, daß andere Ihne suchen, und zu Ihme kommen, usw. Sie kame auf die Fürbitte für die gantze *Kirche* / und besonders unser geliebtes *Vaterland*. Ach! sagte Sie, du weisest, mein GOtt, wie ich dir die Nothdurfft[39] meines armen Vaterlandes täglich vorlege. Weil ich aber die Art und Weise nicht weiß, wie ihme zu helffen seyn möchte, so schreye ich eben mit den Jüngern überhaupt: *HErr / hilf uns! Matth. VIII. v.* 25. Sie haben nicht gesagt: HErr, bedrohe das Meer; HErr, stille den Wind! sondern nur: HErr / hilf uns! wer wird Israel dem Armen von Zion Heyl er-

36 (Negation von) Mt 25,24.
37 Bitten.
38 Schloss.
39 Erfordernisse / Nöte.

langen? das wirst du thun durch deinen Sohn. Usw[40] Und weil Sie wisse, daß sich so viele durch die *Begierde nach irrdischen Dingen* / wie auch durch die *Lust an denenselben* / oder auch durch die *Sorgen* wegen des Zeitlichen abhalten lassen, daß sie nicht kommen zur seel[igen] Erkäntniß des Evangelii: so bitte Sie hiemit, daß GOtt ihnen die *Welt Gallen bitter / den Himmel aber Zucker=süß machen wolle; ja Zucker=süß den Himmel / denn die Welt werde wol manchen sehr sauer / und auch vielen guten Gemüthern Gallen=bitter / und doch der Himmel noch nicht Zucker=süß* / usw. usw. Da es gegen das Ende gieng, trieb Sie es gegen eine Viertel= Stund nur mit dem *Amen* / GOtt seine Verheissungen fürzuhalten,[41] und die Erhörung zu versichern auf ein hertz=kindliche Weise, biß es endlich mit Amen und Amen versiegelt wurde. Ob ich nun gleich meynte, Sie würde sich nimmer rühren können; fieng Sie doch gleich wieder mit lauter Freuden und Lachen an mit mir zu reden, und sich darnach zu entschuldigen, daß ich Gedult haben müste mit ihrem armen Lallen. Wenn Sie gleichsam so gezwungen werde, so sehe Sie endlich nimmer auf sich, sondern sage mit *Maria:* Siehe, ich bin des HErren Magd, mir geschehe, wie du wilt.[42]

Ob Sie aber nun gleich, wie gemeldet, wegen ihrer grossen Demuth und anderer Bedencklichkeiten, ungern daran kam, in Gegenwart anderer zu betten: so hat doch der Christliche Leser bißher schon wahrgenommen, daß Sie gleichwol öffters dazu habe müssen bewogen worden seyn. Ihr einfältiges, gutes und getreues Hertz konte keine Bitte abschlagen. Sie nahm es,

40 Strophe 6 des Liedes *Es spricht der Unweisen Mund wohl* von Martin Luther zu Psalm 12. - *Martin Luther:* Geistliche Lieder und Kirchengesänge. Vollständige Neuedition in Ergänzung zu Band 35 der Weimarer Ausgabe, bearb. von Markus Jenny, Köln - Wien 1985 (Archiv zur Weimarer Ausgabe, 4), S.180-183, Nr. 9, hier S. 182.

41 Vorzuhalten.

42 Lk 1,38.

als einen Beruf[43] an, wenn Sie aufgefordert wurde. Sie machte sich ein Gewissen zu entfliehen, wenn man Ihr bezeugte, daß es GOtt zu Ehren, und andern zur Erbauung gereichte. Ja wenn Sie bißweilen einige[44] Sorge darüber bekommen wolte, daß Sie sich in die und jene Gemeinschafft eingelassen hätte: so wurde Sie wieder zu frieden gestellet, wenn man Sie ernstlich fragte: ob Sie denn von solcher gemeinschafftlichen Ubung jemals einen Schaden oder Hindernis in ihrem Christenthum gespühret? da Sie denn bekennen muste: Nie keinen. Mithin hatte Sie niemals Erlaubniß von sich selbs, sich von solcher Verbindung wieder zu trennen. Ja Sie ist in denen letztern Zeiten auf eine gar merckliche und freudige Weise darinnen gestärcket worden. Auch hatte Sie einsten daran ihre hertzliche Ergötzung, da Sie hörte, daß in dem Spruch Christi: Wo zween oder drey auf Erden *eins werden* zu bitten, warum[45] es ist, das soll ihnen gegeben werden, *Matth. XVIII. v.* 19. in dem Grund=Text[46] ein solches Wörtlein[47] stehe, das von der *Music* gebraucht werde, da schwache und starcke Stimmen seyen, und doch lieblich *harmoni*ren. Also dachte Sie, wenn schon eines eine schwächere Stimme habe, als das andere, oder eine geringere Gebets=Gabe, so diene es doch auch wol, und seye nicht zu verachten.

Von der *Art Ihrer Fürbitte* für andere ist bereits zufällig[48] ein und anderes erwehnet worden. Deme wir noch dieses beysetzen,[49] daß Sie sagte: Wenn Sie den *Prediger* sehe auf die Cantzel gehen, da bette Sie recht innbrünstig: Ach! mein Vater gib ihm, daß er uns wieder geben kan! denn wir haben nichts, als was du uns

43 Berufung.
44 Etwas.
45 Was (worum sie bitten).
46 Griechisch.
47 Symphonie.
48 Nebenbei / am Rande.
49 Beifügen.

gibst. Sie vergesse nicht, was Sie einsten in einer Predigt gehöret habe: die Lehrer müßten öffters einer mehrern Gabe des H[eiligen] Geistes entbehren, um ihrer Zuhörer willen, von denen GOtt wisse, daß sie es nicht wol anwenden würden. Sie bette aber nicht nur für die Prediger, sondern auch für *derselben Frauen* / daß sie doch dem Amt ihrer Männer würdiglich wandlen, und durch ihr Bezeugen nicht wieder verderben möchten, was durch die Lehre gebessert werde. Bey dem *Heiligen Abendmahl* legte Sie zum Grund ihrer Fürbitte für ihre Mit=*Communicant*en, die Geschichte des Königs Hißkias, der mit dem gantzen Volck so ein herrliches *Passah* hielte; weil aber so viel Unreine waren, so bat Hißkias für sie, und sprach: der HErr, der gütig ist, wolle gnädig seyn allen, die ihr Hertz schicken, GOtt zu suchen, den HErrn, den GOtt ihrer Väter, und nicht um der heiligen Reinigkeit willen. Und der HERR erhörte Hißkiam, und heilete das Volck. Welches Sie gar erbaulich und tröstlich auf den jetzigen Zustand bey Begehung des Heil[igen] Abendmahls *applicir*te,[50] und mit grosser Zuversicht in ihrer Fürbitte bey dem HErrn damit anhielte, aus *II. Chron. XXX. v.* 18.-20. Sie wurde ein und andermahl *vom Schlaf aufgeweckt* / für gewisser Personen Zustand zu bitten, welchen Sie erst *hernach* erfahren hat. Auch meynte Sie, gewisse *Merckzeichen*[51] zu haben, ob ihre Fürbitte vor jemand von dem HErrn angenommen worden seye, oder nicht. Weil Sie sich aber hierüber nicht deutlich genug herauß ließ, so wollen wir auch nichts ungewisses davon sagen.

Ein fürnehmes Stück ihres täglichen Gebets machte die Fürbitte aus für *das Vaterland*[52] / welche Pflicht Sie meynte von ihrem seel[igen] Vater geerbet zu haben,

---

50 Anwandte.
51 Anzeichen.
52 Herzogtum Württemberg.

und schuldig seye, fortzusetzen, wo Ers auf Erden gelassen habe. Hie dörffen wir wol sagen, daß die seel[ige] Jungfer etwas *eigenes* gehabt habe. Wir wissen wol, daß noch manche theils Unbekante theils Bekante übrig geblieben sind, die den Schaden *Josephs*[53] zu bekümmerten Hertzen nehmen, und in ihrem Gebet, theils besonders, theils gemeinschafftlich sich begehren zur Mauer zu machen, und die zur Straffe aufgehabene[54] Hände GOttes noch zu binden oder zurück zu halten. Aber diese Stillen und Verborgene im Lande[55] wollen uns zu gut halten, wenn wir uns nach dem gantz besondern Empfinden unsers Hertzens außtrücken, und meynen, daß in diesem Stück unserer theuren Jungfer Sturmin fast niemand *gleich* kommen könne. So gar oft des Tages und des Nachts, so gar lang, so gar beweglich, nachtrücklich und ernstlich hat diese rechtschaffene Israelitin[56] für Jerusalem gebetten! Wir möchten aus ihrem gantzen Erbauungs=vollen Lebens=Lauf doch fürnehmlich dieses Stück allen Menschen wünschen, daß sie wüßten, mit welcher Treue, Liebe, Erbarmung und Ernst, Sie Ihr Hertz vor das Vaterland außgeschüttet, mit welch *tendren*[57] und Hertzbeweglichen Außtrücken Sie Seine Hoch=Fürstl[iche] Durchleucht unsern regierenden Hertzog,[58] mit Seinem Fürstlichen Hause, auch *nahmentlich* / der Gnade des Allerhöchsten übergeben und anbefohlen habe. Sie war eine Person, die wenig Umgang im bürgerlichen Leben gepflogen. Aber destomehr ist sich zu verwundern, daß Sie solche *Einsicht in den gemeinen Zustand* bezeuget. Wie jammernd

53 Am 6,6. – Sprichwörtlich für den Schaden der kirchlichen Gemeinschaft.
54 Emporgehobene.
55 Ps 35,20. – Im Pietismus verbreitete Bezeichnung für zurückgezogen lebende Fromme.
56 Joh 1,47.
57 Zärtlichen.
58 Herzog Eberhard Ludwig von Württemberg (1676-1733).

und mitleydig hat Sie die zunehmende *Armuth* vor dem HErrn außgebreitet! wie gründlich und weißlich, und daneben doch so bescheidentlich, wuste Sie die *Fehler* in allen Ständen dem lieben GOtt zu klagen! wie angelegentlich[59] hat Sie um die ungekränckte Beybehaltung der *Evangelischen Warheit* geflehet, und daß der HERR dem Gegentheil keinen Nagel[60] in seinem Hauße, welches ist seine Gemeinde, geben wolle. O daß sich durch dieses Exempel viele erwecken liessen, welche es bißher noch nicht gethan haben, jetzund anzufangen; und welche es gethan haben, mit doppeltem Eyfer fortzusetzen, und an diese grosse Lücke, welche gemacht worden ist, sich hundertweise dargegen zu stellen, ob wir sie einiger massen wieder ergäntzen und außfüllen möchten! Es wird solches nicht vergeblich seyn.

Denn unsere Seel[ige] Jungfer Sturmin hat unter einer gar *guten Hofnung* und recht freudiger *Zuversicht* einer gnädigen Heimsuchung[61] zur angenehmen Zeit, ihre Augen zugethan. Sie wisse, sagte Sie, daß GOtt noch heute so gut seye, als Er von Ewigkeit her gewesen. Sie glaube, daß Er sich aller seiner Geschöpffe erbarme, noch vielmehr aber der Menschen sich annehme, sie mögens werth seyn oder nicht. Würtemberg habe noch einen Seegen übrig,[62] wenn man ihn suche. Sie erinnere sich allzeit, wie *Elias* seinen Knaben bey der anhaltenden *Dürre sechsmahl* nach dem Meer geschickt habe, und nicht ermüdet seye, ihne auch *das siebende mahl* nachsehen zu lassen, ob er noch nichts trübes am Himmel wahrnehme. Und da er gekommen und gesagt, er habe eine Wolcke, aber *nur einer Hand=breit* gesehen aus dem Meer aufsteigen, so habe *Elias* es al-

59 Nachdrücklich.
60 Bleibende Stätte.
61 Aufnahme / Behandlung.
62 Gut.

sobald dem Könige Achab ansagen lassen, er solle sich aufmachen, und heimfahren, damit er nicht von dem Regen überfallen werde. Und alsobald seye der Himmel mit Regen=Wolcken überzogen gewesen. 1. *Reg. XVIII. v.* 42. *seqq*. Also wenn Sie nur einer *Handbreit Hofnung* sehe, so fahre Sie zu, und traue auf den HErrn, der solche kleine Wolcke schnell zu einem gnädigen Regen werde lassen werden können, usw.

Einsten lag Ihr eine gewisse das gemeine Beste angehende Sache so gar nahe an ihrem Hertzen, daß Sie meynte, Sie *müste* sie um der Ehre GOttes willen heraus betlen.[63] Darum drang Sie mit verdopleter *Dreustigkeit*[64] auf GOtt, seine Warheit und Verheissungen ein, als wenn Sie durch Stahl und Eisen zu Ihm durchbrechen müste. Ja Sie brach endlich auf eine *ungewohnliche*[65] Weise loß, und sprach: *Ich bin nur ein schlechtes und liederliches*[66] *Weibs=Bild: aber wenn ich etwas verspräche / so wolte ichs auch halten. Du aber bist der grosse GOTT / der nicht lügen kan.*[67] Du hast uns versprochen, wenn wir dich anruffen in der Noth, so wollest du uns erhören.[68] Du hast uns sagen lassen, es seye gut, und dir angenehm, wenn wir thun Bitte, Gebette, Fürbitte für alle Menschen.[69] Usw. So gedencke denn an diese deine Worte, unser Hertz hält sie dir für.[70] Wilt du sie nicht als deine Wort erkennen? Seynd sie aber deine Wort, so beweise sie, so errette sie, daß auch andere darauf trauen lernen können! oder woltest du uns nicht erhören, warum hast du es denn in dein Wort

63 Herausbetteln / so lange und so kräftig beten, bis Gott einlenkt und die Bitte erfüllt.
64 Dreistigkeit.
65 Ungewöhnliche / ungewohnte.
66 Geringes. – So auch die 2. Aufl. (*Rieger:* Tabea, 1732, S. 95).
67 Hebr 6,18.
68 Ps 50,15.
69 1Tim 2,1.
70 Vor.

setzen lassen? wie könten wir in andern Sachen mehr auf dich trauen, wenn du uns in dieser Sache mit Schanden davon gehen liessest? ich für mich habe keinen Nutzen davon, du magst mich erhören oder nicht; aber es ist mir um deinen Nahmen zu thun, daß der auch einmal wieder gerettet würde. Er gilt ja fast gar nichts mehr unter den Menschen. Gedencke doch, was du thun wilt; denn wir liegen vor dir,[71] nicht um unsers Vortheils willen, sondern auf dein Wort, und von wegen deines geschändeten Nahmens, usw. Siehe Christlicher Leser, so haben wir Sie offt gehöret, wol eine Stunde aneinander, von dieser einigen *Materie*, und haben Sie doch das wenigste Theil gehöret, was Sie im Verborgenen auf noch viel vertrautere Weise ihrem himlischen Vater ans Hertz geleget hat. Was wir hie beybringen, ist, als wenn ein Tropf[72] aus einem grossen Strom geschöpfet würde. Sie sagte, Sie habe ihr Lebtag fleißig in dieser Gattung Fürbitte sich geübet; aber vor einigen Jahren seye Sie besonders am Neuen Jahr des Morgends früh dazu absonderlich erwecket und aufgefordert worden. Nun Sie ist darüber gestorben, und hat die Verheissung nicht gesehen. Wir hoffen aber gegen alle Hofnung, daß GOtt sie ihren Nachkömmlingen vorbehalten habe. Sie hat einen reichen *Saamen* außgestreuet, und ist darüber schlafen gegangen. Andere werden in *ihre Erndte* kommen. Wenn die erste Christen so lange Zeit zu GOtt schreyen, daß sie ein geruhiges und stilles Leben unter ihren Königen führen mögen, und doch nichts als Unruhe und Verfolgung sehen: so werden sie doch zuletzt erhöret nach drey hundert Jahren,[73] 1. *Tim. II. v. 2. sq.* Denn der außgestreute Saame des Gebets muß doch zuletzt seine Früchten bringen.

71 Dan 9,18.
72 Tropfen.
73 Durch die Konstantinische Wende des 4. Jahrhunderts.

Darum richtet wieder auf / O Ihr Kinder des lebendigen GOttes, *die läßige Hände* / und *die müden Knie* / *Hebr. XII. v.* 12. und schauet auch hierinnen das geseegnete Exempel dieser seeligen Fürgängerin an.[74]

Denn das ernstliche Gebet dieser gerechten Seelen hat freylich auch *bey ihren Lebzeiten schon* viel vermocht bey GOtt. Wir dörffen solches nicht nur nach der *allgemeinen Verheissung* GOttes hoffen: sondern es hat sich der HErr auch durch merckliche und gantz *deutliche Zeichen* bewiesen und *legitimi*ret, als den, welcher Gebet erhöre. Wir haben in der Vorrede schon beklaget,[75] daß Sie die vormals aufgeschriebene Nachrichten davon vor ihrem Ende verbrant habe. Und ob uns gleich etliche andere bekant sind, so lassen sie sich doch wegen der Personen, Sachen, Zeit und Ort, hie nicht anführen. Doch können wir nicht gar umhin, ein oder zwey Exempel, *die sich sagen lassen* / hiemit anzuhängen. Es war vor mehrern Jahren eine gewisse Magd[76] in ihrem Hauß mit geistlichen Anfechtungen befallen, mit welcher Sie viel außgestanden hat. Unter andern brachte Sie einmal eine gantze Nacht mit Widerlegung aller eingeworffenen Zweifeln zu, daß Sie sich hernach selber gewundert, wo Sie die Weißheit hergenommen habe. Hierauf wurde das Gemüth dieser Person beruhiget, und sie gewan eine solche Liebe zu der Jungfer Sturmin, daß sie fast immer um Sie seyn wolte. Weilen Sie aber auch damals von einer andern gewissen Frauen und Verwandtin fast täglich verlanget wurde: so fieng die Magd an, Ihro allerhand Fürwürffe[77] zu machen, als wenn Sie nur dieser reichen Frauen nachlieffe, eine arme Magd aber sitzen liesse. Unsere Jungfer Sturmin

74 Vorbilds.

75 *Rieger:* Tabea, 1730, S.)( )( )(^{r} –)( )( )( )(^{v}, hier S.)( )( )(2^v. – Die Vorrede ist nicht Teil dieser Edition.

76 Nicht ermittelt.

77 Vorwürfe.

suchte sie auf alle ersinnliche Weise zu berichte[78] und zu gewinnen. Sie nahm aber nichts an, und wurde gantz und gar widerwärtig und feindseelig. Der Jungfer Sturmin that dieses gar weh, und suchte die Sache nunmehr bey GOtt auszurichten. Einsten lag Sie bis um Mitternacht vor GOtt im Gebet auf dem Boden, und bat um das Hertz dieser Person. Endlich fiel ihr ein, Sie könte sich vielleicht auch versündigen, wenn Sie es so gar ungestümm erzwingen wolte, und legte sich darauf müd und matt zu Bette. Doch da Sie kaum eingeschlaffen war, hörte Sie alsobald die Magd aus ihrer Cammer über den Hof herüber ruffen: Jungfer Sturmin, Jungfer Sturmin! Sie fuhr eilends aus dem Bett, gieng der Magd zu, und fand Sie unter der allergrösten Angst u[nd] Furcht Zittern. Sie nahm die Magd, die Ihr so bald um den Halß gefallen, mit sich in Ihr Bett, und hörte von ihr mit grössester Verwunderung, welch ein Angst und Bangigkeit sie diese Nacht erlitten, und wie Sie sich nimmer habe enthalten können um Hülffe zu ruffen, und wie es darauf gestanden, wenn Jungfer Sturmin sie nicht alsobald das erstemahl gehöret hätte, daß sie sich aus dem Fenster in den Hof hinunter gestürtzet hätte, denn sie hätte die Angst und Bangigkeit ihres Hertzens nimmer außstehen können. Jungfer Sturmin solle ihr doch verzeyhen, was sie Ihr zu Leyd gethan, sie wolle sich ihr Lebtag nimmer also gegen Sie versündigen, usw. Hiemit hatte unsere seel[ige] Jungfer Sturmin zu ihrer unaußsprechlichen Freude die *offenbahre Würckung ihres Gebets auf der Stelle*;[79] und die Magd hielte sich hernach Christlich.

Diesem Exempel gesellete Sie ein anders Fremdes bey, welches wir hie einzuschalten für würdig erkennen. Sie erzehlete uns, was erst kürtzlich hie in Stutgardt der liebe GOtt für ein Zeugniß seiner wunderlichen

78 Berichtigen / überzeugen.
79 Sofort.

Güte gegeben habe. Ein gewisser Handwercksmann, *R.*[80] hatte an einem heimlichen[81] Ort eine Fistul[82] bekommen, an welcher er grosse Schmertzen erlitten. Er wolte einen gewissen *Chirurgum*[83] gebrauchen, der ihn aber nicht annahm, weil ers nicht zu bezahlen hatte. Und da er einen andern zu Rath zog, der vergebliche Mittel gebrauchte, stellte ihm dieser vor, es seye nichts mehr übrig, als er lasse sich schneiden, welches doch auch mißlich seye. Nachdem nun dieser Zustand schon über 1. Jahr gewähret hatte, der Mann keiner Arbeit mehr nachkommen konte, die Armuth darzu schlug, der Schmertz groß, das Mittel ungewiß war, hat er sich zu GOtt in solcher grossen Noth gewendet, und *eine gantze Nacht um Hülffe im Gebet angehalten.* Und siehe, *der HERR erhörte ihn* / und schaffte eine wunderbahre Errettung. Der Schade vergieng ohne einige gebrauchte Artzney, und er wurde völlig gesund.

Dieses erinnerte Sie eines andern Exempels, welches Ihr Fr[au] *S.*[84] *B.*[85] von N.[86] sicher erzehlet hatte. Es war in derselben Stadt eine Handwercks=Frau,[87] die übel hörte, und deswegen von ihrem Mann unfreundlich gehalten wurde. Als nun einsten[88] das Evangelium vom Tauben und Stummen *Marc. VII. v.* 31. *sqq.* vorkam, gieng sie unter der Morgen=Predigt auf ihre Bühne[89]

80 Nicht ermittelt.
81 Verborgenen.
82 Fistel.
83 Nicht ermittelt.
84 Wahrscheinlich aufzulösen: S[pecialis], also die Frau des Spezialsuperintendenten.
85 Wahrscheinlich Christina Juditha Burck geb. Brotbeck (1677-1739), Ehefrau von Johann Philipp Burck (s. S. 41, Anm. 133), einem Pietisten, der von 1713 bis 1715 Dekan in Nürtingen war. Um 1721 lebte sie als Witwe in Nürtingen. Die Beziehung Beata Sturms zu Johann Philipp Burck ist bezeugt (s. S. 41, Z. 9).
86 Wohl Nürtingen.
87 Nicht ermittelt.
88 Einmal.
89 Dachboden.

hinauf, und bat gar angelegentlich, *der HErr JEsus möchte doch auch sein allmächtiges Wort Ephata*[90] *über sie sprechen;* und siehe, *es geschah also.* Denn sie bekam darauf ihr Gehör richtig und vollkommen. Wir stärckten uns untereinander mit diesem lieblichen *Discurs*, und widerhohlten das *hie zu Landen* wol bekante Exempel in der benachbarten Stadt *Leonberg* / da vor etwa 60. oder mehrern Jahren ein gewisses krummes und zusammen gewachsenes Weibs=Bild in der Predigt zuhörte, wie der Glaube des Blut=flüßigen Weibleins[91] angepriesen wurde, Sie erweckte ihr Vertrauen auf eben diesen Heyland, und dachte: *ich gebe diesem meinem JEsu die Ehre / und glaube / daß Er auch mich heute noch so gesund machen kan / wie ehedessen jenes Weib.* Und indem sie durch Glauben und Gebet sich also anhängete, so thaten ihre Knöchel einen lauten Knall in der Kirche, und sie konte nun gerade aufrecht stehen, daß ihre Kleidlein ihr zu kurtz waren, und die benachbarte Weiber ihr Schürtze zur Bedeckung zuwarffen. Die Krücklein, an welchen sie gienge, werden noch in dortiger Kirche aufbehalten.[92] Und hie lebet noch ein angesehener Herr, in einem offentlichen Amt, der als damaliger Beamter noch einen Mann *examinir*t hat, welcher in seiner Jugend dabey gewesen war, als diese Krafft des Glaubens in offentlicher Gemeinde sich erzeiget hatte. *Matth. IX. v.* 20. *sqq.*[93]

---

90 Mk 7,34.

91 Mk 5,25–34.

92 Aufbewahrt.

93 Die 2. Aufl. (*Rieger:* Tabea, 1732, S. 100–106) schildert das Ereignis des Jahres 1644, in dessen Untersuchung neben dem Leonberger Spezialsuperintendenten auch das Konsistorium und der Kirchheimer Spezialsuperintendent involviert wurden, weit ausführlicher unter Einbeziehung wörtlich zitierter offizieller Dokumente. Die Frau hieß Katharina Hummel (geb. 1618) und stammte aus Omden bei Nürtingen. Eine Publikation wurde vorbereitet, dann aber doch nicht gedruckt. Bengel geht auf das Ereignis in seinem Gnomon zu Mk 16,17 ein (*Johann Albrecht Bengel:* Gnomon Novi Testamenti […], Tübingen: Schramm, 1742, S. 198). In der Leonberger Stadtkirche werden noch heute die Krücken Hummels aufbe-

Dieses uns so erquickliche Gespräch unterhielte der dabey seyende nunmehro seelige Herr Waysen=Pfarrer *Hartmann*[94] mit einer neuern Geschicht von seiner ehmaligen Gemeinde zu *Döffingen* Böblinger Amts. Ein Christlich Weib[95] hatte sich dorten in eine Spindel gestochen, welches dermassen die Hand *inflammir*te, daß der Seel[ige] Herr Cammer=Diener und Fürstl[iche] Leib=*Chirurgus du Vernoy*[96] kein Mittel dem Brand zu wehren mehr wußte, als daß ihr die Hand abgenommen würde, worzu auch schon ein gewisser Tag angesetzet war. Das Weib schlieff unter betten und Bekümmernissen ein, und traumete, wie ihr angezeigt werde, wenn sie den Goldfinger[97] wegnehmen liesse, so könte die gantze Hand errettet werden. Der den andern Tag ankommende Herr *Operateur* wolte nicht daran. Das Weib aber hatte eine solche Versicherung hievon, daß sie darauf bestund, und alle Gefahr und Verantwortung auf sich nahm. Darauf die *Operation* an dem einigen Finger glücklich vollzogen, und die gantze Hand *salvir*t[98] wurde.

Wie nun *uns* damals unter diesen erwecklichen Abwechslungen die Zeit vergnüglich hingegangen ist: also hoffen wir, sie solle auch unsern *Christlichen Lesern* hierüber nicht lange worden seyn. O daß wir doch nur aufmercksamer die Fußstapffen des lebendigen GOttes unter uns beobachten und behalten[99] möchten! wie würden wir noch so manche deutliche Zeugnisse finden, daß JEsus Christus eben derselbe seye gestern und

---

wahrt. Vgl. [*Albert*] *Landenberger:* Eine wunderbare Geschichte aus dem dreißigjährigen Kriege, in: Blätter fur württembergische Kirchengeschichte 7 (1903), S. 88–90; *Eugen Stöffler:* Stadtkirche Leonberg, Pliezhausen 1983, S. 13f.

94 Andreas Hartmann (1677-1729) war seit 1715 Pfarrer am Waisenhaus Stuttgart.

95 Nicht ermittelt.

96 David Duvernoy (1651-1714).

97 Der vierte bzw. Ringfinger.

98 Geheilt.

99 In Erinnerung bewahren.

heute![100] Ich schreibe dieses eben bey dem vorstehenden[101] *Jubel=Fest*[102] / und begehre auch damit einen deutlichen Beweißthum abzulegen, daß *gewiß der HERR unter uns seye.* Nur allein unser Unglaube macht, daß Er nicht mehrere Wunder thun kan. Würden wir glauben, und im Glauben betten, wir würden die Herrlichkeit GOttes sehen. Ach! HErr stärcke uns den Glauben, und lehre uns betten! Aber lasset uns noch weiter vernehmen, wie kräfftig und erhörlich[103] unsere Jungfer Sturmin gebettet habe.

Es ist hiesiger Landen noch wohl bekant, wie gefährlich es im Frühling des 1727. Jahrs wegen eingefallener Kälte mit dem Weinwachs[104] außgesehen, wie denn manche Orte Schaden gelitten haben. Absonderlich fiel an dem Abend des letzten *Martii*[105] ein Schnee, darauf hellete sich der Himmel auf, und wehete der räuheste und frostigste Wind, daß es nicht anders schiene, als würde selbige Nacht gegen den 1. *Apr[ilis]* Hoch= und Nieder Feld erfrieren. Diese Gefahr und Noth des armen Landes drange unsere Jungfer Sturmin, daß Sie keinen Schlaff in ihre Augen kommen ließ, sondern im Betten vor dem HErrn so lange liegen blieb, biß sich gegen Mitternacht unvermuthet die gantze Witterung änderte, der rauhe Wind sich legte, der Himmel mit trüben Wolcken bedecket wurde, und noch ein guter Herbst[106] geriethe. Dessen erinnerte Sie sich hernach

100 Hebr 13,8.
101 Anstehenden.
102 Am 25. Juni 1730 wurde in Württemberg wie auch in anderen lutherischen Territorien das Jubiläum der *Confessio Augustana* gefeiert. In Stuttgart engagierte sich hierfür u. a. Paul Biberstein (s. S. 18, Anm. 1), Diaconus an St. Leonhard. Rieger predigte hierzu am Abend des 25. Juni in der Stuttgarter Stiftskirche und publizierte seine Predigt im Anhang seiner Biographie (*Rieger:* Tabea, 1730, Anhang, S. 125–196).
103 Sodass es (von Gott) gehört / erhört wurde.
104 Weinwuchs / Weinwachstum.
105 März.
106 Erntezeit (hier: Weinlese).

im Spätling[107] mit demüthig= und vertraulicher Danckbarkeit im Gebet unter uns, dadurch auch wir Zuversicht gewonnen, auf den lebendigen GOtt zu hoffen. Wenn nun aber schon einige Leser klärer sehen wolten, als wir, und nicht glaubten, daß dieses eine Würckung Ihres Gebets, sondern eine natürliche Aenderung gewesen seye (gleichwie wir niemand keine Maaß geben,[108] und in diesem gantzen Büchlein keiner rednerischen Uberredungen uns bedienen, sondern, was wir wissen, bloß historischer Weise hinsetzen, und überlassen, was sich an eines jeglichen Gewissen beweisen werde,) so wird sich doch ohne Zweifel jederman das mitleydige Hertz, die lieb=volle Bekümmerniß vor den armen Mann, und die ängstliche Fürbitte unserer Gottseeligen Jungfer wol gefallen lassen. Wie wenige mögen im gantzen Lande der Vermöglichen gewesen seyn, welche sich diese anscheinende grosse Noth haben zu Hertzen dringen lassen! wie wenige auch unter denen Armen selbs, welche doch die obschwebende[109] Strafe am empfindlichsten getroffen hätte, werden selbige gefährliche Nacht auf ihren Knien gelegen seyn, und um Abwendung dieser andringenden Noth gebetten haben! Man hält solches freylich insgemein für vergeblich, und laßts in einem *desperat*en, das ist, unglaubigen und ungöttlichen Sinn gehen, wie es gehet. Ach! wie haben wir so *unempfindliche Hertzen gegen die gemeine Noth* / wenn wir sie gegen das zarte Hertz unserer seel[igen] Jungfer Sturmin halten, die doch bey solchem Mißwachs für ihre Person keinen Schaden gelitten hätte! wie seynd die *Armen* selbs so *unmitleydig gegen sich selbs*! Es stecken viel tausend Leute in grosser Beschwerung. Wir zweiflen aber, ob jemand unter ihnen seinen *eigenen* Zustand empfindlicher gefühlet habe,

107 Herbst.
108 Niemandem etwas vorschreiben.
109 Drohende.

als die Seelige den *gemeinen*[110] Zustand der Armen in dem Land. Wo ist leicht solche Gemeinschafft der Trübsalen, solche Liebe, solche Fürsorge und Fürbitte, solches Vertrauen, Ringen und Kämpfen für sich selber, geschweige für andere? O was thut uns dieser *kalte Gedancke* für grossen Schaden, diß und jenes seye *natürlich* / zufällig, nothwendig und unveränderlich! hingegen was würden wir für einen manchen Fluch wegbetten, und manchen Seegen herbetten, wenn in einem jeden Ort (eines in das andere gerechnet) nur zehen Seelen wären, die, wie unsere Jungfer Sturmin, sich so aufmachten, und dem HErrn unserm GOtt also begegneten, daß Er nicht thun könte nach seinem grimmigen Zorn, sondern, wenn Er auch schon angefangen hätte, sich doch wieder umkehren müste, uns nicht gar zu verderben. Es war eine andere gleiche Noth, als unsere seel[ige] Jungfer Sturmin abermal ihre Waffen ergriffe, und in Kampf mit GOtt sich einliesse. Als Sie ermüdet eingeschlaffen war, sahe Sie unsere liebe Stadt umpflantzet mit lauter feindlichen Stücken, worüber wir uns nicht deutlicher erklären können. Als nun niemand war, der sich der Gefahr entgegen setzte, gieng sie hin, und trug das gröste Stück, so gegen die Stadt gekehret war, unter ihrem Schurtz hinweg. Und als Sie sich nachher verwunderte, wie Sie solches hätte fortbringen können, sprach der HErr JEsus zu Ihr: *Siehe / dis habe ich dir helffen tragen!* Wer will, mag hieraus lauter *Phantasi*en machen. Wir wissen, daß kein Mensch weniger *etwas fanatisches* an sich gehabt, als eben unsere seel[ige] Jungfer Sturmin. GOtt möchte uns viel solcher *phantasi*erender Seelen schencken! Wir hofften, besser mit ihnen zu fahren, als mit allen denen, welche mehr zweiflen, und desto weniger betten.

110 Allgemeinen.

Zwey Jahr vor diesem, nehmlich *Anno 1725.* war die bekante Feuersbrunst allhier, deren gefährlicher Zustand und wunderbahrlicher Stillstand noch im frischen Gedächtniß lieget[111] Unsere Jungfer Sturmin legte sich ins Gebet, und kämpfete darinnen so lang, biß Sie in ihrem Hertzen die Versicherung bekam, das Feuer würde nimmer weiter *grassi*ren, sondern jetzo stille stehen müssen. Darauf stund Sie auf vom Gebett, und fragte nach, wie es stünde, und erfuhre durch die ankommende Bottschafften, daß dem Verderben an dem uns hie wohlbewußten Ort gesteuret[112] wäre. Sie hat es etliche Tage hernach in eine demüthige und Hertz=bewegliche Dancksagung im Gebet vor GOtt gebracht. Es wird auch einiges hieher gehöriges unten im Außzug ihrer Briefe vorkommen.[113] Deme wir noch dieses beysetzen: Vor etwa 12. Jahren hatte Sie eine sehnliche Begierde zu sterben, mit welcher Sie dem HErrn anlag um die Erhörung. Als Sie sich darauf zu Bette legte, und *noch wachte / hörte* Sie gantz deutlich eine vernehmliche *Stimme: dieses Leben ist dazu gegeben / daß ihr der Sünde immer ferner / und GOTT immer näher werdet.* Welche Worte Sie zuvor nirgend gelesen, oder jemals sonst gehöret hatte. Sie erkante also daraus, daß es Barmhertzigkeit und Gnade GOttes seye, wenn Er den Menschen so nach und nach erneuere in der Zeit, mithin mit Danck zu erkennen seye, wenn einen GOtt länger leben lasse, um ihne zur seeligen Ewigkeit dadurch zu zubereiten. Von welcher Zeit an Sie ihr Sterben in GOttes Willen gesetzet. Vielleicht wird es nicht beschwerlich seyn, nur noch ein einig Exempel anzuhören, welches Sie nur wenige Monathe vor Ihrem

111 Am 20. März 1725 brannte in Stuttgart die Hirschgasse, woran noch ein Steinrelief (heute aufbewahrt im Lapidarium der Stadt) erinnert.

112 Einhalt geboten.

113 *Rieger:* Tabea (1730), Anhang, S. 1-27. - Der Text ist nicht Teil dieser Edition.

Tode uns erzehlte, nicht ohne bewegliche[114] Dancksagung gegen GOTT. Es seye nemlich eine Wittfrau,[115] die viele Kinder habe, zu ihr gekommen, und habe im Vertrauen geklagt, daß ein gewisser Herr,[116] da sie aus Noth ein gewisses *Capital* von 100. fl[orin][117] ablösen müssen, eine *Ducat*en bey der Erhebung des Gelds von dem, der es in ihrem Nahmen empfangen, angenommen hätte, welches ihr bey ihren vielen Kindern gar zu hart ankomme. Weil Ihr nun die Klage sehr zu Hertzen gegangen, theils wegen der Wittfrauen selbs, theils auch wegen dessen, der solche *Ducat*en angenommen, von dem sie nie dergleichen geglaubet hätte, daß er sich von solcher schändlichen Gewinnsucht einnehmen liesse: so habe Sie sich ohne sonst jemand etwas davon zu sagen, nachdeme die Wittwe weggegangen seye, vor GOtt ins Gebett geworfen, und Ihne ernstlich ersuchet, daß Er doch als ein Vater der Waysen und einiger[118] Hertzens=Lencker des Mannes Hertz von dergleichen schändlichen *Accidenti*en[119] überzeugen, und ihne bewegen möchte, auch das wieder heraus zu geben, was er zwischen seinen Händen behalten, damit also beedes seiner Seelen, und der armen Wittib,[120] dadurch gerathen würde, usw. Den 1. oder 2. Tag darauf seye die Frau mit grosser Verwunderung und Freude wider zu Ihr gekommen, und habe erzehlt, wie gedachter[121] Herr die *Ducate* wieder zurück gesendet, und dabey habe sagen lassen, sie möchte es ja behalten, und ihne nicht mehr damit versuchen, denn GOtt solle ihn bewahren, *sich solchergestalten lohnen zu lassen vor das / was die*

114 Bewegende.
115 Nicht ermittelt.
116 Nicht ermittelt.
117 Gulden.
118 Einziger.
119 Eigenschaften.
120 Witwe.
121 Der erwähnte.

Schuldigkeit seines Amts seye. O das seye ihr nach allen Umständen eine fröliche Post[122] gewesen, dadurch Sie abermal gestärcket worden seye, daß JEsus seine Verheissung festhalte: Was ihr bitten werdet in meinem Nahmen, das will ich thun. *Joh. XIV. v.* 14. Aus diesen Zeugnissen kan ein jeder, der etwas vom Gebet verstehet, genug auf das andere schliessen, was dieses Gebet bey dem HErrn müsse gegolten haben. Sie erkante selber die Gnade GOttes hierinnen, und sagte, Sie müsse es zum Preiß GOttes freylich bekennen, daß GOTT Sie nie leer von sich gehen lasse, so offt Sie zu Ihm komme. Deßwegen habe Sie erst gestern einen guten Freund gebetten, er möchte ihr beym Genuß des Heil[igen] Abendmahls nur dieses außbitten helffen, daß Sie der grossen Gnade GOttes, deren Sie von GOtt gewürdiget werde, getreu seyn und bleiben möge. *Wir sollen doch auch etwas auf unser Gebet halten lernen. Denn wenn es von unserm Mund abfalle / so falle es ins Hertz GOttes hinein / und mit Seegen in unsern Schoß zurück!*

Nur das einige beklagte Sie, daß Sie ehedessen nicht besser acht gegeben hätte, was die Göttliche Gnade *nach* ihrem Gebet in Ihr gewürcket, oder habe würcken wollen. Denn damit habe Sie sich sehr gehindert, daß Sie nicht längstens mehrers bekommen. Es wäre Ihr aber solches einstens kräfftig in ihrem Gewissen verwiesen worden[123] an dem Exempel der Kinder Israel in Egypten, welche so sehr nach ihrer Erlösung geseufzet und zu GOtt geschrien haben, 2. B[uch] *Mos. II. v.* 23. *sqq.* Ohne Zweifel aber werden Sie nach ihrer Vernunfft gedacht haben, es müste zu ihrer Erlösung eine grosse Armee kommen. Und wenn man es ihnen gesagt hätte, da der kleine *Moses* gebohren worden, dieses Kind

122 Nachricht.
123 Sie habe deshalb einst arge Gewissensbisse bekommen.

würde ihr Erlöser werden, so würden sie ihn nicht für geschickt dazu gehalten, noch geglaubt haben, daß sie *so lang warten* könten, biß er groß würde. Allein der einige *Moses*[124] kam endlich, da er schon achzig Jahr alt war, und führte sie doch aus. Also wenn auch ich (sagte Sie,) zu GOtt bette, und um das und jenes gute schreye, und erhalte nur das *geringste* / so dancke ich *alsobald* davor, als[125] für ein Stück und Anfang der Erhörung des gantzen. Ich bin mit diesem kleinen Kindlein wohl zu frieden, und suche es nur getreu zu bewahren, und dieser Gabe als eines kleinen Kindes[126] zu pflegen, biß sie zu einem grossen Mann erwächset. Und seit dem ich es so mache, und so achtung gebe, was mir auf mein Gebet wiederfähret, kan ich zum Preiß GOttes versichern, *daß ich niemahl vergeblich gebettet habe / sondern allezeit den Tag über bald* dieses bald jenes als eine Frucht meines Gebets erfahren.

Zu diesem unvergleichlichen Vortheil wollen wir noch einen andern eben so *considerabl*en[127] oder wichtigen, und der vielleicht unserer Jungfer Sturmin *eigen* mag gewesen seyn, anschliessen. Sie hatte einsten sich gern etwas ausgebetten von einem Ihrer Verwandten,[128] und es dauchte Sie[129] schwer zu seyn, solches von ihm zu erlangen, da auch nur der erste Athem davon, so zu reden, ihm schon würde entgegen gewesen seyn. Sie dachte hin und her, wie es anzugreiffen seyn möchte, bate auch GOtt im Gebet um Lenckung des Hertzens; es wolte sich aber nichts schicken. Endlich kam das Himmelfahrt=Fest heran, und ihr fielen die Worte aus *Ps. LXVIII. v.* 19. ein: *Du bist in die Höhe gefahren / und*

124 Einzig / allein / nur Mose.
125 Wie.
126 Wie ein kleines Kind.
127 Schwerwiegenden.
128 Nicht ermittelt.
129 Sie dachte.

hast das Gefängniß gefangen / du hast Gaben empfangen für die Menschen / auch die Abtrünnige / daß GOtt der HErr dannoch daselbs bleiben wird. Sie nahm sich alsobald für auf diese Worte, als wie auf ein aufgeworffenes Panier, zuzugehen. Sie bettete, und sprach: Du erhöheter Heyland JEsu Christe hast Gaben empfangen nicht für dich, sondern für uns Menschen, nemlich sie uns zu geben, wie es *Eph. IV. v.* 8. erkläret wird. Nun ich bedarf jetzund eine Gabe, und diese Gabe ist bey dir, du kanst sie mir geben. Diese Gabe aber ist dieses Mannes Hertze, welches du in dieser vorhabenden[130] Sache mir schencken wollest. Diese Gabe hast du schon empfangen, und für mich empfangen: jetzt bitte ich dich darum, denn ich bedarff sie, und sie gehört mir zu, denn du hast sie für mich empfangen; und wenn ich auch eine abtrünnige Seele wäre, so dörffte ich dich um die Gabe meiner Wiederkehrung[131] anruffen: nun ich aber immer gesucht habe, mich an dich ohne Bundbruch zu halten, so bitte ich jetzund nicht um die Bekehrung meines Hertzens, sondern daß du mir das Hertz dieses Mannes schenckest, daß er in meine Bitte einwillige, usw. Darauf seye Sie geraden Wegs zu diesem ihrem Verwandten hingegangen, und er habe ihr die Bitte ohne einige Widerrede alsobald freundlich gewähret.

Da nun Ihr *einmal* dieses so gelungen seye, habe Sie gedacht, diesen Vortheil must du mehr anschlagen,[132] und zu Nutz zu bringen suchen. Daher habe Sie sich den andern Auffarts[133]=Tag wieder etwas besonders und schwerers auszubitten fürgenommen, und der HErr habe auch selbiges mahl ihr Angesicht angesehen. Und so *probi*re Sie es nun etliche Jahre (die machten biß in ihren Tod bey 12. Jahre auß) und der HErr habe

130 Geplanten.
131 Umkehr / Buße.
132 Häufiger anwenden.
133 Himmelfahrts.

Lust mit seiner armen Magd also lieblich zu spielen, daß Sie immer die Bitte bekomme[134] die Sie von Ihm gebetten. Was wir hie erzehlen, und Anfangs nur wenigen bekant war, ist zuletzt vielen Christlichen Seelen hie kund worden, welchen Sie ihre unaußsprechliche Freude hierüber erzehlet, und sie ermahnet hat, diesem ihrem Exempel nachzufolgen, und sich den angezogenen Spruch reichlich zu Nutz zu machen. Und es war gewiß eine wahrhaffte Himmelfahrt bey Ihr, wenn Sie anfieng über diese Worte zu reden, die Fülle der unendlichen Gaben in Christo zu preisen, den himlischen Vater zu loben, daß Er alle Gaben, die wir Menschen bedörffen, in so gute Hände unsers treuen Heylandes geleget habe, bey dem wir sie nur abhohlen dörffen. Ey es seye doch gar zu köstlich, daß solche Gaben nicht *auf einmahl uns* unverständigen, untreuen, unbefestigten, verschwenderischen Seelen, hingegeben worden seyen: sondern Christo anvertrauet, bey dem wir sie nach und nach, wenn wirs bedörfen, und nützlich gebrauchen können, als unsere Gaben abfordern dörffen! darauf reitzte Sie so gewaltig, so freundlich, so Evangelisch, das Hertz zum Glauben, und zu einem vertraulichen zuversichtlichen Gebet, daß einer bekennen muste, er habe bereits Himmelfahrt mit Ihr im Geist gehalten. Wir sehen ihr freundliches und fröliches Angesicht am letzten Himmelfahrts=Fest vor einem Jahr noch vor unsern Augen; und wir dencken noch wol daran, was damals für eine Bewegung und himlische Freude unter etlichen Seelen allhie gewesen ist.

Wir fügen diesem aus ihrem Munde noch dieses bey. Als einmal wieder Himmelfahrt=Fest gekommen, habe Sie sich gefreuet, und seye voll Munterkeit gewesen, wie Sie sich nun diesen Tag zu Nutz machen wolle. Darauf seye Sie in die Wohn=Stuben gekommen, und habe ge-

134 Erfüllt bekomme.

hört, wie die Magd[135] über Schmertzen klagte. Darauf habe Sie dieselbe getröstet, Sie wolte der Kinder warten, bis es besser mit ihr werde, sie solte sich nur zu Bethe[136] legen. Damit habe Sie den gantzen Tag unter der Kinderwart[137] zugebracht, und am Abend gedacht: wo ist deine Himmelfahrts=Feyer hingekommen? du hast ja in keine Kirche kommen, oder sonst keiner Ubung abwarten[138] können. Doch habe Sie sich daran noch erhohlt, daß das kleineste Kind, da Sie ihm den Brey geben wolte, seinen Mund so weit aufgesperret, daß Sie es mit ihren blöden Augen habe deutlich sehen können. Denn dadurch seyen Ihr die Worte *Psalm. LXXXI. v.* 11. *Thue deinen Mund weit auf / laß mich ihn füllen;* recht lebendig und lieblich aufgeschlossen worden, daß auch Sie den Mund und die Begierde ihres Hertzens weit aufgethan habe, aber auch vergnüglich gefüllet und gesättiget worden seye. Des andern Tages seye es mit der Magd wieder besser geworden, und so unartig und widrig dieselbe sich sonsten bezeuget, so willig und danckbar seye Sie hernachmals[139] gewesen, und habe ein Wort der Ermahnung zu ihrer Besserung angenommen. Da habe Sie wieder gesehen, daß Sie doch Himmelfahrt gehalten habe, ob es gleich nicht nach ihrer vorgenommenen Weise gegangen seye, usw.

Unter die bißherige Zeugnisse ihres kräfftigen und erhörten Gebets könten wir auch das sogenante *däumeln*[140] bringen. Sie gebrauchte sich dieser Weise nicht

135 Nicht ermittelt.
136 Bette.
137 Kinderhüten.
138 Teilnehmen.
139 Anschließend.
140 Als „Däumeln“ oder „Bibelstechen“ wird das Aufschlagen der Bibel mittels einer Stricknadel, eines Daumens oder Fingers bezeichnet, wobei das damit zufällig mit der Nadelspitze bzw. dem Finger getroffene Bibelwort als göttliche Botschaft oder Entscheidungshilfe in konkreten Lebensfragen betrachtet und interpretiert wird.

aberglaubisch, noch leichtsinnig, sondern bedächtlich, selten, und nur in denen wichtigsten Angelegenheiten. Da Ihr denn entweder beym Aufschlagen ihrer Bibel, oder eines Gesangbuchs, solche Stellen unter den Daumen gekommen, die nach ihrem jedesmahligen Zustand oder Verlangen recht geschickt und außerlesen waren. Wir haben aus mehrern nur ein paar behalten. Als Sie einsten in einer grossen Seelen=Noth steckte, davon unten zu reden seyn wird,[141] und mit innigsten Seuftzen wieder einen Zugang zu der Gnade GOttes, und eine *Ruhe für ihre aus dem Frieden vertriebene Seele* (wie ihre Wort lauteten) *suchte* / und darauf die Bibel aufschlug, ob es dem HErrn etwa gefallen möchte, Ihr ein Wort vorkommen zu lassen, da[s] bey ihren dunckeln Wegen ihren Füssen zu einer Leuchte dienen könte,[142] so kamen ihr unter den rechten Daumen die Worte aus *Jerem. XXXIII. v.* 6. Siehe, ich will sie heilen und gesund machen, und *will sie des Gebets um Friede und Treue gewähren.*[143]

Als Sie um eine gewisse wichtige Sache so gar offt, und mit sonst nie von uns erhörten[144] *Expression*en und Gründen mit GOtt kämpfete, so fragten wir Sie: Woher Sie doch diese Dreistigkeit habe? ob Sie des Göttlichen Willens aber auch versichert seye, so gar sehr auf diese Bitte zu dringen? es scheine, als wolte Sie es nicht abbitten, sondern abpochen;[145] man habe doch auch im Gebet Bescheidenheit zu gebrauchen, und zuzusehen, daß man GOtt im heimlichen Grund des Hertzens nicht beschuldige, als wenn Er Sorgloser für der Menschen

141 Berichte über ihre Seelennöte finden sich nicht unten, sondern S. 35, Z. 19 – S. 43, Z. 9 und S. 70, Z. 5 – S. 71, Z. 18.

142 Ps 119,105.

143 So lauten die alten Luther-Übersetzungen. Die Luther-Bibel 2017 übersetzt den 2. Teil des Verses: „und will ihnen dauernden Frieden gewähren."

144 Gehörten.

145 Darauf pochen / es drohend abfordern.

Wohlfahrt wäre, als wir; vielleicht seye bey GOtt aus uns verborgenen Ursachen ein anders beschlossen, usw. usw. Hierauf antwortete Sie, wie anderes, als[o][146] auch dieses: Sie habe sich selber auch zuvor schon über diese Sache geprüfet, ob Sie recht daran thue? Sie habe freylich den Mund des HErrn darüber gefragt, ob es sein Wille seye, daß Sie sich über dieser *importanten*[147] Sache mit Ihm einlassen dörffe? das liege Ihr an, dazu finde Sie sich gezwungen und gedrungen, Sie könne es nicht lassen; Er solle Ihr aber jetzt anzeigen, woher dieser Trieb seye? ein *sichtbahres Zeichen* / und ein gewisses Wort soll Er ihr geben, daran Sie erkennen möge, ob dieses eine Aufforderung von Ihm, oder eine Eigenwillige, oder sonst fremde Krafft und Anregung in ihr seye, damit Sie nicht vergeblich laufe, oder in die Lufft streiche,[148] oder gar seinem Willen widerstrebe. Indem Sie nun kein ander Mittel gewußt, bey solchem fortwährenden Andringen um diese Sache zu bitten, und doch bey dieser Sorge daneben, den Nahmen GOttes auf einige Weise nicht zu entheiligen: so habe Sie es auf den Außschlag[149] ihrer Bibel ankommen lassen, und in solcher Verfassung ihres Hertzens seye Ihr die Verheissung Christi an den zitternden Petrum unter den Daumen gekommen:[150] *Fürchte dich nicht / Simon / denn von nun an wirst du Menschen fahen*[151] / *Luc. V. v.* 10. Durch welche *pertinente*[152] Antwort Sie unvergleichlich im Glauben seye gestärcket worden, daß der HErr ihr Gebet annehmen wolle. Und ob Ihr gleich noch eine andere Person einen weitern Zweifel machen wollen: so

146 Korrigiert gemäß Corrigenda (*Rieger:* Tabea, 1730, S. R4v).
147 Wichtigen.
148 Etwas Unnützes tue.
149 Antwort.
150 Siehe S. 110, Anm. 140.
151 Fangen.
152 Genau passende / zutreffende.

seye doch ihr Hertz fest geblieben, und Sie empfinde bey dieser Ubung lauter Ruhe, Zuversicht, Wohl, Frieden und Freudigkeit: welches Sie billich für ein Zeichen des Göttlichen Wohlgefallens ansehe. Sonderlich da Sie es noch einmal versucht habe, bey GOtt anzufragen, und derselbe habe Ihr vorkommen lassen den Anfang des *Psa[l]m. CVII. v.* 1. Dancket dem HErrn, denn Er ist freundlich, und seine Güte währet ewiglich.

Wir zweiflen nicht, unsere Christliche Leser werden alles bißherige mit Freuden und Ermunterung ihres eigenen Glaubens vernommen haben. Nun ist uns noch ein *geheimes Stücklein* zurück,[153] welches, ob es gleich *nicht nach jedermans Faßlichkeit* seyn möchte, doch von uns nicht solle hinterhalten[154] werden. Geübte und erfahrne Seelen werden wohl wissen, wie sie es anzunehmen haben. Es bestehet aber darinnen. Eine gewisse Person[155] aus unserem Mittel[156] klagte einmal der Jungfer Sturmin gantz vertraulich und betrübt, was für eine grosse Furcht und Angst zu betten Sie eine Zeit lang her[157] leyde, Sie wüßte doch nicht, wo dieses herkäme, und könne es auch nicht länger mehr ausstehen. Darauf wurde unsere seel[ige] Jungfer Sturmin unterm Zusprechen immer vertrauter, und tröstete die bekümmerte Person zuletzt auch mit Ihrem eigenen Exempel, denn Sie habe in vorigen Zeiten eben auch eine solche Angst, Furcht und Widerstand vor dem Betten gehabt, daß Sie es nicht genug sagen könne. Solches seye Ihr unerträglich gewesen. Doch habe Sie sich nie gar vom Betten abwendig machen lassen, sondern wieder den Danck und Willen ihres Hertzens doch gebettet, so gut Sie es vermocht habe, aber mit grausamen Verdruß und

153 Übrig.
154 Zurückgehalten.
155 Nicht ermittelt.
156 Mitte.
157 Seit einiger Zeit.

Widersetzlichkeit. Endlich da Sie sich einmahl mit besonderem Ernst und Eyfer dagegen gewapnet und gekämpffet, seye geschehen, daß sich in Ihrer Stuben ein greulicher und *schwefelicher Gestanck* ausgebreitet habe, davor Sie fast nimmer bleiben können.[158] Und dieser Geruch seye also[159] *penetrant* gewesen, daß, da über eine Weile hernach Fr[au] *S.*[160] *B.*[161] von R.[162] zu Ihr gekommen seye, sie Jungfer Sturmin gefragt habe, was Sie doch in Ihrer Stuben für einen abscheulichen Gestanck gemacht hätte? Und solches seye Ihr noch sonsten *ein paar mahl* begegnet, doch nicht mehr so gar starck, wie jenes mahl. Sie seye zwar hinaus gegangen, ob solcher Geruch *von aussen* sich möchte hinein gezogen haben. Weil Sie aber vor dem Fenster und der Thüre nichts dergleichen verspüret: so hat die Seelige nicht ohne Grund solches vor[163] *höllische Kräfften* angesehen: aber auch bezeuget, daß Sie *unterdessen* keine solche Furcht mehr empfinde, sondern willig, frölich und mit grosser Zuversicht bette.

Und dieses ist das edle Stück von der ausnehmenden Gebets=Ubung unserer seel[igen] Jungfer Sturmin. Dieser Weyrauch hat uns jederzeit so lieblich gerochen, daß uns düncket, wenn in Ihrem gantzen Lebens=Lauff sonst nichts fürkäme, als diese einige Nachricht, so würden doch alle Christliche Seelen sich unser Vorhaben und kleine Arbeit wol gefallen lassen. Es ist unmüglich, diese Ihre Gabe, Ubung, Fleiß, Andacht, Krafft, Glauben, Erfahrung, und andere angemerckte

158 Weswegen sie beinahe nicht mehr hätte bleiben können.
159 So.
160 Wahrscheinlich aufzulösen: Specialis (s. S. 98, Anm. 84).
161 Wahrscheinlich Christina Juditha Burck (s. S. 98, Anm. 85).
162 Wahrscheinlich Druckfehler, vermutlich ist „N." und damit Nürtingen gemeint wie in der 2. Aufl. (*Rieger:* Tabea, 1732, S. 122) und S. 98 bei Anm. 86.
163 Als.

Dinge, ohne Erbauung zu lesen. Desto weniger wird vonnöthen seyn, unsern Lesern eine besondere Ermahnung zu geben, diesem außerwehlt=schönen Exempel nachzueyfern. Insonderheit haben wir, die wir *in Würtemberg* wohnen, Ursache, uns aufzurichten, und unsere Hände zusammen zu thun, nachdem dieser grossen Betterin Ihre stets erhabene unermüdete Hände im Tode gesuncken sind. Wir haben wol bißher auch gebetten: aber diese unsere nun seelig vollendete Glaubens=Schwester konte mit einem besonderen Vorzug dem David nachsprechen in der Grund=Sprache:[164] *Ich aber bin das Gebett*[165] / *Ps. CIX. v.* 4. d[as] i[st] ich übe mich so fleißig im betten, daß ich sonst nichts thue, als betten, und es scheinet, als wenn ich nichts, als lauter Gebett wäre. O HErr, nehme von Ihrem Geist, und lege ihne auch auf uns ihre hinterlassene Mit=verbundene und Lands=Leuthe, ja auf alle, die diese wenige Blätter lesen werden! Amen.

164 Hebräisch.
165 Wörtliche Übersetzung aus dem Hebräischen.

V. *Von der Seel[igen] Jungfer Sturmin* Erkäntniß, Liebe zu GOttes Wort, und Bibel=Lesen.

WAs diese demüthige seelige *Beata* sich ihr Lebtag nicht würde haben lassen in Sinn kommen zu sagen, das hätte Sie (wie Ihr lange Zeit gewesener ehmahliger Herr Beicht=Vater[1] sich Christo und seinem Geist zu Ehren in ihren *Personali*en[2] ausgetrücket hat) doch mit allem Bestand der Wahrheit sage*n können: Ich bin gelehrter / denn alle meine Lehrer.* Warum? *Deine Zeugnisse sind meine Rede. Ps. CXIX v.* 99. d[as] i[st] Was ich rede, rede ich nicht aus vieler *Lection*, Krafft mühlichen und scharffen *raisonir*ens,[3] und unter vielen darzwischen rau[4] sehendem *fluctui*ren:[5] sondern was ich rede, ist ein Zeugniß der in mir lebendig gewordenen Warheit,[6] ein Zeugniß des Geistes Christi, und derjenigen Salbung, die da alles lehret.[7] Und freylich konte es an einer gründlichen und recht safftigen Erkäntniß nicht fehlen, da Sie den zum *Lehrer* hatte, der seinen Lehr=Stuhl im Hertzen hat, nehmlich den H[eiligen] Geist; da Sie so einen vertrauten *Zugang* im Gebett *zu GOtt* hatte,[8] und seine geheime Freundin war, deren er all sein Hertz heraus sagte; da Sie das Geheimniß des Glaubens, und was Ihr vertrauet ward, so in einem *reinen Gewissen* bewahrte; da Sie sich *von der Welt* so unbefleckt behielte, und also im rechten Stand war, prü-

1 Wahrscheinlich Oechslin (s. S. 225, Anm. 20).
2 Siehe S. 10, Anm. 1. – Diese Stelle deutet darauf hin, dass die Personalien von Oechslin (s. S. 225, Anm. 20) niedergeschrieben wurden, denn er war „lange Zeit" Beata Sturms „Beicht=Vater" gewesen, war es zum Zeitpunkt ihres Todes aber, zwischenzeitlich Hofprediger geworden, nicht mehr.
3 Nachdenkens.
4 Scharf.
5 Schwanken.
6 Joh 8,14; 19,35; 3 Joh 12.
7 1Joh 2,27.
8 Röm 5,2; Eph 2,18; 3,12.

fen zu können, welches da seye der gute, der wohlgefällige, und der vollkommene Wille GOttes;[9] da Sie *von Kindheit auf* die Heil[ige] Schrifft wußte, dieselbe täglich lase, und darüber *meditir*te Tag und Nacht; da Sie den *Willen* des Himmelis[chen] Vaters so *gehorsamlich that* / und also durch Göttliche Versieglung und beständige Erfahrung innen ward, daß diese Lehre von GOtt seye;[10] da Sie auch endlich mit dem empfangenen Pfund[11] so *getreu* umgienge, daß bey Ihrem guten Gebrauch Ihr immer mehr gegeben werden konte,[12] und also der treue Heyland seine Verheissung auch in diesem Stück an Ihr erfüllte: *Wer da hat / dem wird gegeben / daß er die Fülle habe. Matth. XIII. v.* 12.

Ausser diesem hatte Sie auch *natürliche* und *äusserliche* Vortheile und *Hülffs=Mittel* darzu. Was sich sonsten auch bey Gelehrten selten beysammen findet, dörffen wir bekantlich sagen, daß ein scharffes *Judicium,*[13] ein faßliches[14] *Ingenium,* und eine haltbare[15] *Gedächtniß in gleich gutem Grad* sich bey der Seeligen gefunden habe. Wodurch Sie freylich in Stand gesetzet worden ist, nicht nur, was Sie jemals hörte und lase, leicht zu fassen, wol zu behalten, und gründlich zu unterscheiden und zu beurtheilen: sondern auch solches wieder angenehm vorzutragen und auszubreiten. Von ihrem guten natürlichen Verstand wissen alle Leut, die mit Ihr zu thun gehabt, zu zeugen. Und da dieser von der Gnade noch mehr geschärffet, erhöhet und geheiliget wurde, so ist leicht zu erachten, daß *Ihr fromm seyn* nichts *alberes*[16] und *aberglaubisches* / sondern etwas

9 Röm 12,2.
10 Joh 7,17.
11 Gaben. – Anspielung auf Lk 19,13.
12 Vgl. zu diesem Grundgedanken pietistischer Hermeneutik S. 33, Anm. 82.
13 Urteilsvermögen.
14 Auffassungsstarkes / gutes Talent.
15 Gutes, das Gehörte festhaltendes.
16 Törichtes.

recht *vernünfftiges* und gescheutes geheissen haben müsse. Wie wir dann von Ihrer Klugheit unten einen besondern Articul[17] bringen wollen.[18] Geschweige, was auß dieser gantzen Erzehlung von sich selbs erhellet. Ihr *Gedächtniß* aber war so getreu, daß Sie eine angehörte Predigt bey nahe von Wort zu Wort hersagen konte; wenigstens hat Sie nichts *reales*[19] zurück gelassen.[20] Wenn Ihr ein Gesang fürgelesen wurde, und Sie es noch einmahl wiederholte, konte Sie dasselbe schon gantz auswendig hersagen. Einen weitläuffigen und umständlichen Morgen= und Abend=Seegen, den Sie bey jemand 14. Tage sprechen hörte, faßte Sie dermassen, daß Sie ihn eine zeitlang hernach von Wort zu Wort in die Feder *dicti*ren konte. Da nun zu diesen guten Natur=Gaben ein unermüdeter Fleiß, unersättliche Begierde, tägliche Ubung, und Göttliche Erleuchtung hinzu kam: so konte es nicht fehlen, Sie muste zu einer solchen Erkäntniß in Geistlichen Dingen gelangen, die man bey ihrem Geschlecht selten finden möchte, und von welcher auch gelehrte und gottseelige Lehrer zu lernen sich nicht haben schämen dörffen.

Auch dieses half Ihr auf so gute Stuffen gründlicher und weitläuffiger Erkäntniß, daß Sie *keine* einige *Gelegenheit* versaumte, etwas weiters zu lernen; daß sie damit zu so einer richtigen *Connexion* und Zusammenhang der Göttlichen Lehren beyzeiten gelangete, eben indem Sie nicht *bißweilen* nur *etwas* hörte, wie es die meisten machen, sondern *beständig* / *alles* / *allerley* ersinnliche *Materi*en, die vorkamen; und *einerley Materie* von *unterschiedlichen* Personen, und zu *unterschiedlichen Zeiten* / welches Sie desto gewisser machte. Ferner

17 Abschnitt.
18 S. 183–212.
19 Wesentliches.
20 Vergessen.

ließ Sie *nichts unfruchtbar* bey sich liegen, sondern legte alles auf Wucher,[21] *wiederholte* die gehörte Predigten nicht nur bey sich, sonderlich des Nachts im Bette; sondern auch meistens bey andern, denen Sie dieselbe, als eine Mutter die Speise denen Jungen zutruge, und manchesmal vermöge ihres festen Gedächtnisses drey biß vier unterschiedliche vor etlichen Tagen schon gehörte Predigten ohne Irrung und *confusion* anderen wiederholte, wodurch Sie selber ungemein fest gesetzet worden in dem Fürbilde der heilsamen Worte. Uber alles aber hatte Sie die nützliche, von so manchen gelehrten Männern auch der studierenden Jugend angepriesene Gewohnheit, daß Sie *alle Sambstags* Abends *wiederholte* / was Sie die Woche hindurch gutes gehöret hatte; zugleich aber auch sich prüfete, wie weit Sie nach solchem gehörten zugenommen habe, oder für sich gekommen seye. Hie mag billig[22] ein mancher Leser still stehen, und sich über diesen Fleiß und Eyfer der Seeligen ernstlich besinnen. O wie viel versaumen wir! wie könten wir, auch das weibliche Geschlecht, so reich seyn in allerley Lehre und Erkäntniß, wenn wir so begierig wären, und auch solche Mittel anwendeten, wie diese außerwählte Seele! Wie könten solche begierige und schön zunehmende Zuhörer auch ihre Lehrer selber ermuntern, und sie zu weiterm Nachforschen und Wachsthum treiben; wie es uns hie zum Theil in unserm Stutgardt mit unserer seel[igen] Jungfer Sturmin ergangen ist. Sie war gewiß ein guter Wetz=Stein[23] anderer.[23]

Von Ihrer *Liebe zu dem Wort GOttes* ist nicht nöthig besonders zu sagen, nachdem bißher lauter Proben dessen fürgekommen sind. *Davon lebte Sie / und das Leben*

21 Versuchte, aus allem mehr zu machen.
22 Zu Recht.
23 Schleifstein.

ihres Geistes stunde gantz und gar in diesem Worte des HErrn / Jes. XXXVIII. v. 19. Wenn so eine köstliche Speise vorkam, die Sie besonders vergnügte, so nahm Sie es nicht nur mit ihrer Seele, sondern auch mit ihrem Munde an, mit dem Sie es recht kostete, und gleichsam hinein schleckte. Es traf also nach dem Buchstaben bey Ihr ein, was *Jeremias* sagt in der Grund=Sprache:[24] *Wenn deine Worte fürhanden waren / habe ich sie geessen*[25] */ und deine Worte sind meines Hertzens Freude und Wonne gewesen / c[apitel] XV. v.* 16. Sie selber sagte, es gehe Ihr, wie jenem Kind in Gottholds zufälligen Andachten, welches gefragt: wie der Wein, den es getruncken, schmäcke? geantwortet: *süß / süß.*[26] So lieblich schmäcke Ihr das Wort GOttes. Und wenn man Sie darüber fragte, könte Sie anders nichts sagen, als: *Süß / süß* / schmäckt es mir. Dahero komme es, daß je mehr Sie lese, höre und dencke, je hungeriger werde Sie. Denn bey Ihr wachse der Hunger im Uberfluß. Da Sie nun in so guter Verfassung von aussen und innen stunde; da Sie, welches uns jetzt erst einfält, sagte, wenn Sie etwas in der Bibel lese, so heisse überall bey Ihr: wozu ist dir jetzt dieser Glaube nützlich?[27] da Sie, ihrer eigenen Red=Art nach, so vortheilhafftig und recht geitzig war, sich alles zu nutz zu machen: so darff sichs niemand fremd fürkommen lassen, was wir von ihrer grossen Erkäntniß geistlicher Dinge an Ihro gerühmet haben.

---

24 Aus dem Hebräischen wörtlich übersetzt.

25 Gegessen.

26 *Christian Scriver:* Gottholds Zufälliger Andachten Vier Hundert […], Leipzig: Lüderwald, 1677, S. 407. - Das verbreitete, auflagenstarke Erbauungsbuch ist zunächst 1663-1674 sukzessiv erschienen.

27 Luther fragt im *Kleinen Katechismus,* der in Württemberg 1646 eingeführt worden und Beata Sturm somit bekannt war, was Taufe und Abendmahl „nützet". – *Martin Luther:* Der kleine Katechismus (wie S. 85, Anm. 24), S. 515, Z. 36; S. 520, Z. 22.

In der Epistel an die Hebräer wird es als ein besonders Stück der erwachsenen oder *vollkommenen* Christen angegeben, wenn man in die Bilder *Alten Testaments* gute Einsicht hat, und in deren Schatten[28] Christum und sein Reich erkennen kan. Dieses Licht hat in unserer von GOtt gelehrten Jungfer helle geleuchtet. Sie konte auch denen schweren Schrifft=Stellen, zum Exempel, wenn die Frage war, wie diese und jene Gesetze, Ordnungen und Fürbilder in denen Büchern *Mosis* auf Christum und sein Reich gezielet haben? solche Erläuterungen geben, darüber auch geübte und belesene Personen sich höchlich verwundern müssen, sonderlich weil die seelige Jungfer nichts, als ihre Bibel, und einiges von *Luthero,*[29] gelesen hat. Wir müssen uns aber selber vor dem Angesicht der Kirchen anklagen, daß wir nicht mehr bedacht gewesen sind, aus dieser Gold=Gruben einen reichern Schatz zu samlen.

Es besuchte Sie einmal ein hie[30] durchreisender wohlerfahrner, und schon lang im Amt stehender Geistlicher *R.*[31] aus einer berühmten Stadt[32], und versicherte hernach, wenn er hie beständig wohnte, er wolte Mittel suchen, alle Tage zu Ihr zu kommen, um Ihre tägliche Gedancken über Ihre Bibel=*Lection* zu erfahren; denn er hoffte, damit das beste[33] *Collegium Exegetico-Biblicum*[34] zu hören. Und da Sie nun fast alle Jahr ihre Bibel zu End brachte, so hätte man freylich einen unschätzbahren Vorrath aufsamlen können von Gedancken, welche der, so die Schrifft eingegeben hat, nehmlich der Heil[ige] Geist,[35] dieser seiner gelehrigen und gehorsamen Junge-

28 Hebr 8,5; 10,1.
29 Siehe S. 46, Anm. 8 f.
30 Hier (Stuttgart).
31 Nicht ermittelt.
32 Nicht ermittelt.
33 2. Aufl. (*Rieger:* Tabea, 1732, S. 131): ein sehr gutes.
34 Exegetisch-biblisches Kolleg.
35 2Tim 3,16.

rin von *Vers* zu *Vers* eingeblasen[36] hat. Allein diese Gelegenheit ist versaumt worden, und uns nichts übrig geblieben, als ein paar *kleine Rümpflein.*[37] *Das Erste* bestehet in etlichen Anmerckungen über die erstere Capitel *Mathaei,* welche Sie zweyen Freundinnen zu lieb in ihren letzten Wochen aufzuschreiben angefangen hatte, und damit über das Neue Testament *continui*ren wolte, wenn sie nicht sobald durch ihren Tod wären unterbrochen worden. Diese wollen wir beym Beschluß[38] von Wort zu Wort anhängen.[39] *Das Andere* sind einige *Reflexiones* über die und jene Oerter Heil[iger] Schrifft, die Sie nur gelegenheitlich in der *Conversation* angebracht, und von uns sind aufbehalten worden. Manche haben wir bißher schon angeführt: die übrigen kommen auf folgende Betrachtungen an.

Uber die Worte 1. Buch *Mos. XXXI. v.* 2. *Jacob sahe an das Angesicht Labans / und siehe / es war nicht gegen ihm / wie gestern und ehegestern;* betrachtete Sie die Weißheit GOttes, der des Menschen Angesicht so geschaffen, daß man an demselben sein Hertz und dessen *Affect*en, Freude, Traurigkeit, Neid, Liebe, Wohlwollen, Ungunst, usw. sehen, und sich darnach richten könne. O wie offt, sagte Sie, hätte ich auch gern auf der Leute Gesichter gesehen, um zu mercken, wie es etwa inwendig beschaffen seyn möchte! Aber um meines blöden Gesichts willen muste ich diesen Vortheil missen. Dagegen aber habe ich mich der Worte Christi getröstet: *Philippe / wer mich siehet / der siehet auch den Vater / Joh. XIV. v.* 9. Nun sehe ich meinen lieben Heyland im Glauben nach aller seiner Freundlichkeit, und damit sehe ich in Ihm auch den Vater selbs, daran genüget mir.

36 2. Aufl. (*Rieger:* Tabea, 1732, S. 131): gewürcket.
37 Kleine Gefäße (Hohlmaß).
38 Am Ende.
39 *Rieger:* Tabea (1730), Anhang, S. 27-71. - Der Text ist nicht Teil dieser Edition.

Als von der *Bestraffung des Neben=Menschen* die Rede war, hatte Sie über 1. Buch *Mos. c[apitel] XXXI. v.* 30. *sqq.* folgende Anmerckung: *Laban klagte hie über die ihm entwandte Götzen.* Uber diesem Götzen=Dienst straffte ihn damahls der fromme Jacob nicht, theils weil Laban jetzund erzürnet war, und Jacob also keine Hofnung der Besserung bey ihm sahe, theils weil es Jacob die 20. Jahr über in des Labans Hauß schon genug gethan und so überzeugend an den Laban gethan hatte, daß er bekennen muste: *Ich wolte dich verderbet haben; aber eures Vaters GOtt hat zu mir gesagt: hüte dich / daß du mit Jacob nicht anders / als freundlich redest / v.* 19. *et*[40] 53. Also wenn ein Mensch offt genug ist ermahnet und überzeugt worden, und er sündiget, nicht aus Unwissenheit, sondern wieder besser Wissen: so ist man nicht schuldig, ihme überall und allezeit wieder eine neue Bestraffung *mit Worten* zu geben. Aber destomehr hat man sich *im Werck selber* / im Leben und Umgang also zu erweisen, daß auch die Gottlose überzeugt werden, der HErr seye unser GOtt, dem wir rechtschaffen dienen, und der hinwieder eine getreue Fürsorge für uns habe; wie es hie Laban erkennen muste gegen Jacob.[41] Hingegen versehen wirs da nur ein wenig, auch in Neben=Dingen: so laßt GOtt zur Demüthigung seiner Kinder geschehen, daß die Welt=Leute alsobald einen solchen Fehler anmercken, uns denselben fürhalten, und ins Angesicht hinein sagen, wie Laban dem Jacob: *du hast thörlich gethan / v.* 28.[42] welches Jacob auch so annehmen muste, weil er in der That etwas gegen seinen Schwähr=Vater[43] versehen hatte.

Als Laban hinweg war, muste sich Jacob wieder auf einen andern fast schwerern Streit rüsten wider seinen

---

40 Und.
41 Gen 31.
42 Gen 31,28.
43 Schwiegervater.

erzürnten Bruder Esau, der mit 400. Mann wider ihn im Anzug war, 1. Buch *Mos. XXXII. v.* 6. *sqq.* Also wenn gleich *ein* Streit mit unsern geistlichen oder leiblichen Feinden vorbey ist, sollen wir nicht gedencken,[44] daß jetzt alles überstanden seye, sondern glauben, es werde bald wieder ein anderer Esau außziehen. Darum muß man sein Hauß immer so bestellen, daß man seinem Feind recht begegnen kan. Ringen wir nun vor allen Dingen mit GOtt im Gebet, und begegnen hernach dem Nächsten demüthig, höflich, liebreich, gutthätig und fürsichtig,[45] wie hie Jacob gethan, so werden auch die wildeste Esau sich freundlich gegen uns bezeugen, und bekennen müssen: Sie hätten gern diesen oder jenen Schaden uns zugefüget; aber der HERR habs ihnen verwehret.

Kennest du auch / weß dieser Ring / und diese Schnur / und dieser Stab ist? 1. B[uch] *Mos. XXXVIII. v.* 25. Bey dieser fast ärgerlich scheinenden Geschichte zwischen *Juda* und *Thamar,* hatte die Seelige doch die süsseste und beweglichste *Application*[46] auf ihre heilige Taufe. Denn darinnen sagte Sie, hat GOtt der himlische Vater mir so theure Pfänder und Siegel gegeben: solte ich mich nun nicht getrost darauf beruffen wider alle Anklagen? solte ich nicht sagen: Kennest du auch, Vatter, weß dieser Ring ist, den du mir an den Finger gestecket? weß dieser Stab ist, den du selber mir in meine Hand gegeben hast? Usw. usw. und der himlische Vatter muß seine mir geschenckte Gnaden=Zeichen und Gaben erkennen.

Bey Cap[itel] *XXXIX.* und folgenden machte Sie über *Josephs* Schicksaale diese Anmerckung. Joseph sollte ein Regent werden über gantz Aegypten=Land. Darauf

44 Denken.
45 Umsichtig.
46 Die entzückendste und bewegendste Anwendung.

bereitete ihn GOTT von ferne her / und vertraute ihm von Jugend auf immer etwas zu verwalten. Anfangs brauchte ihn sein Vater / daß er auf seiner Brüder Thun und Lassen Achtung geben muste. Darnach als er verkauffet ward / setzte ihn sein Herr / der *Potiphar*, nach und nach über all sein Hauß und Vermögen; und da es mit ihm durch Verleumbdung ins Gefängniß gerieth / mußte er nach GOttes Regierung auch da nicht so wol wie ein Gefangener / als ein Aufseher über andere Gefangene gehalten werden von dem Kerckermeister; endlich wurde er für würdig erkannt / dem König an die Seiten / und zum Herrn in Aegypten gesetzt zu werden.[47] So gering fangts GOtt an / wenn er einen Menschen zu Ehren bringen will! so muß einer / sonderlich im Geistlichen / immer im kleinen vorher Treue beweisen / biß er über mehrers / und endlich über viel gesetzet wird. So waren die Apostel anfangs fleißige und treue Arbeiter nur in ihrem Handwerck;[48] darnach wurden sie Jünger Johannis;[49] so denn Jünger Christi.[50] Darauf erwehlte sie Christus zu seinen Aposteln und Gesandten[51] Anfangs nur in das Jüdische Land[52] / hernach in die gantze Welt.[53] Endlich hieß es: Ihr sollet essen und trincken in meinem Reich / und sitzen auf Stühlen / und richten die 12. Geschlechte Israel / *Luc. XXII. v.* 28. *sqq.* Also seye man doch anfangs auch nur in seinem leiblichen und häußlichen Beruff ehrlich und getreu / so vertrauet GOtt einem auch das Geistliche. Und da wende man auch eine geringe Gnade wohl an / so wird diese eine andere / und die dritte wird die vierdte nach sich ziehen / und so ins unendliche hinaus.

47 Gen 39.
48 Mt 4,18.
49 Johannes des Täufers (Joh 1,37).
50 Mt 4,19-22.
51 Mt 10,1f.
52 Mt 10,5.
53 Mt 28,19.

Da denen gefangenen Knechten Pharaons einem jeglichen nach seiner *Profession*[54] traumete / dem Schencken[55] von seinem Becher / dem Becker[56] von seinem gebackenen / mit der dahin gehörigen Deutung / 1. Buch Mos. *XL. v.* 5. *sqq.* So verwunderte sich die Seelige über die unendliche *Allwissenheit* GOttes / der alle Menschen / an allen Orten / zu allen Zeiten / mit allen ihren Begebenheiten / unter seinem allsehenden Aug habe. Absonderlich aber über die Göttliche *Herunterlassung*[57] und Bequemung nach der menschlichen Schwachheit und eines jeden Faßlichkeit / da er dem Becker etwas hat traumen lassen / das zu seiner *Profession* gehörte / und dem Schencken etwas / womit er umzugehen gewohnt war. So sucht GOTT einem jeden nach seinem Begriff / Umständen / Lebens=Art / Amt / *Profession,* Alter usw. beyzukommen; anders / als wir Menschen / die *erzwingen* wollen / daß / was *bey dem einen* anschlage / auch *bey dem andern* alsbald so gelten solle.

Als der sterbende Jacob seine 12. Söhne segnete / und die Aelteste / den *Ruben* nehmlich / *Simeon* und *Levi,* theils denen Jüngern Brüdern nachsetzte / theils sie sonst über ihre Sünden bestraffte / 1. Buch Mos. *XLIX. v.* 3. *reflecti*rte Sie folgender Gestalt darüber: 1. Um der Beneidung und Verkauffung Josephs willen wird ihnen nichts mehr verwiesen / denn sie waren zuvor schon darum geängstiget worden. Aber um deren Thaten willen werden sie jetzt von dem Vater vor seinem Ende noch bestrafft / um welcher willen sie zuvor nichts gelitten hatten. Also strafft GOtt eine Sünde nicht mit doppelter Straffe; etliche strafft er bälder / etliche später; etliche hier in dieser Zeit / etliche behält er auf den

54 Beruf.
55 Mundschenk.
56 Bäcker.
57 Anpassung an die menschliche Vorstellungskraft.

allgemeinen Gerichts=Tag. Kein Sünder aber / wie lang es auch anstehen möchte / bleibet ungestrafft.

2. Nicht nur *Ruben,*[58] *Simeon*[59] und *Levi*[60] in ihren *Personen* / sondern auch ihre *Nachkommen* werden um der verübten Sünden willen gestrafft. Geschiehet noch öffters / damit die Nachkömlinge sich desto mehr vor denen Sünden hüten lernen sollen / um welcher willen ihre Vor=Eltern samt ihrem Geschlecht schon so heimgesucht worden sind. Auch muß es

3. Den Eltern weher thun / wenn sie sehen müssen / daß ihre Nachkömlinge um ihrentwillen das dulden müssen / als ihnen weh thut / was sie selber leyden.

4. Sahe Sie darinnen was gleiches mit Adam / der war auch GOttes Erstgebohrner Sohn. Aber er erhub sich auf seines Vaters Lager oder Thron / und wurde deßwegen nicht nur für seine Person erniedriget / sondern mit aller seiner Nachkommenschafft gestraffet.[61] Gleichwol hat GOTT

5. Diese Söhne nicht gantz verworffen / wie manche andere / als den *Ismaël,*[62] *Esau*[63] *etc.* sondern sie immer noch in dem Erbtheil ihres Vaters hafften lassen / also daß Ernst und Güte hie beysammen war. Absonderlich[64] aber hatte Sie

6. An dem Seegen *Juda* eine gar grosse Freude / und wiederhohlte vielmahls die Worte Jacobs: *Juda / du bists / dich werden deine Brüder loben.*[65] JEsu / aus Juda / du bists / du bists / dich werden deine Brüder loben / dich will auch ich loben / die ich unter deinen Brüdern mitgerechnet bin usw. Sie sahe in dem Seegen

58 Gen 49,4.
59 Gen 49–7.
60 Ebd.
61 Gen 3.
62 Gen 21,9-21.
63 Hebr 12,16.
64 Besonders.
65 Gen 49,8.

Juda den gedoppelten Stand der Erniedrigung und Erhöhung Christi / und deutete die Worte: *Seine Augen sind röthlicher als Wein;*[66] auf die Thränen Christi[67] in den Tagen seines Fleisches[68] / davon seine Augen so roth worden seyen. Um ihrer eignen blöden Augen willen ergötzte Sie sich, daß auch Jacobs Augen so dunckel gewesen / daß er seine 2. Enckel / *Ephraim* und *Manasse* nicht unterscheiden konte[69] / und doch im Geistlichen so helle / daß er so weit auf das zukünfftige / ja in die Ewigkeit hinein gesehen habe.

Es bleibet uns wol unser Lebtag ein vergnügliches Angedencken / wie heiliglich und himlisch sich Ihre Seele erlustiret[70] habe über das Gesetz 2. Buch Mos. *XXI. v.* 9. *Wenn ein Herr seinen Sohn an eine verkauffte Magd vertraue*[71] */ so soll er Tochter=Recht an ihr thun.*[72] Das hat Sie nun gar lieblich und weitläufftig ausgebreitet und gesagt: Sie seye in der H[eiligen] Tauff eine Magd GOttes worden / der habe Sie hernach an seinen Sohn vertraut / darum seye GOtt schuldig / Tochter=Recht an ihr zu thun / Sie als eine Tochter in seine *Familie* aufzunehmen / Sie als seine Tochter zu erkennen / zu lieben / zu halten und auszustatten usw. Der dieses Gesetz andern gegeben habe / müsse sich selber auch nach demselben richten lassen. Sie nehme überal gern unsern HErrn GOtt bey seinen eigenen Worten. Usw.

Sagt Paulus dorten: *Ich von GOttes Gnaden / die mir gegeben ist / hab den Grund* zum Geistlichen Gebäu[73] des Christenthums *gelegt / als ein weiser Baumeister /*

66 Gen 49,12.
67 Lk 19,41.
68 Als er als Mensch auf Erden lebte.
69 Gen 48.
70 Erfreut.
71 Mit einer … verheirate.
72 Die Luther-Bibel 2017 übersetzt: „Hat er sie aber für seinen Sohn bestimmt, so soll er nach dem Recht der Töchter an ihr tun."
73 Gebäude.

1. *Cor. III. v.* 10. So war gewiß auch unsere seel[ige] Jungfer Sturmin eine weise und Göttlich erleuchtete Bau=Meisterin / die nicht allein sich auf den künstlichen Bau der alten Stiffts=Hütte / und ihrer weisen Einrichtung / wol verstanden / sondern auch nach dessen *Model* und Grund=Riß ein solches *Geistliches* Gebäu in ihrem eigenen Geist angeleget und ausgeführet hat. Wir können davon einen lieblichen *prospect* aufweisen über das *XXV.* und folgende Capiteln des 2. Buch Mosis / in welchen die Stiffts=Hütte mit ihrem Geräthe beschrieben wird. Darüber hatte unsere Seelige nicht nur hüpsche Gedancken / sondern auch erbauliche Wercke. Sie sprach: auch ich will dem HErrn eine Stiffts=Hütte aufrichten /

Mein Hertz sey deine Hütte.[74]

Die Stiffts=Hütte des Alten Testam[ents] bestunde aus *III.* Theilen / aus dem Allerheiligsten / aus dem Heiligen / und aus dem Vor=Hof. Und diese 3. Stück sollen sich auch bey mir finden. *Meine Seele* darf ich wol das *Allerheiligste* nennen / weil der einige und wahre Hohepriester JEsus Christus mit seinem Allerheiligsten Versöhnungs=Blut in dieselbe eingegangen / nicht nur des Jahrs einmal / sondern vielmals in Sacramentlicher Gemeinschafft des Heil[igen] Abendmahls / ja alle Tag und Stunde in dieselbe eingehet / sein Blut der Besprengung[75] mir zueignet / und nimmer von mir hinaus gehet. In dem Allerheiligsten des Alten Testaments stunde

74 Strophe 9 des Liedes *Wach auf, mein Hertz und singe* (Evangelisches Gesangbuch 446) von Paul Gerhardt.

75 Hebr 12,24. – Zur pietistischen Anwendung vgl. *Hans-Jürgen Schrader:* Vom Heiland im Herzen zum inneren Wort, in: *ders.:* Literatur und Sprache des Pietismus. Ausgewählte Studien, hg. von Markus Matthias und Ulf-Michael Schneider, Göttingen 2019 (Arbeiten zur Geschichte des Pietismus, 63), S. 115–133.

*I. Die Bunds=Lad*e / in welcher lagen *die Tafeln des Gesetzes* mit dem Finger GOttes beschrieben. Zu dieser *Bunds=Lade* mache ich meinen *freyen Willen* / als welcher das einige ist / welches ich unter allen Dingen in / an und ausser mir / mein *eigen* nennen kan; mithin also auch das edelste und beste / das ich GOtt geben kan. Hiemit mache ich einen *freyen* und ungezwungenen *Bund* mit dem grossen GOtt / daß ich Ihn für meinen einigen rechtmäßigen HErrn erkennen / Ihme allein dienen und anhangen / und mich ewiglich zu seiner Magd verbinden wolle. Ich verspreche ihm / daß ich *sein Gesetz* in meinem Hertzen behalten / und seine Zeugnisse bewahren wolle biß an mein Ende. Hingegen dinge ich mir aus[76] / daß *Er mit dem Finger seines Heil[igen] Geistes sein Gesetz auf die Tafeln meines Hertzens*[77] *schreiben* / in mein innerstes hinein legen / und in meinen Sinn geben wolle. Diß ist der allerheiligste und unverletzliche Bund zwischen GOtt und mir. Uber dieser Bunds=Lade des Alten Test[aments] stund

2. Der *Gnaden=Stuhl.*[78] Dann indeme ich mich dem HErrn so verlobe / und seinen Willen so zu vollbringen gedencke / so handelt der HErr nicht mit mir nach der Strenge seines vollkommenen Gesetzes / sondern breitet seinen *Gnaden=Thron* über mich / bedecket meine Fehler und Mängel mit *seiner Gnade;* und ich habe Zuversicht und Freudigkeit / in solchem Zustand mich allezeit der Gnaden GOttes gegen mich ins besondere zu getrösten. In dem Allerheiligsten des Alten Test[aments] stund

---

76 Fordere ich / bestehe ich darauf.
77 Jer 31,33; Spr 3,3; 7,3; 2Kor 3,3.
78 Ex 25,21; 26,34.

3. *Kein Leuchter*. Und ich bedarff in meinem Allerheiligsten auch keinen Leuchter. Denn ich bin so schuldig / als willig / dem erkandten Willen GOttes *blindlings zu folgen* / und allem dem / was GOTT geoffenbahret hat / *blindlings zu glauben* / wenn ich es gleich mit der Vernunfft nicht überall reimen / und deutlich ab= und einsehen kan. Der HErr hat verheissen / *Er* wolle *im munckeln* (wie das Allerheiligste war) *wohnen* / 1. Kön. *VIII. v.* 12. obschon die Weisen und Klugen überall lauter *Evidenz* und mehr als Sonnen=helle Klarheit *praetendi*ren[79] / wenn sie GOtt etwas glauben / oder in geistlichen Dingen etwas annehmen sollen.

Der *II*. Theil der Stiffts=Hütten war das *Heilige*.[80] In diesem Heiligen war der güldene Leuchter[81] / der Schaubrod=Tisch[82] / und der Rauch=Altar.[83] Das alles will ich auch meinem GOTT bereiten! Meine *Vernunfft* soll der *güldene Leuchter* seyn / denn sie ist mir nicht nur in denen *Sachen dieser Welt* / sondern auch *in dem Heiligthum* selbsten ein edles und unschätzbares *Licht* / das in seinem Glantz solle erhalten / aber auch am würdigsten in dem Dienst GOttes verzehret werden. Die *Lampen* dieses Leuchters musten die Priester täglich / *Morgends und Abends* / *anzünden* / und das Licht mit dem *reinesten* und besten *Oehl* unterhalten. Meine Vernunfft muß eben auch von dem Heil[igen] Geist erleuchtet / und durch tägliches Betten Morgends und Abends zugerichtet werden / daß man bey diesem Licht aus= und eingehen / und alle anbefohlene Geschäfften ordentlich und ohne Hinderniß ausrichten kan. Zu dessen Unterhaltung gehöret das reineste und beste Oel. Alle stinckende / faule und schändliche Gedancken /

79 Beanspruchen.
80 Ex 26,33.
81 Ex 25,31-40.
82 Ex 25,23-30.
83 Ex 30,1-10.

Urtheile / Nachsinnen / und andere eitele *Objecta,*[84] hindern die Würckungen des Heil[igen] Geistes / verdunckeln / verschimpffen[85] und verderben die Vernunfft / und ihren heilsamen Gebrauch. Also weit hinweg mit solchen unreinen Bildern. Die edelsten und reinesten Betrachtungen / die würdigste Beschäfftigungen / seynd die beste Nahrung für den güldenen Leuchter der Vernunfft.

2. Stund in dem Heiligen *der Schaubrod=Tisch*. Und dieser ist *mein Gedächtniß* / in welchem die empfangene mannigfaltige Wohlthaten GOttes als gegenwärtig mir immer vor Augen liegen. Sonderlich aber mein Liebster Heyland JEsus Christus / das Brod des Lebens.[86] *Halte im Gedächtniß JEsum Christum / der aufferstanden ist von den Todten* / ist meine beständige Erinnerung aus *II. Tim. II. v.* 8. Die Priester *sahen die Schaubrod* acht Tag an / darnach *assen* sie dieselbe.[87] Und wenn ich lang genug meine Lust gesehen habe an meinem allerköstlichsten Heyland und seiner Gnade / so esse ich Ihn hernach / und nehme Ihn zu meinem vergnüglichsten Genuß und Sättigung gantz in mich hinein. Will mir etwas anders / irrdisches / weltliches / unreines / einfallen / und sich mir gleichsam zur Schau *praesenti*ren / so dencke ich: Wie? darff wol dieses auch neben den Schaubrodten des HErrn liegen? solte wol dieses auch einen Platz in meinem Gedächtniß verdienen? solte es nicht alsobald vertilget werden? musten nicht die Schaubrod rein behalten / und mit *Deckeln zugedeckt* werden / daß auch nicht einmal ein Staub darauf fiel?[88] O wie reinlich und sauber soll dann auch ich mein Gedächtniß zu be-

84 Objekte / Dinge.
85 Beschimpfen / beschädigen.
86 Joh 6,48.
87 Lev 24,8 f.
88 2Chr 29,18.

halten suchen / daß nicht Bilder drinnen aufkommen / die dem Hauß=HErrn verdrießlich seyn müssen! Wie sträflich wären die Priester gewesen / wenn sie eine Spinnen=Webe über den Schaubrodten geduldet hätten! Und wenn auch ich nicht alles Gewebe und Spinnen=Gewürcke[89] verhüten kan / so will ich es doch nicht dulden / sondern alsobald abkehren / durch die von GOtt selber hierzu verordnete Mittel. In dem Heiligen war

3. Auch *der güldene Rauch=Altar*[90] gesetzet. Das seynd *meine Begierden* / die als ein lieblich Rauchwerck zu GOtt aufsteigen sollen. *HErr vor dir ist alle meine Begierde / und mein Seuffzen ist dir nicht verborgen. Ps. XXXVIII. v.* 10. Dieses Rauchwerck meiner Begierden muß *angezündet* / und von dem H[eiligen] Geist brünstig und eiferig gemacht werden. Sie müssen von einem *güldenen Altar* aufsteigen / und also rein bewahret werden. So bald eine Begierde bey mir aufsteigt / *examini*re ich sie / und frage: darf diese Begierde wohl auch zu GOtt aufsteigen? wird sie wol auch in dessen Nase einen lieblichen Geruch machen? ist sie auch vom heiligen Geist entzündet?

Der *III.* Theil der Stiffts=Hütten war der *äussere Vor=Hof.*[91] In demselben stund *der Brand=Opffers=Altar.* Diesem widme ich *meine Affecten,*[92] oder diejenige starcke Bewegungen / welche Leib und Seel zugleich *afficiren*[93] und berühren. Auch diese müssen GOtt aufgeopffert / und zum Theil gantz verbrandt werden. *Sünd=Opffer*[94] ist da mein erstes auf diesem Altar / daß ich in schmertzlicher *Traurigkeit* meine Sünden be-

89 Spinnen-Werk / Spinnweben.
90 Ex 30,1-10.
91 Ex 27,9-19.
92 Gemütsregungen.
93 Reizen.
94 Lev 4,1-35.

reue / die Strafe derselben abbitte / und meinen *Haß* / *Zorn* / *Eyfer usw.* wieder das böse kehre. Die *Liebe* aber gibt mir ein *Brand=Opffer.*[95] Dieses wurde dem HErrn gantz aufgeopffert und verbrandt / denn das unreine daran muste zuvor gewaschen werden.[96] Durch die Liebe gebe ich mich meinem GOtt gantz und gar / und lasse gar nichts übrig bleiben / welches nicht Ihme gantz gewidmet wäre. Was aber noch unrein an mir / und also zum Brand=Opffer untüchtig geachtet werden könte / das wird in dem Blut JEsu Christi fleißig gewaschen[97] / und auf solche Weise hernach doch auch zu einem gefälligen Opffer GOttes zugerichtet. Ferner ist auch unter meinen *Affecten* mit einer der fürnehmsten[98] *die Freude*. Diese wird dem HErrn geheiliget in *dem Danck=Opffer*[99] Von dem Danck=Opffer hatte GOtt / der Priester / und der gemeine *Israëlit* etwas zu geniessen.[100] *Dem HErrn* wurde *das Fett a*ufgeopffert / das andere war des *Priesters* / der *noch Gäste* darüber laden / und den / der das Opffer gebracht hatte / mitessen lassen konte.[101] So haben im *Danck=Opffer GOtt und Menschen eine Mahlzeit* miteinander gehalten! so geniessen GOtt und Menschen etwas von meiner Freude in dem HErrn! *GOtt* bekomt in der Freude *das Fette* / nemlich das beste / das *Lob* / das willige und muntere *Lob* aus der Freude; *ich* geniesse auch etwas / und mein *Neben=Mensch* deßgleichen. Denn indem ich GOtt mit frölichem Hertzen lobe / so habe ich auch für meinen Leib und Seel ein vergnügliches Wolleben / und theile meinem Neben=Menschen auch ein Stück davon

95 Lev 1,1-17.
96 Lev 1,9.
97 Apk 1,5.
98 Besten / vornehmsten.
99 Lev 3,1-17.
100 Lev 7,11-21.
101 Lev 7,28-34.

mit. Wie man denn niemahlen freygebiger und liebreicher ist / als wenn das Hertz frölich ist / sonderlich in GOtt. Endlich sind noch meine *äusserliche Sinnen und Glieder des Leibes* übrig / und die vergleiche ich denen *Pfannen / Schüsseln / Decken / Kreulen*[102] und *Kannen /* die in der Stiffts=Hütte gebraucht wurden. Und so müssen meine Sinnen und Glieder als Werckzeuge dienen / den Dienst GOttes nach den obigen Pflichten zu befördern / auf daß weder Gold noch Eisen / weder Silber noch Holtz / weder grosses noch kleines / weder fürnehmes noch geringes, an meiner Seele und an meinem Leibe seye / welches nicht sein Aemtlein habe zur Ehre und Dienst desjenigen grossen GOttes / der Lust hat / in mir / seiner armen Magd / seine Wohnung zu nehmen.

Muß nun jetzt nicht ein jeder / der dieses lieset / ausruffen: *Siehe da / eine Hütte GOttes bey dieser Seele!* Offenb. Joh. *c[apitel] XXI. v*. 3. *Wie heilig war diese Stätte! hie war nichts anders / als GOttes Hauß / hie war schon die Pforte des Himmels.* 1. Buch Mos. *c[apitel] XXVIII. v.* 17. Und nun auch Ihr / Christliche Leser / *bauet euch als die lebendige Steine zum geistlichen Hause / und zum heiligen Priesterthum / zu opffern geistliche Opffer / die GOTT angenehm sind durch JEsum Christ / I. Petr. II. v.* 5. Folget dieser Seeligen nach / und sprechet aus ihrem Sinn mit den Worten Davids: Ich will nicht in die Hütten meines Hauses gehen / noch mich aufs Lager meines Bettes legen; ich will meine Augen nicht schlaffen lassen / noch meine Augen=Lieder schlummern / biß ich eine Stätte finde für den HErrn / zur Wohnung dem mächtigen Jacob. So wird dieser sich euer Hertz auszeichnen / gleichsam mit Fingern darauf deuten / und sagen: Dieses habe ich erwählet / und hie

102 Haken / Gabeln.

habe ich Lust zu wohnen. Dieses ist meine Ruhe ewiglich / hie will ich wohnen / denn es gefällt meiner Seelen wol. *Ps. CXXXII. v.* 3.4.5.13.14.

Doch wir wollen noch ferner unsere J[un]gf[e]r Sturmin in denen Büchern *Mosis* begleiten, und vernehmen, wie hoch Sie sich über die Gnade GOttes verwundert hat, da Sie auf die Worte kam: *Wenn Mose in die Hütten gieng / so kam die Wolcken=Säule hernieder / und stund in der Hütten=Thür / und redete mit Mose,* 2. B[uch] *Mos. c[apitel] XXXIII. v.* 9. Sie sagte, da siehet man, wie der HErr den *Mose tractir*t[103] hat wie ein Freund den andern, ja fast wie ein Geringerer den Fürnehmern.[104] Die Stiffts=Hütte war das Hauß GOttes! Wenn nun *Moses* in dieses gehen wolte, gieng der HErr seinem Knecht entgegen bis unter die Hauß=Thür, ihne zu empfangen, und zu bewillkommen, wie mans bey Besuchung Fürstlicher Personen macht. O wie hat der HERR die Leute so lieb! wie ehret Er, die Ihne ehren! wie begegnet Er so willig und freundlich denen, die sich zu Ihm nahen, und Ihne anbetten wollen! Ach! laßt uns doch gerne betten, da uns der himlische Vater bis unter die Thür entgegen eilt, und uns fast nicht erwarten kan![105]

Sie kam immer wieder auf Ihre Stiffts=Hütte, und ergötzte sich auch über 2. B[uch] *Mos. XXXV. v.* 25. da es heißt: *Welche verständige Weiber waren / die würckten mit ihren Händen / und brachten ihr Werck von gelber Seiden / Scharlacken*[106] */ Rosinroth*[107] *und weisser Seiden.* Aber unter diese rechnete Sie sich nicht, sondern unter die, von welchen *v.* 26. folget: *Und welche Weiber solche Arbeit konten / und willig dazu waren / die*

103 Behandelt.
104 Vornehmeren.
105 Lk 15,20.
106 Scharlach / rote Farbe (Wortform der Luther-Bibel).
107 Rosenrot (Wortform der Luther-Bibel).

würckten Ziegen=Haar. Sie freuete sich hertzlich, daß doch auch *die Weiber* etwas beytragen könten zur Stiffts=Hütten. Hernach ob Sie gleich nicht mit *kostbarer* und *subtiler Seiden* umgehen könne, ey so wolle Sie doch nur schlecht[108] *Ziegen=Haar* würcken, und an gemeinen Leuthen etwas zu erbauen suchen. Sie seye freylich nicht tüchtig in harte Arbeit, in Gold, Silber und Edelgestein, zu arbeiten, oder Holtz zu behauen, wie *Bezaleel:*[109] darum wolle Sie sich nur an etwas leichters, und an lencksamere Seelen machen, und suchen, dieselbe dem HErrn zu etwas geschickliches und gefälliges zuzurüsten, usw. Da auch so unterschiedliche Gaben zur Stiffts=Hütten gesteuret[110] worden, etliche Ringe, Spangen und güldene Geräthe; etliche allerhand Seiden; etliche Silber und Ertz; die Fürsten Onychstein,[111] Specereyen[112] und Oel; etliche aber auch nur Widder= und Dachs=Felle, Ziegen=Haar, u[nd] d[er] g[eichen] brachten, *v.* 22.-28. so lernete Sie daraus, daß in der Christl[ichen] Gemeinschafft keiner deswegen seine Gaben zurück halten solte, weil sie ihm gegen anderer ihre Gaben so geringschätzig schienen: sondern was eines jeglichen Hand finde, das solle er einfältiglich beytragen. *Dachs=Felle* waren zur Decke über die Stiffts=Hütten eben so nöthig, als die *Edelgestein* in das Amt=Schildlein des Hohenpriesters. Also diene nur *ein jeglicher* dem andern, *mit der Gabe* / die er empfangen hat. 1. *Petr. IV. v.* 10.

Das Gesetz von dem Außsätzigen 3. B[uch] *Mos. XIV. v.* 2. *sqq.* wuste Sie sich gar Evangelisch zum *Glauben* und *Leben* zu *applici*ren. Sie bezeugte, wie Sie sich ih-

108 Einfaches.
109 Der Erbauer der Stiftshütte (Ex 31,2).
110 Beigetragen / abgeliefert.
111 Onyx (Halbedelstein).
112 Gewürze.

rem Heyland und dessen Priesterlicher Liebe so gar gern als eine Außsätzige darstelle, und zu seiner Cur überlasse. GOtt habe sich in seinem Gesetz gar viele Mühe und Sorge mit diesen Leuten gegeben. So wüste[113] sie auch außgesehen, so habe Er sie doch von der Gemeinschafft seines Volcks nicht gäntzlich außgeschlossen sondern vielmehr alle Anstalten fürgekehret,[114] damit sie nicht nur geheilet, sondern auch währender ihrer Absonderung versorget und beobachtet werden möchten. Welches alles ihrem Glauben an Christum gar köstlich war.

Da Sie auch in ihrer *Kleidung* sich zwar *reinlich* / aber nach ihrem Stand gar *gering* / ohne *affecti*rte Demuth, aber doch mit großmüthiger Verläugnung nicht nur aller weltlichen Eitelkeit, sondern was Ihr auch noch zugelassen hätte seyn können, hielte, und deßwegen einige mal darüber besprochen[115] wurde, so wußte Sie diese schlechte Kleidung und Strengigkeit über ihren Leib treflich unter andern auch aus dieser *Materie* von denen Außsätzigen zu behaupten.[116] O lasset mich immerhin also gehen, sagte Sie, ich bin in den Augen meines mitleydigen Hohenpriesters gar gerne eine Außsätzige, und versichere mich so viel eher seiner Sorgfalt und seiner geseegneten Cur, je mehr ich Ihn überzeugen kan, daß ich mich dem Gesetz der Außsätzigen (in solcher Christ=Evangelischen Selbs=Verläugnung) gern unterwerfe! Außsätzige haben müssen *zerrissene Kleider* tragen[117] / damit sie destomehr gedemüthiget worden sind: Was soll dann ich der Kleider halber mich viel bekümmern? Siehe, unpartheyischer Leser, wir vergöttern unsere Liebgewesene Jungfer Sturmin nicht!

113 Wüst. – 2. Aufl. (*Rieger:* Tabea, 1732, S. 151): häßlich.
114 Getroffen.
115 Deshalb angesprochen.
116 Beweisen.
117 Lev 13,45.

Allenthalben, hie und sonsten, führen wir Sie auf als eine arme Sünderin. Aber an welcher die überschwengliche Grösse der mächtigen Gnade GOttes sich unvergleichlich zur Reinigung und Heiligung erwiesen hat. Das schmertzliche Empfinden ihrer Natur=Verderbniß brachte Sie in solche Züchtigung, Demuth und Unwerthe[118] von sich selbs, daß Sie sich nicht schämete, auch *mit ihren Kleidern* sich jederman als eine vom Außsatz der Sünden angesteckte, und deßwegen ihr Lebtag Leyd tragende Seele darzustellen! Ist bey dir, der du etwa meynst, man lege Ihr zu viel bey, auch eine solche Erkäntniß, und Empfindung der noch im Fleisch hafftenden Verderbniß? kanst du dich auch so überwinden? kanst du mit deinen netten und zierlichen Kleidern auch ein wenig absteigen? kanst du deine innerliche Demuth auch mit diesem äusserlichen Zeichen bezeugen? kanst du dich auch so öffentlich vor[119] einen Außsätzigen ansehen lassen? Das hat aber unsere sehr zerknirschte gedemüthigte Jungfer Sturmin gekont. Darum müssen wir hie und überall ihrer Wahrheit Zeugniß geben. GOtt gebe aber, daß Sie von viel hundert und tausenden überwunden und herab gestochen[120] werde!

In eben diesem Capitel[121] wird *v.* 4. *sqq*. die *Reinigung des Außsätzigen* beschrieben. Er muste nehmlich zwey reine lebendige Vögel nehmen, *den einen* schlachten, und sich mit dessen Blut auf gewisse Weise bestreichen lassen: *den andern* muste der Priester in des geschlachteten Blut tuncken, und ihne hernach ins freye Feld fliegen lassen. In diesem Gesetze fand Sie forderist[122] *Christum* / und hernach *unsere Gemeinschafft mit sei-*

118 Geringschätzung.
119 Als.
120 Übertroffen.
121 Lev 14.
122 Vor allem.

nem Tode. Christus wurde geschlachtet, und machte die Reinigung unserer Sünden durch sein Blut. Der andere Vogel blieb zwar lebendig, aber muste doch in des geschlachteten Blut getuncket werden, und also aufs wenigste auch Todes=Angst außstehen. Wir dörffen[123] nicht zur Reinigung unserer Sünden sterben, aber doch *müssen wir mit Christo gepflantzet werden zu gleichem Tod / Rom. VI. v.* 5. und in der Buß=Angst innen werden, welches Todes wir hätten sterben sollen, wenn nicht einer für alle gestorben wäre, 2. *Cor. V. v.* 14.

Eben dieser Außsätzige muste *seine Kleider waschen / seine Haare abschehren /* und sich *mit Wasser baden /* so ward er rein, [3. Mose 14] *v.* 8. dergleichen muste auch ein jeglicher anderer Unreiner thun, und *unrein seyn bis an den Abend / c[apitel] XV. v.* 6. *sqq.* Hie thut *GOtt* und *der Mensch* das Seine. Die Reinigung komt von *GOTT* aus der Krafft des versöhnenden Bluts Christi. Doch muß auch *der Mensch* seine Kleider waschen, sich beschehren[124] und baden, thun und unterlassen, was er kan. Aber das reiniget ihn noch nicht, *denn er bleibet doch noch dabey unrein bis an den Abend /* oder biß ihn GOTT allererst rein erkläret. So hat Christus sein Blut vergossen, welches besprenget und zugeeignet uns rein machet von aller Sünde, 1. *Joh. I. v.* 7. GOtt gibt uns sein Wort und Sacramenta, als die Mittel unserer Reinigung. Aber wir müssen sie fein auch gebrauchen, aufs wenigste nach dem äusserlichen thun, was wir vermögen: Die Reinigung selbs aber nach der Rechtfertigung und Heiligung von GOTT allein erwarten.

Wegen des Außsatzes *an denen Häusern* [3. Mose 14] *v.* 35. *sq.* wird verordnet, daß ehe der Priester ein Außsatzmal an einem Hauß für würcklich außsätzig er-

123 Müssen.
124 Die Haare schneiden.

kläre, dörffe man den Hauß=Rath noch heraus tragen, welches hernach nimmer erlaubt war, wenn der Priester das Hauß nunmehr für außsätzig erkläret hatte. Dieses *applicir*te Sie[125] auf *die Sünden der Unwissenheit*[126] / wenn das Urtheil GOttes über die und jene Handlung einer Seelen noch nicht gewiß und deutlich kund seye, so verschone unser HErr GOtt auch ihrer mehrers, als derjenigen, welcher in GOttes Nahmen deutlich gezeiget worden seye, daß dieses und jenes sie vor GOtt unrein machen werde.

Daß *Moses* nach Innhalt des 4. B[uchs] *Mos. I. v.* 3. *sqq.* die *geringscheinende Arbeit* thun, und *das Volck hat zehlen müssen* / der so einen genauen Umgang mit GOTT gehabt, und unserm Bedüncken nach was bessers und nützlichers hätte verrichten können: gab Ihr Gelegenheit zu erkennen, wie auch fürnehme und geistliche Personen sich geringer Arbeiten nicht schämen sollen. Absonderlich dachte Sie an die Prediger, die öffters etwas thun müssen, davon sie sich schlechten Nutzen einbilden können, und wozu man geringere Leute, die sonsten nichts bessers verrichten können, gebrauchen solte. Aber wenn nur der HErr etwas geheissen hat, so ist es edel genug.

Wie im 4. B[uch] *Mos. XII. v.* 12. *Aaro*n wegen seiner außsätzig gewordenen Schwester *Mirjam* den HErrn geflehet,[127] *daß sie nicht seye wie ein todtes:* also habe man Ursache, immer besorgt zu seyn, und den HErrn zu bitten, daß Er uns in der Gesellschafft, und insgemein in diesem Leben, nicht seyn lasse, *als ein todtes* / d[as] i[st] GOTT und dem Nächsten unnütz und unfruchtbar; sondern daß ein jegliches dem andern diene mit der Gabe, die es empfangen hat,[128] wie gering sie

---

125 Wandte sie an.
126 Sir 28,9; Lk 23,34; Apg 3,17; 17,30.
127 Zum Herrn geflehet / den Herrn angerufen.
128 1Petr 4,10.

auch seyn möge. Wie Sie sich einsten gefreuet habe, daß Sie nach einer außgestandenen Kranckheit nur wieder ein Kind tragen, und dadurch ihrem Nächsten habe dienen können.

Uber 4. B[uch] *Mos. XXI. v.* 7. bemerckte Sie, daß zwar *Moses* den HErrn gebetten, daß Er die feurige *Schlangen* von dem Volck *nehmen möchte:* aber GOtt habe die Schlangen da gelassen, und *ihnen doch geholffen* / nemlich durch die Aufrichtung der ehernen Schlangen. Und so gehe es noch offt, daß man gern aller Versuchungen, oder anderer Leyden, überhoben seyn möchte, der HErr aber lasse zu unserer Demüthigung und Ubung des Glaubens und der Gedult dieses und jenes an uns kleben. Oder wir bitten, Ihn offt um die Hinwegnehmung eines Ubels, und es scheine, *als erhörte uns der HErr nicht*[129] / die Schlangen bleiben da, und ängstigen uns, damit wir nach der Gnade GOttes desto hertzlicheres Verlangen tragen, und dieselbe desto höher achten lernen sollen. Unterdessen schaffe Er *doch etwas anders* / dadurch uns das Gifft der Schlangen nicht mehr schaden könne, und uns also doch *in der That* geholffen werde, obschon *nicht nach unserer Vernunfft* / Meynung und Willen. Und dieses erläuterte Sie hernach mit ihrem eigenen Exempel, da Sie so ernstlich bey GOtt angehalten habe um die Wiedergenesung *des seel[igen] Herrn Pfarrer Jägers*[130] / aber nicht erhört, und doch erhört worden seye von ihrem treuen GOtt. Wobey wir den außwärtigen Leser berichten müssen, daß der unerforschliche GOTT diesen geschickten, klu-

129 Dtn 3,26.

130 David Friedrich Jäger (1684-1729) wirkte von 1713 an in Stuttgart, zunächst an der Leonhardskirche, 1714-1719 an der Hospitalkirche, dann an der Stiftskirche und zuletzt von 1728 an wieder an der Leonhardskirche. Er war, vermutlich von 1728 an und vermutlich als Nachfolger Oechslins (s. S. 225, Anm. 20), bis zu seinem Tod Beata Sturms Beichtvater (s. S. 143 bei Anm. 134).

gen, treuen, und in dem Werck des HErrn erfahrnen und muntern Mann unter uns vor anderthalb Jahren mit einer unvermutheten *Hemiplexie*[131] überfallen, und ihne 3. Wochen hernach abgefordert[132] habe, zu einer Zeit, da wir ihne nach unserm Zustand fast nicht sterben lassen konten.[133] Unter denen vielen, die sich seinetwegen aufmachten, war unsere seel[ige] Jungfer Sturmin, sein neu=angenommenes Beicht=Kind,[134] ohne Zweifel die fürnehmste vornen an. Sie gienge selbige Wochen, als lang er kranck lag, nicht aus; Sie wendete alle Zeit, Tag und Nacht, aufs Gebet für ihn und die Gemeinde; Sie hielte in demselben auf eine solche Weise an, daß einige von uns biß in den letzten Tag, glaubten, die Kranckheit dieses in seinen mittlern Jahren stehenden Mannes seye nicht zumTode, sondern daß der Sohn GOttes dadurch gepriesen würde.[135] Er starb aber doch. Unsere Jungfer Sturmin aber war deßwegen nicht verwirrt, sondern neben der Rechtfertigung Göttlichen Willens rühmte Sie in vertrauter Demuth[136] wie Sie gar nicht vergeblich gebettet, sondern solche Vergeltung[137] dafür aus der Hand des HErrn empfangen habe, daß Sie ihr Lebtag dergleichen nichts erfahren und genossen habe, als Ihr der HErr unterdessen in ihrer Seelen schencke. Sie wolte wol bißweilen etwas davon reden, und zog doch wieder zurück. Mir kam es für, als wenn Sie uns nicht in dem Stand zu seyn ansähe, daß Sie sich uns deutlicher offenbahren könte. Kurtz, Ihre Bekümmerniß, Ihr Eifer, Ihre Liebe und Fürbitte wurden Ihr auf eine reiche und köstliche Weise an ihrer

131 Halbseitige Lähmung (vermutlich als Folge eines Schlaganfalls).
132 Abgerufen.
133 Am 2. Januar 1729 war er verstorben.
134 Zu den Beichtvätern Beata Sturms gehörte also der schon mehrfach erwähnte Jäger (s. S. 142, Anm. 130).
135 Joh 11,4.
136 Bekannter.
137 Antwort.

Seele vergolten, wie Sie oft bezeugete; zugeschweigen, was Sie auch sonsten bemerckte, daß der seelige Mann in seinem Tod mächtiger gelebet, als da Er unter uns auß= und eingegangen; welches sich auch bey seiner Leich=Begängniß zum Theil an denen grossen Bewegungen der Gemüther geäussert habe.

Von denen übrigen Büchern des Alten Testaments.

IN denen letztern Capiteln *Josuae*, von *Jos. XIII.* an und folgenden, kommen fast *lauter Nahmen der Städte* und anderer Oerter vor, woraus manche Bibel=Leser nicht wissen, was sie machen sollen. Aber unsere seel[ige] Jungfer Sturmin verstunde sich auf diese geistliche und himlische *Geographie* gar wol. Sie *marchi*rte in allen diesen Gegenden herum, und besahe mit Lust die gantze Lage von Morgen und Abend, von Mitternacht und Mittag,[138] welche GOtt seinem Volck zugeschiede[139] hatte. Das Land *Canaan* war noch lange nicht gantz eingenommen: doch ließ es der HErr schon gantz durch das Looß unter die Kinder Israel außtheilen, und so zu reden alle Wege und Stege darum so sorgfältig und umständlich beschreiben, damit ein jeder Stamm fast bis auf einen Finger breit hinaus wüßte, was und wie viel ihm zugehörte, und bey der hernach folgenden Einnehmung ja nichts dahinten liesse. *Nun,* sprach Sie, *das Looß ist auch mir gefallen aufs Liebliche / mir ist ein schönes Erb=Theil worden / Psal. XVI v.* [6]. Im himlischen *Canaan* ist mir mein Erbtheil bereits erworben, und von dem himlischen Vater zuerkant. Das Wort GOttes beschreibet mir deutlich genug das Land der Lebendigen, das himlische Jerusalem, die schöne Stadt

138 Osten, Westen, Norden, Süden.
139 Zugedacht / gegeben.

GOttes mit ihrem, weiten Umkreyß das Hauß des Vaters, in welchem viele Wohnungen[140] sind, die gantze Herrlichkeit der zukünfftigen Welt, die unterschiedliche Stuffen des ewigen Lebens, die 5. Städte,[141] die zehen Städte,[142] über welche man gesetzet werden solle, je nachdem man getreu gewesen ist. Davon soll ich denn *nichts zurück lassen*. Ich solle nicht nur streiten, kämpfen, ringen und trachten, daß ich in Himmel komme: sondern daß ich auch *nichts von denen möglichen Staffeln*[143] der Seeligkeit *versaume* / und also mich außbreite über alles, worüber die Schnur[144] meines Erbtheils mag gezogen worden seyn. Die *Israëli*ten sind undanckbar und faul gewesen, und haben manches nicht eingenommen, welches ihnen doch bestimt und schon geschenckt war. Ich möchte nicht gern in dieses Exempel des Unglaubens oder doch Trägheit fallen; ich möchte nicht gern, so zu reden, eines Fußbreites dahinten lassen. Ach! wie groß ist mein zukünfftiges Erb=Gut! Jetzt zwar sehe ich es nur als ein kleines *Tüpfelein* / wie auf einer *Land=Charten*. Doch messe und circle ich es fleißig ab, und freue mich, daß so viel Nahmen der Länder und Städte da stehen, über welche ich einmal gesetzet werden solle.

Unter diesen Betrachtungen kam Sie in das Büchlein *Ruth*, und traf den *Boas* an. Den fand Sie nicht nur als einen *Gottsfürchtigen* Mann, sondern auch als einen *fleißigen* und guten *Hauß=Vater* / der emsig seinen Geschäfften nachgegangen, sein Feld bestellet, seine Schnitter besuchet, und da er eine fremde Dirne,[145] die *Ruth*, auf seinem Acker angetroffen, ihr zwar nicht ge-

140 Joh 14,2.
141 Lk 19,19.
142 Lk 19,17.
143 Stufen.
144 Messband.
145 Mädchen / junge Frau.

wehret, aber doch auch seinen Knaben darum gefragt, wer sie wäre? wie sie sich verhalte? was sie für einen Nahmen habe? *Ruth. II. v.* 1. *sqq*. Denn ein haußhältiger Mann muß seine Augen auf alles haben, und sonderlich auf das Gesind wohl achtung geben. Auch merckte Sie an, daß ungeachtet er dieser *Ruth* so reichlich aufzulesen zuließ, und ihr leicht ein *Epha*[146] Gersten hätte schencken können: so wolte er doch die Ordnung GOttes in acht nehmen, und es der *Ruth* nicht anders, als durch Arbeiten und Aehren=Lesen zu kommen lassen. Ein kluger Mensch ist zwar freundlich und mildthätig: aber er ziehet doch mit seiner Gutthätigkeit keine Müßiggänger, usw.

Fürnehmlich[147] aber fand Sie ein liebliches Bild ihres *Heylandes* an diesem *Boas*. Der erwieß sich gantz freundlich gegen diese *Ruth*, und sprach: Hörest du es meine Tochter! Du solt nicht gehen auf einen andern Acker aufzulesen, sondern halte dich zu meinen Dirnen. Und so dich dürstet, so gehe hin zu dem Gefäß, und trincke, da[148] meine Knaben schöpffen. Die *Ruth* demüthigte sich hierüber aufs tiefeste, priese seine Gütigkeit gegen sie, da sie doch nicht einmal seye, wie eine seiner Mägde. Und als er sie hernach auch gar zum Essen einlud, und sprach: Wenn es Essens=Zeit ist, so mache dich hinzu, und iß des Brods, und tuncke deinen Bissen in den Eßig: so folgte die *Ruth*, setzte sich zur Seiten der Schnitter, und aß mit ihnen, ob sie schon nicht mit ihnen gearbeitet hatte. Und da er ihr Sangen[149] vorlegte, *prangte*[150] *sie nicht* / sondern aß, und

146 Efa (biblisches Hohlmaß, z. B. für Getreide).
147 Vor allem.
148 Wo.
149 Ährenbüschel. – Die alten Luther-Bibeln sprachen von Sangen, also Ährenbüscheln. Die Luther-Bibel 2017 übersetzt richtig: „geröstete Körner".
150 Zierte (sich).

ward satt, und ließ über,[151] und brachte solches ihrer Schwieger[152] *Naëmi* heim, *Ruth. II. v.* 8. *sqq*. Hie war nun unsere Jungfer Sturmin auf ihrem rechten Feld, auf ihrem Grund und Boden, wie Sie sonsten zu reden pflegte, wenn ein Prediger so gar etwas nach ihrem Sinn und Hertzen brachte, er habe Sie auf ihrem Grund und Boden angetroffen. O wie demüthigte Sie sich vor ihrem lieben Heyland! wie verwunderte Sie sich, daß Er auf eine so fremde und arme Magd achtung geben, und ihr so freundlich zusprechen möge! wie unwürdig hielte Sie sich, nur andern Dirnen nach Aehren aufzulesen! noch viel weniger, daß Sie es so gut haben solle, wie andere, die ihrem Heyland arbeiten und nützlich seyen. Sie seye ja nicht einmal wie eine seiner Mägde, und solle doch mit andern Kindern GOttes, mit andern Knechten und Mägden Christi, mit andern nützlichen, Leuten hinsitzen, essen und trincken! dessen allen halte Sie sich von gantzem Hertzen unwürdig. Aber gleichwohl da der Heyland Sie doch erkenne, so gnädige Erlaubniß gebe, heisse Sie essen und trincken, und seiner Güter geniessen, lege ihr so gar selber für: so wolle Sie sich eben nicht schämen, daß es eine Schande wäre, *Sie wolle nicht prangen*[153] / *und geistliche Compliment*en machen, wie manche Seelen meynen, daß mans an einer fürnehmen Tafel machen müsse: sondern Sie wolle es zuversichtlich annehmen, sich wol seyn lassen, satt werden, und von dem übrigen auch noch andern mittheilen, und ihren gütigen Herrn überall den Leuten anpreisen. Usw. Wir waren doch oft recht frölich *über dieses Prangen* / und sagten: Nun unsere Jungfer Sturmin pranget dißmal nicht, Sie laßt es sich abermal geschmäcken![154] Oder wenn eine andere Seele bißweilen

151 Übrig.
152 Schwägerin.
153 Prahlen / sich aufblasen.
154 Schmecken.

nicht recht hinan wolte, sich an dieses himlischen *Boas* Seiten zu setzen, und die Sangen von Ihme anzunehmen, munterten wir uns einander damit auf, und sprachen: Nun, nun, was soll abermal dieses Prangen seyn? es ist wahr, du hast nichts verdient, du hast diesem Manne nicht geschnitten und gearbeitet, du bist nicht so gut, als eine seiner Mägde: aber wenn Er dennoch dich nicht verschmähet, dennoch dich herbey ruffet, bietet dir dennoch sein Heyl und Gnade an, so wehre Ihme nicht wohlthätig zu seyn auch gegen die Unwürdigen! Die *Ruth* prangte nicht; Die Jungfer Sturmin pranget nicht, und wir wollen auch nicht prangen. Von solcherley *Ceremoni*en kriegt man nichts; aber von essen und trincken, von glauben und annehmen wird man satt, usw.

Sie sahe aber auch diesen *Boas* noch einmal im *C[apitel] IV. v.* 1. *sqq.* an / wie er sich in der Einlosung[155] des Erbes / und der nachmahligen Verheurathung mit der *Ruth* aufgeführet hat. Denn hierüber *philosophi*rte Sie nicht anders / als wenn Sie *Jurisprudentiam Universalem et Particularem*[156] *stud*irt hätte / daß man sich verwundern muste. Sie nahm in acht / wie *accurat* hie *Boas* nach dem *Natürlichen* / nach denen Göttlichen *Willkührlichen*[157] / so denn auch nach denen *Bürgerlichen Municipal-Gesetzen* der Stadt Bethlehem / in dieser An=Er[b]ung gehandelt habe: Allen denen / welche kauffen / verkauffen / heurathen / oder sonst *contrahi*ren[158] / zu einem schönen Exempel der Nachfolge. Ein guter Christ ist auch ein guter Bürger.

I. Sam. IX. v. 15. *sqq.* gieng *Saul* aus / die verlohrne Eselinnen zu suchen / und solte ein Königreich auf sel-

155 Lösung.

156 Universal- und Partikularrechtsgelehrsamkeit (Letztere beschäftigte sich mit den Rechten der Privatpersonen, Erstere mit dem Recht allgemein, also auch den Rechten der Völker, des Staates, der Kirche usw.).

157 Frei gestellten / unverbindlichen.

158 Verträge abschließen.

bigem Wege finden.[159] GOTT zeigte es dem Propheten *Samuel* an / Er wolte des andern Tages den Mann zu ihm senden / den Er zu einem König in *Israël* ersehen hätte / und *Saul* hatte die geringste Spur von diesem Göttlichen Rath über ihn noch nicht. Fürwar / du GOtt *Israël* bist ein verborgener GOtt! O wie verstecket GOtt die Wercke seiner Fürsehung in solche schlechte und fast verächtliche Zufälle! GOtt sendete hin den *Saul*, und sagte es einen Tag zuvor dem *Samuel* an. Wer hätte aber hie bey *Saul* eine Sendung GOttes vermuthen sollen? Wer hätte dencken können / da *Saul* von seinem Vater gesendet wurde / Eselinnen zu suchen;[160] da er nicht an *Samuel* gedachte; da er nicht zu Samuel hin wolte / sondern von seinem Knaben darzu muste ermahnet und fast getrieben werden: Wer hätte / sage ich / von uns gedencken sollen / daß ihn gleichwol GOtt ausgesendet / und zu *Samuel*, wohin er keine Lust hatte / gewiesen habe? Mancher pranget mit weit was scheinbarers in seinem Beruff / und hat doch keine Göttliche Sendung. Und ein anderer weißt nichts äusserliches oder innerliches aufzuweisen / als daß er eben bloß in seiner Ordnung und Gehorsam einfältiglich wandelt / und wird doch von GOtt gesendet. Wie gehören doch so helle Augen darzu / GOttes Wercke zu erkennen / auseinander zu lesen / und zu *veneri*ren![161]

Wir haben oben *p[agina]* 51.[162] erwehnet / welch einen ausserordentlichen Freuden=Tag die seelige Jungfer einsten gehabt habe auch um der Worte wegen / die ihro in ihrer Bibel=*Lection II. Sam. VII. v.* 14. fürkamen[163] / da dem David die Verheissung von einem

159 1Sam 10,1.21.24.
160 1Sam 9,3.
161 Verehren.
162 Seite. – In dieser Edition S. 59, Z. 15–21.
163 Begegneten.

Sohn geschiehet / gegen welchen sich der Himl[ische] Vater unter andern also erkläret: Ich will sein Vater seyn / und er soll mein Sohn seyn. Wenn er eine Missethat thut / will ich ihn mit Menschen=Ruthen züchtigen / und mit der Menschen=Kinder Schlägen strafen. Aber meine Barmhertzigkeit soll nicht von ihm entwandt werden. Usw.[164] Dieses deutete Sie miteinander auf Christum / nach Hebr. *I. v.* 5. Dieser hat zwar keine Sünde gethan / noch thun können. 2. Cor. *V. v.* 21. Doch seynd ihme unsere Sünden nicht nur zugerechnet worden / sondern der Himml[ische] Vater sagt gar: Wenn dieser mein Sohn eine Missethat thut / will ich ihn mit Menschen=Ruthen züchtigen. Usw. Welch ein Geheimniß ist das! aus welch einem hohen / verwunderlichen und unerforschlichen Grund Göttlicher Gnaden=Verordnung ist dieses gesprochen! Nemlich Christus / der Sohn des lebendigen GOttes stehet für seinem Vater nicht nur in seinem Nahmen / sondern auch in unserm Nahmen: Der Himl[ische] Vater siehet Christum seinen Sohn nicht nur in seiner eintzeln Person an / sondern in allen denen / die Christo angehören. Christus und die Christen; Christus das Haupt und die Glieder; Christus der Erlöser und die Erlößte; Christus der Sohn / und wir seine Brüder; Christus der Heyland und seine Glaubige / werden hie von GOTT dem Vater zusammen genommen / und so zu reden für einen Mann gehalten. Was von Christo gesaget wird / das gilt denen Glaubigen auch; und was sonsten unser eigen wäre / dessen muß auch der HErr JEsus sich annehmen. Wenn ich höre / daß der Hohe und Erhabene zu Christo sagt: Ich will sein Vater seyn / und er soll mein Sohn seyn; so schliesse ich mich in diese Verheissung mit ein / und deute sie nach der Macht / die mir gegeben ist *Joh. I. v.* 12. auf mich / versichert / daß der Vater unsers HErrn JEsu

164 2Sam 7,15.

Christi auf seine Weise auch so zu mir sage: Ich will dein Vater seyn / und du solt[165] mein Sohn seyn. Hingegen wenn ich eine Missethat thue / so muß Christus mich da auch nicht allein lassen / sondern sich meiner als seiner selbs vor dem Vater annehmen / diese Verheissung demselben fürhalten / und erlangen / daß GOttes Barmhertzigkeit nicht von mir gewendet werde.[166] Wie das eine / so gilt das andere. Wie das eine zu Christo gesagt ist / und ewiglich gilt: Ich will dein Vater / und du solt mein Sohn seyn: so ist auch das andere zu ihm gesagt / und gilt auch unzerbrüchlich: Wenn du / mein Sohn / oder einer / die dir gegeben seyn / die du *repraesenti*rest und vertrittest / du / oder einer / der dir ist / wie dein eigen Hertz / eine von dir erlößte und aufgenommene Seele / eine Missethat thut / so will ich denselben Menschen zwar heimsuchen mit der Ruthe: aber meine Barmhertzigkeit will ich nicht von ihm wenden / und meine Gnade will ich so wenig von ihme nehmen / als ich aufhören kan dein Vater zu seyn / oder du aufhören kanst / mein Sohn zu seyn. O Anbettenswürdiges Geheimniß! O unergründlicher Abgrund der allerinnigsten Gemeinschafft mit Christo / dem Eingebohrnen Sohn in des Vaters Schoß! Ach! wer kan sich tief genug hierüber demüthigen; aber auch hertzinniglich genug über diesen allerseeligsten Wechsel in dem Göttlichen Gericht erfreuen! O der unvergleichlichsten Verheissung! O der allertröstlichsten Erklärung / die der Himml[ische] Vater einer strauchlenden Seele gegeben hat! Welch einen gewissen und ewigen Grund gibt dieses allen entweder gröblich abgewichenen / oder von der Sünde sonst übereilten Seelen / nur fein bald und getrost wieder umzukehren / und auf ein neues den Vater zu suchen / der in Christo JEsu seinem wesentlichen

165 Sollst.
166 Ps 40,12.

Sohn sich ewiglich zu seinem Gnaden=Vater gegeben hat! Mit diesen und dergleichen Verwunderungs= und Lobs=vollen Bekäntnissen ist die Seelige an ihrem damaligen ausser=ordentlichen Freuden=Tag Nachmittags gelaufen gekommen zu dem / der dieses schreibet / und hat ihr angefülltes Hertz in solche Gebärden und Worte ausfliessen lassen / davon er die wenigste nachsagen kan / aber doch überhaupt sein Lebtag ein erfreuliches[167] Gedächtniß[168] davon behalten wird.

Bey *II. Sam. XXIV. v.* 2. *sqq*. merckte Sie an / wie einer / der selber nicht rechtschaffen ist / einem andern / der viel in einem bessern Zustand seye vor GOtt / dennoch einen *guten Rath* geben könne. So war *David* nicht nur klüger / sondern auch Gottsfürchtiger gewesen / als *Joab:* Dennoch hat dieser dem David das Zehlen des Volcks klüglich[169] mißrathen[170] / und hätte ihm David gefolget / so würde es zur Abwendung grossen Unglücks in Israel gedienet haben. Darum soll man nicht alles schlechterdings verwerffen / was von einem Menschen kommt / der sonsten nicht das beste *Credit*[171] hat. Auch fromme Leute sollen billige *reflexion* machen auf das / was auch gottlose rathen oder sagen / und solches bedächtlich[172] prüfen. Aber es ist schon offt in acht genommen worden / daß die *Frommen* eine Art gewisser *Eigensinnigkeit* an sich haben / und von andern / die sie nicht für so fromm halten / sich nicht gern etwas sagen lassen. Wie solches auch der sonst so *fromme König Josias* gethan hat. *II. Chron. XXXV. v.* 22. den warnete der Heydnische König in Egypten Necho, treulich und klüglich vor einem vermessenen Krieg / und der Text sagt /

167 Positives / angenehmes.
168 Erinnerung.
169 Weise / in weiser Vorsicht.
170 Abgeraten.
171 Den besten Ruf.
172 Mit Bedacht / ernsthaft.

daß des Heydnischen Königs Worte *aus dem Munde GOttes* gewesen seyen. Aber der gottseelige König Josias nahm sie zu seinem Unglück und Untergang nicht an.

Uber die Worte *I. Kön. VI. v.* 7. da die Steine zum Tempel=Bau zuvor also behauen wurden / daß sie sich hernach beym aufrichten des Tempels *ohne Hammerschlag* zusammen geschickt;[173] hatte Sie offt ihre Freude und sagte / daß es mit denen lebendigen Steinen des Hauses GOttes eben auch also gehe. Denn obgleich das eine hie / das andere dort von dem H[eiligen] Geist behauen und zugerichtet worden seye / so bedörfe es doch gar keiner *Gewalt* / wenn ihrer zwey oder mehrere / die einander zuvor nie gekant haben / zusammen kommen / sich zu vereinigen; sondern es seye alsobald auf beeden Seiten alles *harmoni*sch / und verstehe eines das andere so gut / was sie meynen und sagen wollen / als wenn sie ihr Lebtag beysammen gewesen wären.

Als Sie die Geschichte *II. Kön. V. v.* 1. *sqq.* von *Naëman* aus Syrien lase / der ins Land *Israël* gekommen war / sich von seinem Aussatz durch den Propheten *Elisam* heilen zu lassen; als ihm aber dieser nur durch seinen Diener auf die Gassen herab sagen ließ / er solte sich 7mal im Jordan baden / zog er voll Zorns davon / weil ihm das allzuverächtlich fürkam / sondern meynte / der Prophet solte zu ihm herab gegangen seyn / mit seiner Hand den Aussatz angerühret / und den Nahmen GOttes darüber angeruffen haben: so sprach Sie: Hie sehe ich mein und aller Menschen Hertz / welches immer *etwas scheinbares* haben / damit pralen und ein Aufsehen machen will / auch *in Geistlichen Dingen* / auch mit dem Gebett selber. Aber eben darum verstecket GOtt seine Wercke und Wunder un-

173 Gefügt.

ter lauter unansehnliche Dinge / Mittel und Ubungen / damit er alle Einbildungen erniedrige; alles unordentliche Anhangen an Personen und Wercken benehme; die Frommen warne / daß sie mit ihrem Gebett und Fürbitte nicht eine geistliche *Comoedie* oder halbe Marckendenterey[174] treiben; und uns hingegen in lauter Gehorsam / Glauben / Demuth und Einfalt übe. (Es ist diß eine Materie besonders für unsere Zeiten. Davon die von *C[hristian]* Marbach[175] übersetzte Predigt *D[octor] Rob[ert] Souths*[176] vom Mißbrauch des Gebets nachzulesen wäre.[177] Aber es gehören geübte Sinne dazu / das darinnen fürkommende Gute und Böse wol zu unterscheiden.)

Jungfer Sturmin war einmal lang in dunckeln Stunden / da es nicht scheinete / und Sie gar an ihrem gantzen Gnaden=Stand und Inwohnung GOttes zu zweifflen begunte.[178] Endlich brachten ihr die Worte aus Ps. *XXIII. v.* 4. wieder Trost und Licht: *Dein Stecken und Stab trösten mich / ob ich schon im finstern Thal wandle.* Sie dachte / wenn es schon offt so finster ist / daß man GOtt nicht siehet / so kan man doch GOttes Gegenwart tröstlich wahrnehmen auch nur aus seinem Stecken und Stab / nemlich aus der scharffen Zucht / welche der gute Hirte beständig einem an das Hertz lege.

Im Ps. *LXIX.* werden die schweren Leyden *Messiae* beschrieben, über deren Tiefe Sie sich sehr verwunderte. Ins besondere erkante Sie über *v.* 4. *Ich habe mich müde geschrien / mein Halß ist heiser / das Gesichte vergehet mir / daß ich so lang muß harren auf meinen GOtt;*

---

174 Kramladen / Gemischtwarenhandel.

175 Ca. 1681 - ca. 1745; Pfarrer in Mertschütz.

176 Robert South (1634-1716) wirkte als Pfarrer der Kirche von England in London und war berühmt als Prediger und Dichter.

177 *Robert South:* Der Mißbrauch des Gebets [...], Breslau - Leipzig: Rohrlach, 1729.

178 Begann.

mit vieler Beugung, wie so gar saur[179] der HErr JEsus uns den Zugang zu GOtt im Gebett habe erwerben müssen. Wie unverantwortlich würde es demnach seyn, wenn ich solche Gnade nun nicht danckbarlich gebrauchte, da es jetzo einer Seelen nicht mehr so saur gemacht werde zum Vater hinzugehen!

Uber Ps. *CX. v.* 1. *Der HErr hat gesagt zu meinem HErrn: Setze dich zu meiner Rechten / biß daß ich lege deine Feinde zum Schemel deiner Füsse;* gedachte Sie, wie der HErr JEsus *in seiner heiligen Menschheit* sich eben auch sowol durch *den Glauben* an die Verheissung GOttes habe halten müssen, als wir. Und da jetzt diese Verheissung noch nicht gantz erfüllet seye, *Hebr. II. v.* 8. so ruhe der L[iebe] Heyland *auch jetzund noch* im Himmel darinnen, und warte in kindlichem Vertrauen auf deren zukünfftige Erfüllung: da er auch hierinnen seinen Brüdern gleich seye, und ein versuchter Hohepriester.[180] Wie vielmehr sollen denn *wir aus dem Glauben* zu leben uns vergnügen![181] Auch erhelle aus eben diesem Ort[182] daß denn auch denen Seeligen im Himmel noch nicht alle Verheissungen erfüllet seyen; sondern sie noch darauf kindlich[183] warten müssen. Es werde ihnen aber gewiß keine aussen bleiben.

Als eine ernstlich[184] Seele Sie fragte: was Sie davon halte, wenn man den Tag über im Gebett, oder andern guten Gedancken, fleißig mit GOtt umgegangen wäre, und nach Gelegenheit seine Bitte, Fürbitte und Dancksagung vor ihn gebracht hätte, hernach aber vor schlafen gehen nicht besonder ins Gebett, etwa aus Mattigkeit, kommen könne, oder sonst fast nicht wisse, was sie

179 Schwer.
180 Hebr 2,17 f.; 4,14 f.
181 Erfreuen.
182 Bibelstelle.
183 Wie Kinder.
184 Ernste / ernsthafte.

ihm fürtragen[185] solle? obs Sünde seye, ohne förmliches Gebett einzuschlafen? so gab Sie diese gründliche und vergnügliche[186] Anwort darauf: Es ist bey solchen Seelen nicht anders, als wenn zwey gute Freunde lang miteinander gesprochen haben, und der *discurs* ihnen endlich ausgeht, daß einer nichts mehr zu sagen weißt, deßwegen sie aber doch gute Freunde bleiben. Denn ob es gleich der Seelen auch, so zu reden, ausgehe, so zürne doch GOtt deßwegen nicht mit ihr, sondern sage vielmehr, wie es im Hohen Lied Salomon. *VIII. v.* 4. stehet, *ich beschwöre euch / ihr Töchtern Jerusalem / daß ihr meine Liebe nicht aufwecket noch reget* (oder zu diesem oder jenem Dienst und Ubung zwinget) *biß daß es ihr selbs gefället* / einen freyen und ungezwungenen Dienst mir zubringen.

Die Worte bey *Jerem. III. v.* 1. *Du hast mit vielen Buhlern*[187] *gebuhlet / doch komme nur wieder zu mir / spricht der HErr;* haben den Geist unserer edlen Jungfer Sturmin einsten mit unaussprechlicher Freude erfüllet, aus welcher Sie die unendliche und gantz unbegreiffliche Barmhertzigkeit, ja recht unersättliche Begierde GOttes nach unseren Seelen, dermassen erhebte und priese, daß wirs nicht nachsagen oder beschreiben können. Sie merckte an, daß dieser Prophet meistens harte Straf=Predigten und schwere Drohungen in sich hielte, da denn ein solches Evangelisches Wort so viel lieblicher daraus schmäckete. Sie vergliech diesen Spruch dem *Licht* eines Gemähldes, welches durch den beygefügten *Schatten* nur desto mehr erhöhet würde. Sie rühmte uns, daß Sie eben so glückseelig bey dieser ihrer Bibel=Lection gewesen, als Simeon im Tempel.[188] Denn es

185 Vortragen / sagen.
186 Zufriedenstellende.
187 Liebhabern.
188 Lk 2,25-35.

seye kein Unterscheid, ob er mit seinen Augen das Kind JEsum gesehen, oder ob Sie ein solches Evangelium mit ihren blöden Augen gelesen habe. Simeon habe sich nicht grösser freuen können, als Sie sich jetzund gefreuet habe. O Danck, O Danck sey GOtt, der mir gegeben hat, mit meinen blinden Augen durch die Brillen ein solch unvergleichlich seeliges Wort von der Gnade GOttes gegen unsere untreue Seelen zu sehen! dabey hat sich einer aus unserm Mittel[189] auch solche Augen=Spiegel[190] bey Lesung der Bibel gewünschet. GOtt setze sie uns allen auf!

Eines ihrer Leib=Sprüchlein[191] waren die Worte bey *Ezech. XLIV. v.* 15 [*sq.*]. Aber die Priester aus den Leviten, die Kinder Zadock, so die Sitten meines Heiligthums gehalten haben, da die Kinder Israel von mir abfielen, die sollen für mich tretten, und mir dienen, und für mir stehen, daß sie mir das Fett und Blut opffern, spricht der HErr HErr, und sie sollen hinein gehen in mein Heiligthum, und für meinen Tisch tretten, mir zu dienen, und meine Sitten zu halten. Dieses Zeugniß machte dieser unschuldigen und aufrichtigen Seele wol hertzliche Freude. Sie konte sich offt lange Zeit damit aufhalten, was das für ein schönes Lob seye, daß die Kinder Zadock allein nicht abgefallen seyen, da alle Kinder Israel abfielen vom HErrn. Diß ist die rechte Treue, diß ist die gröste Ehre, die man einer Seelen nachsagen kan, sie seye niemalen abgefallen vom HErrn, und habe allezeit die Sitten seines Heiligthums gehalten. Zu dieser unbefleckten Treue verbinde Sie sich auch gegen den HErrn, und verbinde sich so fest an Ihn, daß wenn alles Volck abfiele, Sie doch allein nicht abfallen wollte von dem Gehorsam des HErrn. Der

189 Mitte.
190 Brille.
191 Lieblingssprüche.

HErr sehe genau darauf, er wisse einen jeglichen wol zu unterscheiden, aber auch diejenige herrlich zu ehren und zu belohnen, die ihme treu seynd in der Liebe. Ach! fassete sie uns gleichsam in ihre Arme, daß doch auch wir zu diesem ausgezeichneten hochbetrauten Saamen GOttes ewig gehören, und durch keinerley Versuchung abgekehrt werden mögen, wie ich zwar sehe, daß fast alle unsere Brüder jetzund dahin fallen, wie die Feigen abfallen, wenn sie vom starcken Wind getrieben werden![192] Bey Beschreibung des neuen Tempels, *Ezech. XLVI. v.* 24. wird auch *der Küche* für die Priester gedacht. Dessen wurde Sie erinnert, als Sie einmal in einer fremden Küche stunde,[193] und auf etwas wartete. Sie gedachte, dieser Tempel *Ezechielis* ist bekanntlich ein Fürbild der Kirchen Neuen Testaments. In dieser aber sollen die Lehrer auch ihre Küchen, d[as] i[st] ihren ordentlichen Unterhalt haben. Es ist bekannt, wie reichlich die Priester im A[lten] Testament versorgt gewesen sind. Damit man nun nicht meynte, als gehöre dieses, wie manche andere leibliche Verheissungen, nur in das A[lte] Testament: So laßt der HErr zu dem Tempel N[euen] Test[aments] auch Küchen und Heerde v. 23. setzen. Es ist grosse Sünde und Undanckbarkeit, daß man denen Predigern heut zu Tag offt so schmal zuschneidet.[194] Usw. Darnach besonne Sie sich, wie viel hundert mal Sie schon in der Küche gestanden seye, und doch diesen Gedancken nicht gehabt hätte. Da fiel ihr das Wort bey Jerem. *XVIII. v.* 2. ein: *Gehe hinab in des Töpffers Hauß / daselbs will ich dich meine Worte hören lassen*. Also hat denn GOtt seine Zeiten und Oerter, gedachte Sie, einmahl mehr, als das andere, da er uns etwas offenbahret. Es kommt eben nicht auf hin-

192 Apk 6,13.
193 Stand.
194 So wenig zuteilt.

sitzen und *speculi*ren an: sondern wir müssen hinab gehen in des Töpffers Hauß, das ist, GOttes Befehl gehorsamlich ausrichten, da wird uns denn dieses oder jenes *objectum,* das uns in unserm Beruff und Ordnung aufstoßt,[195] vielmal eine Gelegenheit werden, da uns GOTT seine Worte hören läßt.

Es wolte jemand[196] an einem gewissen Geistlichen,[197] den er sonst geliebet hatte, einen Anstoß nehmen, und sein voriges Vertrauen fallen lassen. Sie hatte aber gerad selbigen Tag den Propheten *Jonam* gelesen. Aus welchem Sie dieser Person fürhielte,[198] wie er sich gewiß durch die Buß=Predigt Jonä nicht würde bekehret haben, wenn er damahls gelebt, und mit Jona so hätte verfahren wollen, als wie mit diesem Geistlichen. Denn Jonas seye nicht nur dem Befehl GOttes entflohen, sondern auch auf die grosse Demüthigung in dem Meer=Sturm und deß Wallfisches Bauch, auf die wunderbare Errettung aus demselben usw. doch noch nicht zur rechten *moderation*[199] gekommen, sondern habe auf ein neues viel Neid, Ungedult und Vermessenheit an sich blicken lassen. Und dennoch habe er einen so geseegneten Buß=Prediger abgegeben. Man solle also den Griff des Satans bey dergleichen Versuchungen erkennen lernen, und sich durch falschen Eifer, Eigensinnigkeit, Tadelsucht usw. einen Mann nicht unnütz machen, der einem nach dem Willen und Ordnung GOttes so nützlich und köstlich seyn könne.

Eine gleich=gute *Lection* gab Sie auch über den Spruch *Mich. VI. v.* 8. *Es ist dir gesagt / Mensch / was gut ist / und was der HErr dein GOTT von dir fordert / nemlich GOttes Wort halten / Liebe üben / und demüthig*

195 Begegnet.
196 Nicht ermittelt.
197 Nicht ermittelt.
198 Vorhielt.
199 Mäßigung.

seyn vor deinem GOtt. Wenn du also GOttes Wort gehalten, und Liebe geübet hast, so must du hernach erst recht in die Demuth hinein gehen. Zuvor ist es gar zu plump und unverschämt, wenn du dir etwas einbilden woltest. Wenn du dich aber gegen GOtt und Menschen wohl verhältest, gegen jenem gehorsam, gegen diese Liebe beweisest: so findest du manches gute an dir, und hörest andere manches schöne von dir rühmen, welches dich leicht versuchen kan zur Wolgefälligkeit. Aber alsdenn nur desto tieffer herunter in die Demuth! Je mehr du wächsest an dem Gehorsam und Liebe, je mehr must du auch in der Demuth wachsen. Was Anfangs der *Grund* des Christenthums war, muß auch dessen *Gipffel* werden, nemlich Demuth.

Wir sassen einmal in Christlichen Gesprächen beysammen, und geriethen in unserm *discurs* auch auf den *Stand der Unschuld* / und den darauf erfolgten betrübten[200] *Sünden=Fall*[.][201] Und da jemand meynte, wenn nur Adam in seiner anerschaffenen Herrlichkeit geblieben wäre, solte es besser um das Menschliche Geschlecht stehen; denn wie erschröcklich es doch seye, daß GOTT durch die Sünde also entunehret, daß so viel Millionen Seelen verlohren würden usw. So war unsere Jungfer Sturmin gantz anderer Meynung, und sagte, daß die Offenbahrung Göttlicher Ehre und Eigenschafften, seiner unerforschlichen Weißheit, seiner unendlichen Barmhertzigkeit, seiner unermeßlichen Gnaden=Fülle, und unsere daher entstehende Herrlichkeit und Seeligkeit, jetzund nach dem Fall, um der geschehenen Erlösung JEsu Christi willen, viel grösser und ansehnlicher worden seyn, als sie vor dem Fall nimmermehr weder erkant noch genossen hätten werden können. Und das erläuterte Sie aus dem Alt[en]

200 Betrüblichen.
201 Gen 3.

Test[ament] mit denen *zwey Tempeln* / deren der erste von Salomo erbaut[202] viel prächtiger und *magnifiquer*[203] ausgesehen habe, als der zweyte, der unter kümmerlichen Zeiten von *Zorobabel* erbauet worden seye[204] dermassen, daß die Priester, welche den Pracht und weiten Umfang des ersten Tempels noch gesehen hatten, laut weineten über das schlechte Ansehen[205] des zweyten Tempels, *Es[ra].*[206] *III. v.* 12. gleichwol habe der prophet Haggai in dem Nahmen des HErrn versichert, *C[apitel] II. v.* 10. *daß die Herrlichkeit dieses letzten Tempels grösser werden solle* / *als des erstern* / nemlich weil der Meßias in diesem letztern Tempel erscheinen werden werde. Der erste Tempel war grösser, war geschmückter, war güldener; aber Christus war noch nicht darinnen: Der letzte Tempel war kleiner und armseeliger, aber Christus kam darein. Darum war seine Herrlichkeit grösser. Nun der *erste* Tempel bedeutet den *Stand der Unschuld* / der mit seiner eigenen gerechtigkeit u[nd] sündlosigkeit schön in die menschliche Augen fället. Aber der *zweyte* Tempel bedeutet den jetzigen *Zustand durch Christum* / der hat bey unsern eigenen Sünden, und einer fremden Gerechtigkeit, weniger Schein und äusserlichen Glantz: ist aber inwendig viel herrlicher um Christi und seiner Gemeinschafft willen. Usw.

Uber die Bücher Neuen Testaments.

Mich düncket, der Seegen des HErrn habe die bißherige Betrachtungen unter den Händen vermehret. Ich rechnete es Anfangs auf einen Bogen, was hin und her von

202 1Kön 6.
203 Großartiger.
204 Hag 1.
205 Aussehen.
206 Korrigiert gemäß Corrigenda (*Rieger:* Tabea, 1730, S. R4^{v}).

der Seeligen aufgeschrieben funde, und siehe, es ist mehr, als noch einmahl so viel daraus worden. Und ist dazu noch mehr Vorrath vorhanden, nun auch aus dem Neuen Testament. Uber dessen Anfang *Matth. I. v.* 1. *sqq*. freuete Sie sich auch darum, daß Christus von den Vätern, biß *von Adam* an, herstammete, und durch alle Geschlechte so durchgegangen seye. Sie erstaune, wenn Sie an Juda und Thamars That gedencke, und daß dennoch Christus sie beede nicht nur in seinem Geschlecht=Register habe, sondern auch gar durch sie durchgegangen seye. Ich fragte, ob Sie jemals von denen unterschiedlichen Meynungen der *Theologorum* hierüber[207] etwas gehöret habe, die ich ihr dabey erzehlte. Sie sagte aber, daß Sie ihr Lebtag weder etwas davon gelesen, noch gehöret hätte. Sie wisse also nicht, wie fern ihre Gedancken mit andern überein kämen: sondern Sie erfreue sich nur über GOttes Weißheit, Allmacht und Gnade, der in dem gefallenen Menschen noch etwas übrig behalten, welches die Menschheit Christi daraus zu bilden habe können gebraucht, und durch alle Glieder biß auf Mariam fortgepflantzet werden. Da seye Ihr Christus freylich *des Menschen* Sohn, davon 1. B[uch] Mos. *V. v.* 2. stehet: GOtt schuf Adam und Eva, und nennete ihren Nahmen Mensch. Ja da Lucas das Geschlecht=Register Christi gar biß auf GOtt hinaus führe, und spreche, Adam seye GOttes gewesen;[208] so sehe Sie, daß die Menschheit Christi auch gar selbs in GOtt

207 Die vier Frauen im Stammbaum Jesu (Tamar, Rahab, Rut, Batseba) wurden in der christlichen Tradition unterschiedlich gedeutet. Schon bei Hieronymus (ca. 347–419/20) findet sich der Gedanke, sie alle seien Sünderinnen, an denen die Gnade Gottes deutlich geworden sei. Andere sahen sie teilweise oder sogar alle (so Luther) als Nichtjüdinnen an und damit als Beispiele des göttlichen Heilsuniversalismus. Vgl. *Ulrich Luz:* Das Evangelium nach Matthäus, Bd. 1: Mt 1–7, Zürich u. a. – Neukirchen-Vluyn 1985 (Evangelisch-Katholischer Kommentar zum Neuen Testament, I,1), S. 93f.

208 Lk 3,38.

aufsteige, und von GOtt herkomme. Usw. So mache Ihr auch diese Betrachtung *den Eh=Stand* recht ansehnlich und ehrwürdig, als der durch das von Adam auf Mariam fortgepflantzte rein behaltene Geblüt recht seye geheiliget und groß geehret worden.

Ferner habe Sie bey *Juda*[209] / *Thamar*[210] / und andern dergleichen gedacht, wie man doch keinen Menschen wegwerffen, oder richten solle, als wenn gar nichts gutes mehr an ihm wäre. Hie finde Sie ja Christum, wo Sie Ihne am wenigsten vermuthet hätte. Im ersten Vers heiße Christus ein Sohn Davids, des Sohns Abrahams.[211] Da stehen zwar freylich zwey heilige und herrliche Männer als Groß=Vätter Christi. Aber wo mehrere dergleichen in dem Geschlecht=Register Christi fürkommen? Dennoch habe sich Christus auch der übrigen Zwischen=Personen bedienet. Seyen nun an dem Leibe Christi nicht lauter Abrahams und Davids: ey so füllen doch auch andere ein Lücklein daran aus. Und wiederum: Es ist nur *ein* Abraham, und *ein* David darunter; die andere sind ihnen sehr ungleich: jedennoch hat GOtt auch durch sie seinen Sohn in die Welt eingeführt. Nun es sind nicht alle Prediger gleich: aber sie führen doch alle Christum unter uns ein. Ich will denn keinen partheylichen Unterscheid zwischen ihnen machen, sondern jeglichen hören, wie es die Gelegenheit jedes mahl mit sich bringet.

Das Exempel *Josephs [Matth.] C[apitel] I. v.* 19. hielte Sie hoch, von dem der H[eilige] Geist zeuget, daß er zwar einen Verdacht wider die unschuldige Mariam gefaßt habe, doch wollte er sie *nicht rügen* / oder zu Schanden machen, sondern gedachte Sie nur *heimlich zu verlassen* / ohne jemand die Ursache davon anzuzeigen,

209 Mt 1,2.
210 Mt 1,3.
211 Mt 1,1.

und deßwegen wird er hie *fromm* genennet. Wenn einer also will fromm und ein Christ seyn, und er siehet, höret oder argwohnet etwas unrechts von einem andern, absonderlich[212] wenn er ein Prediger, und noch mehr, so er ein treuer Prediger wäre: so soll er dergleichen Dinge nicht aussagen, sondern GOtt vortragen, und im übrigen (da es seines Amts nicht ist, davon zu urtheilen) bey sich lieber begraben bleiben lassen; auch so gar, wenn er selber einige Ungelegenheit und Nachtheil davon hätte. Wie Joseph hie durch sein Stillschweigen lieber sich selber in Verdacht setzen, als die Jungfer Mariam durch sein rügen desto mehr *blami*ren wolte. Und diese Lehre hat Sie nicht nur aus diesen Worten heraus gezogen, und andern gegeben: sondern aufs allergenaueste auch *selber practici*ret / daß wir auch um dieser Ursache willen dem Heil[igen] Geist getrost nachahmen, und sagen dörfen: *Beata* Sturmin aber war fromm, und wolte diesen, jenen Menschen nicht rügen, austragen, richten, noch bey denen vertrautesten Freunden etwas zu seinem Nachtheil nachsagen. Ja so gar auch in *indifferen*ten[213] Dingen war Sie also fürsichtig[214] und verschwiegen, daß wir diese ihre Tugend, als was sehr seltenes, unser Lebenlang *admiri*ren[215] müssen. Wir erinnern uns nicht, daß Sie leicht[216] von andern geredet hätte; oder wo Sie gleich etwas erzehlen muste, so liesse Sie doch die *Person* davon, wenn es nur ein wenig etwas zu bedeuten hatte, sonderlich in Ihren letzten Jahren, daß man Ihr Zunehmen auch hieraus offenbarlich gesehen hat. Wir wissen, daß wir hie einen Spiegel aufhängen, in welchem auch zu theurst die *schönste Angesichter* noch Flecken an sich erblicken, und sie in eiferiger

212 Besonders.
213 Ethisch neutralen.
214 Vorsichtig / zurückhaltend.
215 Bewundern.
216 Leichtfertig / unreflektiert.

Nachfolge unserer seel[igen] Jungfer Sturmin abzuwischen Ursache finden werden, wenn anders die Eigen=Liebe nicht einen Umhang[217] über ihre Augen hänget. Uber alles aber war die Seelige verschwiegen, wo Ihr etwas vertrauet[218] worden war, als die sich ohne Ausnahm an die Regel gehalten, die Sie einmal gelesen[219] habe: *So dir jemand was vertrauet / solt du solches auch deinem besten Freund nicht wieder vertrauen / sondern bey dir begraben bleiben lassen.* Ob wir also gleich in genauer Gemeinschafft lange Zeit mit Ihr gestanden, und aus solchem Umgang unterschiedene[220] Dinge hie erzehlen: so wissen wir doch nicht alle Personen, von welchen ein und anders angeregt werden muste. Viel weniger hat jemand Ursache, die seel[ige] Jungfer nach Ihrem Tode erst in Verdacht zu ziehen, als wenn Sie sonst allerley Dinge ausgeschwatzet haben möchte. Sie hatte nicht nöthig, *wie die meisten* / auf dergleichen Dinge in Ihrem Umgang zu fallen, nachdem Sie aus dem guten Schatz ihres reichlich angefüllten guten Hertzens so überflüßige Materie zu guten und erbaulichen Gesprächen herfür bringen konte, daß Sie niemalen damit fertig wurde, wenn Sie auch einen halben Tag dazu gehabt hätte.

Den Spruch Christi *Matth. XVIII. v.* 11. *Ich bin kommen zu suchen und seelig zu machen / was verlohren ist;* wendete Sie einsten bey einer ängstlichen und im harten Kampff arbeitenden Seele[221] gar glücklich an, und sagte: Höret, machet euch selber herab, wie ihr wollet, und glaubet das ärgste von eurem Zustand: Ihr könnet euch doch nicht ärger machen, als daß ihr euch für verlohren haltet. Tiefer könnet ihr nicht herab, als daß ihr

217 Vorhang / Decke. – Gen 20,16; Ex 34,34; 2Kor 3,13.
218 Anvertraut.
219 Quelle nicht ermittelt.
220 Verschiedene.
221 Nicht ermittelt.

dencket, ihr seyet verlohren. Denn was kan ich ärger sagen, als ich seye verlohren? ists nicht so? Als nun die angefochtene Person solches bejahete, aber desto ängstlicher seufzete, das seye eben ihr unglückseeliger Zustand, daß sie verdammt und verlohren seyn solle; antwortete unsere Jungfer Sturmin: Eben da ihr jetzt am weitesten draussen seyd, und euch für verlohren ansehet, und deßwegen die Hofnung sincken lassen wollet, so bedencket doch, daß gerad hin, wo ihr aufhören wollet, das Amt JESU Christi sich anfange, der gekommen ist zu suchen und seelig zu machen, was verlohren ist.[222] Bey euch also, bey euch, die ihr verlohren seyd, hebet Er sein Erlösungs=Amt an. Das *verlohren* seyn schicket sich vollkommen gut zu seinem *suchen.* Wo niemand nichts mehr sucht, da suchet Er: Wo alles für verlohren aufgegeben wird, da fangt Er an zu suchen.[223] Seine Hirten=Treu ist so gar nicht ermüdet, biß es an euch kommt, daß ihr vielmehr das erste seyd, woran er sie beweiset. Wie könnet ihr denn länger zweifflen, als wolte euch Christus nimmer aufnehmen? Und dieser Zuspruch geriethe wol. Ps. *I. v.* 3.

Es seynd nun gerade fünff Jahr, daß Sie erzehlte, wie Sie vor diesem *die Wiederbringung aller Dinge*[224] so fest, als sonst ein[225] Wort des *Evangelii,* geglaubet, und sie auch einsten mit grosser Dreistigkeit gegen den jetzigen Evangelischen *Seniorem*[226] zu Augsburg, *Herrn Sam[uel] Urlspergern*[227] / behauptet habe. Nach der

222 Mt 18,11.

223 Lk 15,4–7; Joh 10,12–15.

224 Apg 3,21. – Im Pietismus (wie dann auch in der Dichtung von Klopstock bis zu Goethe, Schiller und Hölderlin) verbreitete Auffassung, dass ein allliebender Gott am Ende der Zeiten – nach gebührender Strafe – alle Sünder und gefallenen Engel, sogar den Teufel selbst, erlösen und ins Heil führen werde (Apokatastasis panton).

225 Wie kein anderes.

226 Leitender Geistlicher einer evangelischen Reichsstadt.

227 Samuel Urlsperger (1685-1772), württembergischer pietistischer Theo-

Hand[228] habe Sie von dem, der dieses schreibet[229] in einer Paßions=Predigt diese Meynung widerlegen gehöret aus den Worten Christi: Es wäre demselben Menschen besser, daß er nie gebohren wäre.[230] Da seye Sie recht unruhig darüber worden, und habe sichs heimlich auf mich verdriessen lassen, daß ichs eine unzeitige Barmhertzigkeit genennet hätte. Deßwegen habe Sie zu Hauß die Evangelisten miteinander verglichen, ob diese Worte sich nicht etwa bey dem einten[231] deutlicher ergebten, als bey dem andern, und habe gefunden, daß *Matth. XXVI. v.* 24. es so laute: es wäre demselben Menschen besser, wenn er *noch nie* gebohren wäre. Welches Sie angenommen, daß Christus habe sagen wollen: Es wäre ihm gut, daß er jetzt noch nicht gebohren wäre, damit er diese grosse Verschuldung[232] nicht auf sich geladen hätte; mithin habe Sie sich wieder in ihrer bißherigen Meynung beruhiget. Endlich aber seye Sie einmal über die Worte Christi gerathen, *Matth. XXV. v.* 41. *Gehet hin / von mir / ihr Verfluchte / in das höllische Feur.* Usw. und da seye es Ihr gewesen, als wenn diese so fest bey Ihr eingewurzelte Meynung auf einmal hinweg gestrichen würde. Denn, habe Sie gedacht, wen *am Ende der Tage* / beym lezten Gericht, *Christus selber* / der einige Weg, Warheit und Leben,[233] ja *der Seegen selbs / verfluchet* / und als verflucht *von sich scheidet* / und dem *Teufel* heimweiset, wer wird und kan einen solchen mehr segnen? woher soll für den wieder ein Seegen kommen, den der einige Seegen verfluchet hat? und bey

loge, von 1723 an Pfarrer und Senior des Geistlichen Ministeriums in Augsburg.

228 Später.
229 Georg Conrad Rieger.
230 Mt 26,24.
231 Einen.
232 Schuld.
233 Joh 14,6.

dem seye Sie bißher unverändert geblieben. Daher als gedachter[234] Herr *Senior* inzwischen Sie wieder über solcher ihrer Hoffnung befraget, ob Sie noch in solcher Meynung stehe? habe Sie mit Nein geantwortet, und Ihne damit sehr vergnüget.[235]

Als Ihr erzehlet wurde, wie ein gewisser treuer Lehrer[236] zwey andere gleich gesinnte Amts=Gehülffen[237] bekommen habe, freuete Sie sich dessen, und priese es als eine grosse Wohlthat GOttes. Denn, sprach Sie, ich glaube, daß unser lieber und weiser Heyland darum *je zween und zween* Jünger ausgesondert habe, *Luc. X. v.* 1. damit immer einer den andern leiten, warnen, stärcken, trösten möchte. Je mehrere denn mit solcher Absicht zusammen kommen, je besser seye es beedes für sie, und das Reich Christi. Ja wenn auch ein noch unbekehrter, doch nur natürlich=redlicher Mann bey einem rechtschaffenen Prediger, oder einer andern Amts=Person, stehe, so könne solcher dem andern guten Rath geben, und dienlich seyn, wie oben[238] bey *Joab*[239] und *Necho*[240] ist gezeiget worden. Usw. Auch seye unter anderm Nutzen, den die *Conversation* mit sich bringe, dieser nicht zu verachten, daß ein auch sonst Christlich gesinnter Mann nicht eigenliebig für sich und seine Gedancken, nicht eigensinnig auf seinem gut vermeynten Vorhaben, nicht *moros*[241] und unfreundlich werde, sondern lerne auch des andern Einsicht prüfen, dessen ungleiche Meynung und *dissensum* ertragen, in seine Weise sich schicken. Usw. Und auch

234 Der erwähnte.
235 Erfreut.
236 Nicht ermittelt.
237 Nicht ermittelt.
238 Siehe S. 152, Z. 15.
239 2Sam 24,2f.
240 2Kön 23,29f.
241 Mürrisch (lat.: morosus).

dieses seye mit eine Ursache, warum Christus seine Jünger paar=weise ausgesendet habe,[242] und keinen einzel allein.

Indem Sie einsten des Kinds hütete, lase Sie in der Bibel die Worte *Joh. I. v.* 16. *Aus seiner Fülle haben wir alle genommen Gnade um Gnade;* Ey habe Sie gedacht, woher seynd doch *die Apostel* solche Leute worden? haben sie es von sich selber gehabt? oder aus einer besondern Würdigkeit? seynd sie nicht solche Leute geworden durch *die Gnade* / welche sie dürfftige angenommen haben? So will denn *auch ich* hingehen, und Gnade nehmen. Denn es seye Ihr das Gleichniß dabey eingefallen, wie wenn man in einem reichen Hause denen Armen etwas austheile, z[um] Ex[empel] Brod, Geld, Schmaltz. Usw. und es begegnet ein solch Armes einem andern Armen, so frage es: Wo hast du das bekommen? und wenn das andere antwortet: da, in dem Hauß, gibt man allen Armen dergleichen; so laufe dieses alsobald auch darauf zu, und hohle auch etwas. Also kommen Ihr die lieben treuen Apostel für. Sie sagen zu allen ihren Nachkömmlingen: Sehet was wir bekommen haben! wir haben Anfangs nichts gehabt: aber aus dieses Mannes, aus Christi, Fülle haben wir alle genommen! Gehet ihr auch hin, ihr werdet auch bekommen. Darum wolle Sie auch hin laufen, und dort hohlen, wo alle andere das ihrige genommen haben. Usw. Als Sie in Ihrer Bibel=*Lection* auf das *XIV. XV. XVI.* und *XVII.* Capitel Johannis kam, dachte Sie: O wie wahr ists, was Johannes sagt *C[apitel] XX. v.* 30. es seye nicht nöthig gewesen, mehrers von JEsu aufzuschreiben! Denn wenn auch sonst nichts, als nur diese 4. Capitel aufgeschrieben wären, so könte man genug daran haben, und würde die Welt gleichwol ihren Sinn und Reichthum nicht erschöpffen können.

242 Mk 6,7.

Es seynd dieses eben auch die 4. Capitel, welche *die seel[ige] Fräulein von Bruining*[243] / der seel[igen] Jungfer Sturmin ehmahlige vertraute Freundin, vor etlichen Jahren auf ihrem Sterb=Bett unter tausend Freuden ihres Hertzens, und lachendem Munde, biß an ihr Ende, sich hat vorlesen lassen, darüber die Patientin selbs und unsere Jungfer Sturmin, von Vers zu Vers also lieblich und himlisch zusammen gestimmet haben, daß man nicht viel[244] ein solches prangendes und frolockendes Sterben sehen wird, als[245] dieses gewesen ist.

Tiefe Gedancken führte Sie über die Worte 1. *Cor. XV. v.* 28. *Daß auch der Sohn selbs zuletzt werde unterthan seyn dem / der Ihm alles unterthan hatte / auf daß GOtt werde alles in allen*. Da bewunderte Sie heiliglich, daß Christus so gar nichts um unsert willen behalten wolle für alle seine unaussprechliche Mühe und Arbeit, die er um unsert willen gehabt, sondern sich begnügen lasse, daß er die abgewichene Geschöpffe wieder zu ihrem Schöpffer gebracht habe. Wie vielmehr solle denn ich meinem Heyland hierinnen nachfolgen, und alles, alles zu des Vaters Füssen legen, damit ich und alle andere nichts werden, Er aber allein alles seye, und in allen und über allen gepriesen werde in die unendliche Ewigkeiten.

Wir hatten uns einsten untereinander zur *treuen Anwendung der*[246] *Gnade* GOttes ermahnet, als Jungfer Sturmin, wie sonst meistentheils, also auch hie bey dieser Materie, einen besondern Beweg=Grund dazu that, und sagte: GOtt habe seinen Sohn als ein *kleines Kind* in die Welt kommen lassen, und Maria habe alle die Mühe und Arbeit mit Ihme haben müssen, wie eine andere Mutter mit ihrem kleinen Kind. Und wenn sie die-

243 Nicht ermittelt.
244 Häufig.
245 Wie.
246 Ernstmachen mit der.

ses kleine Kindlein versaumt oder verlohren hätte, so hätte sie eben den Heyland der Welt verlohren. Also müsse denn eine Seele auch eine kleine Gnade GOttes hoch schätzen, und wohl *cultivi*ren. Denn Christus werde immer noch als ein kleines Kind der Seelen gegeben. Er wachse aber durch treuen Gebrauch der empfangenen Gnade biß zu dem vollkommenen Maaß des männlichen Alters,[247] *Eph. IV. v.* 13.

Nun wolan, Christlich=Geliebter Leser, wenn man einem geschickten Bildhauer nur *einen Daumen* zeiget von einem Menschen, so kan er nach desselben *proportion* schliessen, wie groß der gantze Mensch nach allen seinen Theilen müsse gewesen seyn. Wir haben dir einen Daumen, wolte lieber sagen *ein Gleich des kleinen Fingers*[248] zeigen können von dieser Würtembergischen *Debora.*[249] Schliesse aber nun hiervon auf ihre gantze und vollkommene Statur, und urtheile, wie mächtig Sie der Schrifft müsse gewesen seyn, was die tägliche etlich und siebenzig Verse[250] für einen Vorrath müssen gegeben, und welche *magazins* in so vielen Jahren Sie müsse angefüllet haben! denn auf diesen Schlag redete Sie selbsten einmal, da Sie Kranckheit wegen in ihrer gewohnlichen *Lection* nicht fortfahren konte, jezt mache Sie es, wie Joseph in Egypten, und thue ihre Vorraths=Häuser auf, und lange herfür,[251] was Sie in vorigen Zeiten aufgeschüttet[252] habe. Wie es doch so gut seye, wenn man auch etwas eigenes vorräthiges habe, und z[um] Ex[empel] beym Kranck=seyn sich nicht alsobald nur bloß auf den Pfarrer verlassen dörffe usw.

247 Vgl. zu diesem Grundgedanken pietistischer Hermeneutik S. 33, Anm. 82.
248 Etwas wie den kleinen Finger.
249 Ri 4.
250 Siehe S. 21, Z. 8.
251 Hole hervor.
252 Angesammelt.

VI. Von ihrem äusserlichen GOttes=Dienst.

UNter diesem begreifen wir 1. das Kirchen=Gehen. 2. Den Gebrauch des heiligen Abendmahls. 3. Die Achtung des Lehr=Amts. 4. Das Betragen[1] gegen den *Separatismum.*[2] Allenthalben hat Sie sich wol bewiesen gegen Ihr, und aller Menschen, Gewissen, vor GOTT. *In öffentlicher Kirche* fand Sie sich bey dem GOttes=Dienst so fleißig ein, daß Sie auch nicht eine einige Bett=Stunde[3] oder Vesper=Lection[4] ohne die gröste Noth und wichtigste Ursache versäumete, ungeachtet Sie wegen ihres blöden Gesichts und kräncklichen Zustands offt nicht wol fortkommen konte, und sich durch jemand muste führen lassen. Sie wurde dazu unter andern getrieben durch die Worte *Pauli: Ermahnet euch selbs alle Tage / so lang es heute heisset / Hebr. III. v.* 13. Das Hertz bedarf *täglich* ermahnet zu werden, auch durch andere. Und da seye eben der Tempel[5] eine bequeme Gelegenheit mit dazu. Es seye eine Christen=Pflicht, alle Tage einander zu ermahnen, und da Sie für ihre Person dazu nicht viel andere Gelegenheiten habe, so gehe Sie alle Tage in die Kirche, und suche doch wenigstens mit ihrem Exempel die Apostolische Ermahnung zu erfüllen. Sie nahm auch offt die Hochzeit=Predigten mit. Doch suchte Sie fürnehmlich die Leich=Predigten zwischen der Zeit. Denn in diesen, sagte Sie, werde Ihr offt die Göttliche Gnade an Personen offenbar, von denen Sie zuvor nichts gewußt. Wie zum Ex-

---

1 Verhalten.

2 (Programmatische) Absonderung (von der Kirche und ihren Gottesdiensten oder auch nur vom Abendmahl und den Zeremonien); im radikalen Pietismus verbreitet.

3 Betstunden waren aus aktuellen Anlässen wie Naturkatastrophen und Kriegen eingerichtete Sondergottesdienste.

4 Vesper- bzw. Abendgottesdienste gab es am Samstagabend und an den Werktagen vor Feiertagen. Vgl. Württembergische Große Kirchenordnung 1559 (wie S. 24, Anm. 37), S. lxxxviii^{v}, lxxxix^{r}.

5 Das Gotteshaus / die Kirche.

empel, jüngstens einem Handwercks=Gesellen die Leich=Predigt seye gehalten worden über den Macht=Spruch: Diß ist gewißlich wahr, und ein theuer werthes Wort, daß Christus JEsus kommen ist in die Welt, die Sünder seelig zu machen, 1. *Tim. I. v.* 15. da auf Begehren des Verstorbenen habe müssen öffentlich bezeuget werden, wie ihm sein voriges böses Leben so leyd gewesen seye. Und zuvor habe ein noch junges gemeines Weib[6] sich zum Leich=Text[7] erwehlet die Worte: *Simon Johanna,*[8] *hast du mich lieb?*[9] und um die Ursache dieser Wahl befragt habe sie geantwortet: Sie habe vor wenigen Jahren eine Predigt am Feyrtag *Johannis*[10] darüber gehöret,[11] u[nd] von selbiger Zeit an getrachtet, unverrückt in der Liebe JEsu stehen zu bleiben. Wie nun damals der HErr denselben Vortrag auch noch an andern Seelen nach seiner Gnade gesegnet hat: also ist dieselbe Rede von Christlichen Seelen hernach zum Druck gebracht worden,[12] und da die Exemplarien längsten ausgegangen[13] sind, gedencken wir sie beym Beschluß dieses Tractätgens wider mit anzuhängen.[14] Die *Stiffts=Kirche*[15] war Ihr überaus lieb, und zur besondern Aufmunterung gesegnet.[16] Denn das seye die Kir-

---

6 Einfache Frau.

7 Bibeltext für die Predigt bei der Beerdigung.

8 Simon, Sohn des Johannes. (So, in Anlehnung an den griechischen Text und die *Vulgata,* die Luther-Bibeln seit 1975. Die *Biblia Germanica* und ihr folgend die älteren Luther-Bibeln verwendeten die Namensform „Simon Johanna".)

9 Joh 21,15.

10 27. Dezember 1721 (der Gedenktag des Evangelisten Johannes, nicht Johannes' des Täufers).

11 Die Predigt hielt Rieger in der Stuttgarter Stiftskirche.

12 *Georg Conrad Rieger:* Die von dem Herrn Jesu an einen jeden Menschen ergehende allerwichtigste Frage: Hast du mich lieb? - Siehe S. 173, Anm. 14. Der Druck von 1721 ist nicht nachgewiesen.

13 Seit längerer Zeit vergriffen.

14 *Rieger:* Tabea (1730), Anhang, S. 89-125.

15 Hauptkirche Stuttgarts im Zentrum der Altstadt.

16 Beata Sturm bevorzugte die Gottesdienste der Stiftskirche, obwohl sie nicht in der Stiftskirchengemeinde eingepfarrt war.

che, sagte Sie, darinnen Sie getauffet worden, und darinnen Sie jetzt auch zum Himmelreich gelehret werde. Da freue Sie sich, daß an Ihr erfüllet werde, was Christus befohlen habe: *Taufet Sie / und lehret sie halten alles / was Ich euch befohlen habe: Matth. XXVIII. v.* 19.20. Uberhaupt, was wir schon oben beym Bibel=Lesen erzehlet haben, bezeugte Sie mehrmalen, daß je mehr Sie höre und lese, je hungeriger und begieriger werde Sie, daß Sie meyne, Sie könne nicht genug schlucken. Dahero ob es Ihr am Sonntag fast wolle zu viel werden im hören, weil Sie nicht zum Uberlegen des gehörten Zeit habe: so könne Sie doch auch nichts zurück lassen, und gehe in die Kirchen, und andere Oerter, wo GOttes Wort gehandelt werde. O es seye was herrliches, wenn es einen leiblich recht hungere, und er habe Speiße genug vor sich: aber noch viel herrlicher seye es, wenn die Seele immer hungere, und sie habe des Himmel=Brods die Fülle! das seye ein Wohl=Leben, welches Sie nicht mit aller grosser Herren Freude vertauschen möchte; es seye ihnen gewiß nicht so wohl dabey, als Ihro.[17] Schenckst du schon, brach Sie aus, so viel auf Erden, ey, was wills im Himmel werden![18]

2. Von ihrer Ubung beym Heiligen Abendmahl.

DEs Heiligen Abendmahls bediente Sie sich nicht nach der gemeinen Weise und Rechnung nach Wochen und Monathen:[19] sondern wie Sie jedesmahl nach dem Zu-

17 Ihr selbst.

18 Strophe 13 des Liedes *Meine Seel', ermuntre dich* von Johann Caspar Schade (1666-1698). - Neuvermehrtes vollständiges Chemnitzer Gesang=Buch [...], Chemnitz: Stößel, 1753, S. 161 f., Nr. 236.

19 In Württemberg wurden im 17. und 18. Jahrhundert die Menschen dazu angehalten, mehrmals im Jahr am Abendmahl teilzunehmen. In den Städten sollte nach der *Württembergischen Großen Kirchenordnung* (wie S. 24, Anm. 37) das Abendmahl einmal im Monat angeboten werden. Die meisten

stand ihrer Seelen sich dazu getrieben fand, welches insgemein gar oft, und bißweilen auch wol alle 3. Wochen geschahe; doch daß es schwerlich von dem gemeinen Hauffen wird wahrgenommen worden seyn. Denn wie Sie in diesem Stück allein ihrer hertzlichen Begierde nach der immer genauern Gemeinschafft mit Christo und seinem Vater gefolget: also hat Sie doch auch hierinnen nichts vor sich selbs gethan, sondern jedesmahl sich zugleich der Mit=Prüfung des Göttlichen Wohlgefallens bedient bey demjenigen, zu welchem Sie der *Direction*[20] ihres Gewissens wegen ein besonderes Vertrauen getragen; über das auch sich sorgfältig hütende, daß solche ihre genommene Freyheit andern verborgen bleiben möchte, wol wissende, was *Lutherus* in seiner Rand=*Glosse* über *Rom. XIV. v.* 16. erinnere:[21] Das Evangelium ist unser Schatz: daß derselbe verlästert wird, machen die, so der Christlichen Freyheit frech brauchen,[22] dem Schwachen zum Aergerniß.

Gleichwie aber die Seelige solches ohne peinliche[23] Aengstlichkeit, in Evanglischer Freyheit, mit zuversichtlichem Glauben, hertzlicher Liebe, brünstiger Andacht, und *discret*er Fürsichtigkeit[24] thate: also genosse Sie auch dieser offtmahligen Vereinigung mit ihrem Seelen=Bräutigam zu manchen *gesegneten Früchten* / davon Sie je und je etwas rühmete, und wir auch oben etwas aus einer andern Gelegenheit angeführet haben. So

---

Menschen scheinen jedoch nur selten, vielfach nur einmal im Jahr teilgenommen zu haben. Vgl. *Martin H. Jung:* Abendmahlsstreit. Brenz und Oekolampad, in: Blätter für württembergische Kirchengeschichte 100 (2000), S. 143–161, hier S. 158f.

20 Leitung.

21 *Martin Luther:* Biblia: Das ist: Die gantze Heilige Schrifft / Deudsch / Auffs new zugericht, Wittenberg: Lufft, 1545 (Repr. Stuttgart 1983), S. CCCXLI^{v} (2. Zählung); *Martin Luther:* Werke. Kritische Gesamtausgabe, Abt. 3: Deutsche Bibel, Bd. 7, Weimar 1931, S. 72.

22 Gebrauch machen.

23 Unangenehme / unerfreuliche.

24 Umsicht / Schonung.

viel wir wissen, klagte Sie nicht weiter, als *zweymal* über Dürre und Traurigkeit beym Heil[igen] Abendmahl. *Das erste mahl* / da Sie vor, bey und nach dem Genuß doch so trocken geblieben, als ein dürres Scheit, wurde Sie doch bald erquicket, als Ihr beym herausgehen aus der Kirche das fünffte Gesetz[25] einfiel aus dem Lied: HErr, besänfftige mein Hertz, usw.[26] folgenden Inhalts: Kan ich nicht so mercklich spüren in mir deine Gegenwart, und wilt du mich also führen, daß, ob du dich gleich stelst hart, ich bey deinem Wort dich faß, auch des Abends nicht ablaß, deine Wahrheit hoch zu preisen, und getrost mich zu erweisen![27] dadurch seye ihr Hertz völlig besänfftiget worden. *Das zweytemal* aber, welches uns fast bedencklich werden will, war ihre *allerletzte Communion*[28] in ihrem Leben noch in öffentlicher Gemeinde. Davon hat Sie sich vermercken[29] lassen, Sie wäre verwichenen[30] Sonntag bey ihrer Communion diesesmal gantz niedergeschlagen gewesen, weil Sie bey dem Nachdencken über den Jammer=Stand der Kirchen das Elend immer grösser finde. Sie habe nicht viel für *Sich* bitten können; sondern habe mehr *der Gemeinde* / als Sich, außzubitten[31] gesuchet. Der HERR, der barmhertzig ist, wolle dieser seiner Tochter gnädig gewesen seyn, und diese letzte Fürbitte und Flehen bey dem Opfermal Ihres Heylandes für uns und unsere Gemeinde angenommen haben, daß wir noch die Frucht davon empfangen mögen.

Sie hatte auch in ihrer letztern Kranckheit eine desto sehnlichere Begierde nach dem Liebes=Mahl ihres Heylandes, je länger es dieses mahl um ihrer Kran-

25 Strophe.
26 *Freylinghausen:* Gesangbuch (wie S. 35, Anm. 15), Bd. 1, T. 2, S. 593-595, Nr. 418, hier S. 593.
27 Strophe 5 des Liedes, S. 593.
28 Abendmahlsteilnahme.
29 Darüber hat sie berichtet.
30 Am vergangenen.
31 Durch Beten zu erreichen.

cken=Warth willen, angestanden war, daß Sie sich desselben nicht hat theilhafftig machen können. Allein Sie verlangte doch nicht, daß man ihren HErrn Beicht=Vater[32] nur ihre Kranckheit solte wissen lassen, geschweige diesen Dienst[33] von Ihme bitten. Und das aus lauter sorgfältiger und fast *scrupulos*er Liebe gegen Ihne, weil die Kranckheit ansteckend, Er aber von schwächlicher Leibes=*Constitution* wäre, so möchte[34] Er durch die Zunahung[35] zum Bett einigen Schaden leyden. Heißt nun das nicht Liebe, die nicht das ihre sucht? werden es doch manche, die es lesen, nicht recht fassen können, daß da Sie so einen besondern und offtmaligen Genuß des Heil[igen] Abendmahls suchte, und auch auf Ihrem Sterb=Bett davon redete, Sie dennoch lieber ihrer himlischen Begierde abgebrochen,[36] als sich des Amts Ihres so bereit=willigen Seel=Sorgers bedienet hat! Sie war aber Ihrer seeligen Gemeinschafft mit ihrem ewigen Erlöser dermassen versichert,[37] daß Sie mehr um die *Liebe für andere* / als *um den Glauben für sich selbs* / sorgen konte. Der HErr aber wird diese in Liebe sich verzehrende Seele desto reichlicher dafür erquicken, und Ihr desto voller einschencken in der seeligen Ewigkeit.

3. Ihre Achtung gegen das Lehr=Amt.

WAs ihren Sinn gegen das[38] *Lehr=Amt* betrifft, so war derselbe recht lauter und wol geordnet. Sie erkante mit

32 Möglicherweise Christian Friedrich Faber (s. S. 18, Anm. 1), der 1729 die Nachfolge Jägers (s. S. 142, Anm. 130) an der Leonhardskirche angetreten hatte, oder Paul Biberstein (s. S. 18, Anm. 1).
33 Haus-Abendmahl.
34 Könnte.
35 Annäherung.
36 In Selbstüberwindung verzichtet.
37 Gewiss.
38 Gegenüber dem.

Danck diese Ordnung GOttes, und die dadurch auf die Seelen fliessende herrliche Wohlthaten. Sie *ehrte* nicht nur das *Amt* von GOttes wegen, sondern *liebte* auch die *Personen* mit der zärtlichsten Liebe, im Hertzen, mit Worten, und in der That. Sie war ferne von aller Uberhebung auch über den geringsten, da Sie doch selbsten so ein grosses Licht in sich hatte, wie auch von allem ekkelhafften Unterschied. Denn Sie sagte, die Hand mag seyn wie sie will, so nehmt man ein Gold=Stück von ihr an. Es könne keine Predigt seyn, woraus Sie sich nicht erbauete. Und wenn nichts vorkäme, als nur der *Cantzel=Gruß*[39] / so gebe Ihr das allemal eine Aufmunterung, ja Sie halte sich dessen nie werth, und müsse dencken, *welch ein Gruß ist das für dich* elende und unwürdige Magd! Unterdessen wo Sie unter mehrern die Wahl hatte / wen Sie hören wolte, gieng Sie freylich lieber dem nach, dessen Stimme Sie kante, und der durch das Evangelium Ihr freundlich an das Hertz redete. Sie priese die Prediger als glückseelige Leute, wie schlecht sie auch meistens geschätzet würden, weil sie das Amt führen, davon der HErr gesagt habe: *Weiset die Kinder / das Werck meiner Hände / zu mir* / Esaj.[40] *XLV. v.* 11. welches in allwege etwas herrliches seye. Ja Sie sagte, wenn Sie hätte etwas werden können, so würde Sie am liebsten ein Prediger worden seyn, denn diese können auch aus den Felsen Honig saugen.[41] Alles, womit sie umzugehen haben, gehe ja auf GOtt, auf das Reich JEsu Christi, auf die unschätzbare Seelen der Menschen, und auf die Ewigkeit. Wenn sie es recht angreiffen, so seye doch kein Schritt umsonst in ihrem Leben, der sich nicht wieder finden werde in der Ewigkeit. Wenn diese liebe

39 Das auf der Kanzel gesprochene, der Predigt vorausgehende biblische Grußwort, z. B. 1Kor 1,3.

40 Jesaja.

41 Dtn 32,13.

Leute nur nicht so viel Klagens hätten, daß ihr Predigen nichts fruchte! denn wenn Sie ihr Lebtag nur eine einige Seel gewünnen (dabey es doch nicht bleibe) so seye mehr, als die gantze Welt, gewunnen.[42]

Hieraus ist schon abzunehmen,[43] wie Sie 4. den in vorigen Zeiten, wie anderswo, also auch unter uns eingerissenen, und zum Theil noch währenden[44] *Separatismum* müsse angesehen haben. Sie sagte, es gebe Leute, welche meynen, GOtt müsse ihnen alles selber oder *unmittelbar* geben,[45] und wollen von andern nichts annehmen oder lernen. Sie aber erinnere sich allezeit, wie der HErr JEsus *durch seine Jünger* die 4000. Mann gespeiset habe, und die Leute haben nicht gefragt: warum gibts der Meister uns nicht selbs? denn sie seyen hungerig gewesen. *Marc. VIII. v.* 6. Unseren *Separati*sten, und anderen eckelhafften Leuten[46] unter uns, fehle es nur am Hunger, sie würden sonsten deren[47] gar froh seyn, die das Brod austheileten. Zwar Ihre *Personen* lasse Sie dem HErrn stehen, und habe sich ihr Lebtag gehütet, wider solcherley Leute ein Wort zu reden, oder ihnen deßwegen einige Liebe zu entziehen. Bey dem *Wege selbsten* aber habe Sie keinen Seegen für das Reich Christi gefunden. Zwar seye Sie vor diesem in grosse Versuchungen darüber gerathen, nachdem Sie angefangen habe, die Wunden unserer Kirche in etwas einzusehen.[48] Uber das seye Sie auch von aussen durch die *Separati*sten zimlich gedrungen, und bey nahe völlig

42 Diesen Gedanken predigte Rieger selbst in Anlehnung an Mt 16,26 (*Georg Conrad Rieger:* Predigten über auserlesene Stellen des Evangeliums Matthäi, Bd. 2, Stuttgart 1844, S. 464). Der nicht genannte Herausgeber der Predigten datiert die Predigt auf 1733/34 (ebd., S. 461).

43 Zu entnehmen.

44 Andauernden.

45 Innerliche göttliche Eingebungen.

46 „Eckelhafften Leuten" fehlt in der 2. Aufl. (*Rieger:* Tabea, 1732, S. 203).

47 Über die.

48 Ein wenig wahrzunehmen.

hinüber gezogen worden. Als es nun einmal bey Ihr nach langem Kämpffen auf der Spitze u[nd] Sprung zum Ubertritt gestanden seye, habe Sie sich noch einmal ins Gebett für GOtt hingeworffen, und Ihne angeruffen, ach! er möchte Sie doch nicht von ihrem eigenen Geist, noch durch ein anders falsches Licht, noch sonst durch etwas, verführet werden lassen, von dem geraden und richtigen Wege der Warheit! Er sehe ja, daß es Ihr um nichts, als um die Erkäntniß seines Willens zu thun seye. Sie suche nichts, Sie möge bey der Kirche bleiben, oder von ihrer sichtbaren Gemeinschafft ausgehen,[49] als bloß den Weeg, auf welchem Sie GOtt dienen, und zu Ihm kommen könne. So solle Er Sie denn jetzt nicht irren lassen, nicht ohne Licht und Weißheit lassen, deren Sie jetzt ermangle, *Jac. I. v.* 5. Sie wisse nunmehr keinen andern Weg und Mittel mehr, als daß Sie hingehen wolle zu diesem Manne, *W.*[50] den Sie für seinen Knecht nach allem Anzeigen halte, der zwar ein geistliches Amt trage, und doch nicht im förmlichen Kirchen=Dienst[51] stehe, dem wolle Sie sich eröffnen, und als ein Wort von GOtt annehmen, was er Ihr sagen werde. Nun solle der erbarmende GOtt das Wort, so vor Ihme recht und gefällig seye, diesem Manne auf seine Zunge legen: Ihro aber Ihr Hertz dabey lencken, daß Sie mercken könne, ob der HErr zwischen ihnen seye, oder nicht. Usw. Als Sie nun hierauf ihre Anfechtung und gesamte *Scrupel* diesem Mann vorgetragen, habe GOtt seine Antwort darauf dergestalt an ihr Hertz *legitimi*rt,[52] daß Sie nicht nur damals seye überzeuget worden, sondern auch unterdessen so viele Jahre unangefochten geblieben.

---

49 Weggehen / sich trennen. – Begrifflich angelehnt an den von den Separatisten topisch herangezogenen Vers Apk 18,4: aus Babel (der verdorbenen Kirche) ausgehen.
50 Vielleicht Weissmann (s. S. 75, Anm. 80).
51 Dies trifft auf Weissmann zu (s. S. 75, Anm. 80).
52 Für glaubhaft erklärt.

Welche ihre Gründung[53] und grosse Gewißheit aus folgendem sehr nachdrücklichen *discurs* abgenommen werden kan. Denn da[54] unter uns des *Separatismi*[55] einsten gedacht[56] wurde, so erinnerte Sie sich, wie der HErr zweymal dem *Mosi* und *Aaron* ausdrücklich gebotten habe: scheidet euch von dieser Gemeinde, daß Ich sie plötzlich vertilge: dennoch seyen sie unter derselben geblieben, auf ihre Angesichter niedergefallen, und haben desto hefftiger für dieselbe gebetten, 4. B[uch] *Mos. XVI. v.* 21-45. Nun, sagte Sie, haben wir dergleichen gewissen Befehl noch nicht empfangen. Der HErr begehrt auch diese Gemeinden nicht plötzlich zu verderben, wie jene: [n]ein,[57] wie solten wir uns denn von diesen, wiewol grossen Theils unartigen Leuten scheiden? Lasset uns vielmehr auf unsere Angesichter ihrentwegen vor GOtt niederfallen, und diesen Leuten selbs hertzliches Mitleyden, überzeugende Liebe, wahrhafftige Gedult, Sanfftmuth, Demuth, und andere gute Exempel beweisen. Das wird gewiß GOtt gefälliger, und der armen Kirche gesegneter seyn, als wenn *Moses* und *Aaron, Mirjam* und *Josua*, sich vollends daraus scheiden, und sie dem Gericht des Feur=eiferigen GOttes also entblößet überlassen wolten! auf welchen Grund Sie hernach in dem darauf gefolgten Gebett gebauet, und in der Fürbitte für das Vaterland sich folgender massen herausgelassen hat: Und wenn du HErr, HErr GOtt, mir auch schon befohlen hättest, mich aus dieser Gemeinde, welche man die Evangelische Kirche nennet, zu heben, mich nicht mehr unter sie zu rechnen, sondern aus ihrer Gemeinschafft auszugehen: so wüßte

53 Grundlage / Basis.
54 Als.
55 Siehe S. 172, Anm. 2; S. 208, Anm. 134.
56 Einmal gesprochen.
57 1. und 2. Aufl.: mein.

ich doch hierinnen dir nicht zu gehorsamen,[58] sondern müste nur desto mehr mit *Mose* und *Aaron* auf mein Angesicht niederfallen, und mit meiner Rauch=Pfanne mich zwischen Todte und Lebendige stellen.[59] Aber du hast dergleichen mir nichts befohlen; du hast mir auch nicht verbotten, Fürbitte für diese Gemeinde einzulegen; wol aber hast du dich erkläret, daß es dir wolgefällig, und den Menschen nutz und gut seye, wenn wir Bitte und Fürbitte thun für alle Menschen. Ey wie solle ich mich denn viel weniger von diesem Haufen scheiden! wie viel inständiger solle ich für ihn anhalten, daß du ferner unter uns bleiben, und uns mit deinem Wort und Geist nicht verlassen wollest! Usw. So eine getreue Tochter hat unsere Mutter, die Evangelische Kirche, an dieser seeligen Jungfrauen gehabt! Solche wolgerathene Kinder sind freylich der Mutter ihre Hofnung, und Freude, und Ehre, und Crone des Ruhms. *I. Thess. II. v.* 19.20. der himlische Vater lasse ihrer so viel gebohren werden, als des Thaues aus der Morgen=Röthe!

58 Gehorchen.
59 Num 16,17-22.

VII. Von Ihrer Klugheit und Erfahrung.

IN das bißherige schläget mit ein,[1] was unserer seel[igen] Jungfer Sturmin für ein nachdrückliches Zeugniß in ihren *Personali*en[2] von einem guten Kenner[3] ist gegeben worden mit folgenden Worten: Vor allem war bey ihrem Zunehmen im geistlichen Leben, das aus GOtt ist, die von denen *Mysticis*[4] so genante *aurea discretio*[5] von verständigen zu *aestimi*ren,[6] welche Tugend darinnen bestehet, daß eine in der Evangelischen Frömmigkeit geübte Seele sich gegen allen geistlichen Hochmuth, hochmüthigen Eckel an einem gering=scheinenden Wercke GOttes bey andern, und so weiter hütet. Sie wandelte ihrem Beruff würdiglich, hielte sich in den Schrancken desselben, unterscheidete auch bey der grösten *Confusion* das Gute von dem Bösen, und ergötzte sich auch an denen Brösamlein, die von des HErren Tisch gefallen.[7] Ihr Sinn dabey war dieser: Ach! mein lieber Vater, laß mich nur jedes mal begierig nehmen, was du mir gibst, und wie du es mir gibst! Sie sagte Danck allezeit für alles GOtt und unserm Vater durch unsern HErrn JEsum Christum.[8]

Niemand, der Sie vertraulich gekannt,[9] wird sagen können, daß er viel *gesetzliches* Klagen über sich selbs (denn im *Evangelischen Sinn* war Sie nichts als eine

1 Zum bisher Gesagten passt.
2 Siehe S. 16, Anm. 1; S. 116, Anm. 2.
3 Einer ihrer Beichtväter (s. S. 116, Z. 7), möglicherweise Oechslin (s. S. 225, Anm. 20).
4 Mystikern.
5 Goldene Unterscheidungsgabe. - Arnold (s. S. 53, Anm. 47) beschreibt diese Unterscheidungsgabe mehrfach. *Gottfried Arnold:* Das Geheimnis der göttlichen Sophia, Leipzig 1700 (Repr. Stuttgart – Bad Cannstatt 1963), S. 122, 132 und öfter.
6 Schätzen.
7 Mt 15,27.
8 Eph 5,20.
9 Mit ihr gut vertraut war.

arme Sünderin, und bekante sich auch als eine solche vor GOtt und Menschen) oder das wenigste ungedultige Seufftzen oder Urtheilen wider andere, noch einen un*disciplini*rten Eifer wider unsere Kirche, von Ihr vernommen habe, ob Sie gleich den Unterscheid zwischen dem Reich des Teufels und ihres Heylandes, auch beederseitigen *Allii*rten,[10] gar wol verstanden.

Wie vielmal hat die Seelige mit ihrem *Zuspruch* oder *Rath* einem armen Gewissen fürtrefflich[11] wissen zu dienen, und mit wenigen Worten das Wolgefallen GOttes in dieser und jener wichtigen Sache so an das Gewissen zu legen, daß man vollkommen vergnügt hat seyn können, und es bey Ihro richtig zugetroffen, was Sprichw. *Sal. XII. v.* 5. stehet: *Was die Gerechten rathen / ist gewiß Ding.* Es lassen sich aber hievon nicht wol Exempel erzehlen, weilen dem Leser so viel Umstände der Personen, Sachen, Oerter usw. müsten vorgeleget werden, welches theils allzu beschwerlich, theils auch sonst zu bedencklich wäre. Doch auch von diesem Stäudlein nur ein paar Beerlein zu schütteln, damit wir nicht gar leer davon hinweg gehen: so mögen einige ihre Bezeugungen und Antworten, meist von ihren letzten Tagen, hie ein Plätzlein finden.

Vorderist[12] wollen wir ein liebliches[13] Exempel hören, wie schön Sie ihr *geistliches Priesterthum*[14] verstanden, und mit welch einem unschuldigen Ernst Sie das Recht desselben *exerci*rt habe. Ein artiges Ihr wol bekantes Kind, wenn wir nicht irren, zwischen 9. und 10. Jahren, lag an einem hitzigen Fieber, und klagte in grosser Ban-

10 Beider Verbündeten (Dämonen und Engel).
11 Vorzüglich.
12 Zunächst.
13 Schönes.
14 Allgemeines Priestertum. - Nach Luther das Recht und die Aufgabe eines jeden Getauften, priesterliche Funktionen wahrzunehmen, z. B. im Namen Gottes Sünden zu vergeben, wenn man darum gefragt wird.

gigkeit über die viele Sünden seiner Jugend, sonderlich über den Ungehorsam wegen des Spinnens, der Hoffart[15] in Kleidern, usw. darum es auch die Ohren=Ringe abriesse, sich eine Kunckel[16] auf das Krancken=Bette bringen liesse, um jetzund zu spinnen, und das versaumte der lieben Frau Mutter einiger massen zu ersetzen. *Allein das Gewissen fande weder Rast noch Ruh in allen diesen Wercken.*[17] Und ob ihr auch schon die kräfftigsten Trost=Sprüche zugesprochen wurden, war dennoch die Angst so groß, daß sie meynte, ihre Sünden wären grösser, als daß sie ihr könten vergeben werden. Dahero unsere Jungfer Sturmin sich in dem HErrn stärckte, diese Sache auf einen andern Weg anzugreiffen. Nun stunde Sie von langem her bey dieser Patientin in einem solchen Ansehen und *Credit,*[18] daß, wenn sonst etwas vorkam, das Kind sagte: *Wenn es die Jungfer Sturmin auch sagt / so will ichs glauben / denn Jungfer Sturmin lüget nicht.* Dieses guten Vertrauens bediente sich nun unsere kluge Jungfer Sturmin in dieser Angelegenheit, und sagte nach einiger *praeparation*[19] und Fürhaltung[20] des Evangelii: Meine Tochter, siehe, du hast allwege gesagt: ich lüge nicht, und wenn *Ich* etwas sage, so wollest du es glauben: so glaube denn mir auch dieses mahl, der[21] ich dich so gewiß, als wenn GOtt selber vor deinem Bett stünde, und solches sagte, der Vergebung deiner Sünden versichere. Ich sage dir, *nach*

15 Des Überflusses.
16 Spindel / Spinnrocken.
17 Strophe 7 des Liedes *Es ist das Heil und kommen her* (Evangelisches Kirchengesangbuch 242, hier aber ohne diese Strophe) von Paul Speratus (1484-1551); vollständig in: *Philipp Wackernagel* (Hg.): Das deutsche Kirchenlied. Von der ältesten Zeit bis zum Anfang des XVII. Jahrhunderts, Bd. 3, Leipzig 1870 (Repr. Hildesheim 1990), S. 31 f.
18 Vertrauen.
19 Vorbereitung.
20 Nachdenken / Bedenken.
21 2. Aufl. (*Rieger:* Tabea, 1732, S. 210): die.

der Macht / die mir Christus gegeben hat:[22] *dir / dir sind deine Sünden / absonderlich die Sünden des Ungehorsams usw. vergeben!* Wordurch die Patientin sich sobald zufrieden gab. Wir zweiflen nicht, Evangelische Seelen werden an diesem Exempel grosse Freude haben, und GOtt dancken, der solche Macht nicht nur dem ordentlichen Lehr=Amt,[23] sondern auch bey besondern Gelegenheiten allen Glaubigen, *auch den Weibern* / gegeben hat. Es wird aber auch der bescheidene Leser daraus anmercken,[24] wie bey solcherley Bangigkeiten nicht alles auf die bloß *natürliche Kranckheit* und Beschaffenheit des Geblüts,[25] zu legen, oder das Ubel nur mit *leiblichen Mitteln allein* zu *curi*ren seye: sondern wie ein *Evangelischer* Krafft=*Zuspruch* in das Gewissen so einen starcken Einfluß dabey habe. Hie war die Hitze der Kranckheit noch nicht gebrochen, da sich auf das so hertzhafft *applici*rte[26] Wort des Evangelii das so sehr ängstige[27] Gewissen schon zu frieden gab. Und was hats nicht für einen unvergleichlichen *Vortheil* / wenn man mit seinem *exemplari*schen Wandel des andern vollkommenes und beständiges *Vertrauen* gegen sich erweckt! hingegen was thut das gekränckte Mißtrauen[28] der Zuhörer gegen ihre Seel=Sorger, der Kinder gegen ihre Eltern. Usw. [sic!] für unsäglichen Schaden! Wer einige Ursach dazu gibt, der wolle sich über diesem ansehnlichen Exempel hie auf der Stelle zur Besserung züchtigen[29] lassen.[30]

---

22 Joh 20,23.
23 Den Amtsträgern der Kirche.
24 Die Lehre ziehen.
25 Körperliche und seelische Verfassung.
26 Angewandte.
27 Ängstliche.
28 Der durch eine Enttäuschung hervorgerufene Argwohn. 2. Aufl. (*Rieger:* Tabea, 1732, S. 211): Vertrauen.
29 Belehren / zurechtweisen.
30 Hier fügt die 2. Aufl. (*Rieger:* Tabea, 1732, S. 211–215) als Anmerkung einen langen Exkurs ein, in dem unter Bezugnahme auf Spener und vor

Sie geriethe in Ihrem Umgang jezuweilen an solche Seelen, bey denen sich unzehliche *gute Begierden* äusserten; die in allem, was sie nur gutes hörten, sich auch üben, und GOtt auf allerley Weise dienen möchten. Weil sie aber alles dieses nicht vollbringen konten, sondern so viel dahinten lassen musten, so ängsteten sie sich darüber, und kamen auf die sorgliche Gedancken,[31] als bestünde ihr gantzes Christenthum nur in leeren Wünschen und unfruchtbaren Gedancken oder Vorsätzen. Solchen rathete nun unsere seelige Jungfer Sturmin, sie solten sich freylich nicht eben gerad an alles, was bey andern schön und rühmlich stünde, oder ihnen selber einfiele, hängen, und sich also gleichsam in zu viele Neben=Schoß[32] vergeillen:[33] sondern *ihre Krafft* nur auf die *fürnehmste* / nöthigste und nützlichste Begierden wenden, und es hierinnen machen, wie ein kluger Gärtner, welcher von einem Nägel=Stock,[34] der zu viel Knöpffe treibt, manche abschneidet, damit die übrige desto gefüllter werden können.

Eine unter ihren Lehren aus der Erfahrung war auch diese, daß Sie mißrathete[35] *mit gemeinen*[36] *Leuten* / die zu einiger[37] Erkäntniß nach dem Buchstaben gekommen seyen, *allzuvertraulich umzugehen* / dieweil sie solche *Familiarit*ät nicht zugebrauchen wissen. Sie habe einer gewissen Magd in ihrem Hause nicht nur im geistlichen sich viel angenommen, sondern auch weil sie kräncklich gewesen, ihren Dienst in vielen Stücken versehen, z[um] E[xempel] mit Holtz[=] und Wassertra-

---

allem auf Luther die mit dem allgemeinen Priestertum verbundene Vollmacht der Sündenvergebung erläutert wird.

31 Sorgenvolle.
32 Nebenschösslinge / Seitenwege.
33 Auswuchern.
34 Rosenstock.
35 Abriet.
36 Einfachen.
37 Einer gewissen.

gen. Aber das Mensch[38] seye endlich so *impertinent* geworden gegen Ihr, daß Sie von niemand solche Unhöfflichkeit in ihrem Leben habe erdulden dörffen. Unterdessen seye Sie behutsamer worden.

Sie wurde noch jüngstens von einem gewissen Geistlichen auf dem Lande[39] über einen Mann gefragt, dem es weder an Erkäntniß, noch an Uberzeugung und Liebe des guten fehle; der aber aus einer von dem Stand seiner Sicherheit noch anklebenden sündlichen Gewohnheit manchmahlen dem Wein noch zu viel thue, doch mit so inniglicher Betrübniß darüber, daß er offt fast *desperi*re,[40] und meyne, er werde des Elends nicht loß werden biß in seinen Tod, da er doch GOtt, sonderlich wenn Gelegenheit dazu sich zu ereignen scheine, so und so um Krafft und Beystand zu dessen Uberwindung anruffe. Unsere Jungfer Sturmin antwortete zwar bedächtlich und ernstlich, doch aus einem sehr Evangelischen und mitleydigen Hertzen für diese Person, und bezog sich auf das Buch der Richter, *C[apitel] III. v.* 1.2. Diß sind die Heyden, die der HErr ließ bleiben, daß Er an ihnen *Israël* versuchte, die nicht wußten um die Kriege *Canaan,* und daß die Geschlechte[41] der Kinder *Israël* lerneten streiten, die vorhin nichts drum wußten. Und so glaube Sie noch, daß der HErr einem solchen Manne dergleichen Elend zur Versuchung und Ubung übrig lasse eine lange Zeit, endlich aber bey treuem Anhalten im Gebet, und möglichster Vermeydung der Gelegenheit doch überwinden helffe. Deßgleichen als Ihr ein gewisser Prediger etwas von seinen finstern Wegen klagte, wiese Sie ihn auf diese zwey Stücke. Erstlich es lasse die Weißheit GOttes einen bißweilen in die Nacht

38 Die Frau (hier despektierlich wie „das Weibsbild").
39 Siehe S. 78, Anm. 94.
40 Beinahe verzweifle.
41 Geschlechter / Stämme.

kommen, da niemand wircken könne, wie Christus selber sage, *Joh. IX. v.* 4. um den Menschen desto lebendiger in seine eigene Ohnmacht, Demüthigung, Hochachtung und sorgfältige Bewahrung der würckenden neuen Gnade zu setzen. Vors andere, so vergleiche Sie solcherley Wege der Stege im Tempel *Salomonis*, die eine Schnecke, gebogen und krumm war, und endlich doch gerad hinauf im Außgang geführet habe. 1. *Reg. VI. v.* 8.

Auß welchen kurtzen Antworten ein jeder, der ein wenig Erfahrung hat im Christenthum, tief in ihren Grund hinein sehen, und mercken kan ihren Verstand am Evangelio Christi. Und eben dahin giengen auch sonst ihre Antworten auf die an Sie gebrachte Fragen. Z[um] Ex[empel] Wie es doch ein Prediger machen solle, wenn er predigen müsse, und sich selber so dürr[42] befinde? Antw[ort]. Er sols machen, wie Sie. Als Sie einsten zu einem angefochtenen gefordert[43] wurde, und ihres Raths nicht wuste,[44] wie Sie doch mit ihm umgehen solte: so habe Sie sich einig und allein aufs Gebet verlassen, und unter Wegs gesagt: Lieber GOtt, du hast ja des Bileams Eselin redend gemacht, 4. B[uch] Mos. *XXII. v.* 28. so gib denn auch mir ein, was ich reden solle. Denn ich weiß nichts, und bin wie ein Thier vor dir, Ps. *LXXIII. v.* 22. Und siehe, es ist mir gelungen, GOTT hat mir meinen Mund aufgethan! Man sehe also ja nicht auf seine Empfindung, sondern gründe sich allein auf GOttes Verheissung. Und das gab Sie insgemein zur Antwort auf die Einwürffe von der Untüchtigkeit zum Amt. Man solle doch nur betten, GOtt werde einem schon Weißheit geben, wie dem *Bezaleel*,[45] wenn einer dazu

42 Ausgetrocknet / leer.
43 Gerufen.
44 Keinen Rat wusste.
45 Ex 35,30.

keine gehabt habe. So solle man sich auch nicht mit denen offenbahren Früchten, sondern mit dem Wort des HErrn stärcken, beedes des Befehls und der Verheissung.

Einsten lief ein gewisses Kind guter Art Sie an, und sagte: Ey Jungfer Sturmin, sie geht so schlecht in Kleidern, ist es dann eine Sünde, wenn man schöne Kleider trägt, so man sich dabey nichts einbildet? darauf antwortete die Seelige: auf solche Weise wäre es keine Sünde. Aber sie solte nur bedencken, ob man sich nicht gemeiniglich darinnen wol gefalle, wenn man so schön angekleidet seye? Nun aber steht in der Bibel: GOtt widerstehet den Hoffärtigen, 1. *Petr. V. v.* 5. Wenn nun Paulus sage: Ist GOTT *für* uns, wer mag wider uns seyn? *Rom. VIII. v.* 31. so könne man es gleichermassen umkehren und sagen: Ist GOtt *wider* mich, wer kan für mich seyn? Welches ja ein gefährlicher Zustand seye. Also müsse man da wol auf sein Hertz Achtung geben. Weiter aber habe Sie dem Kind nichts sagen mögen. Denn die Eltern schaffen doch den Uberfluß nicht ab, und komme also ein armes Kind nur in desto grössere Verschuldung[46] hinein. GOtt hab seine Stunden. Gleichwie hernach dieses Kind von selbsten bekennet hab, ihr Hertz habe freylich noch heimlich Wolgefallen an den Kleidern. Darum als neulich das Lied seye gesungen worden: Sieh, hie bin ich, Ehren=König usw.[47] so habe sie das letzte Gesetz[48] nicht mitsingen mögen: Dieser Zeiten Eitelkeiten, Reichthum, Ehre, Lust und Freud, sind nur Schmertzen meinem Hertzen usw. Den sie habe gesorgt, sie möchte GOtt nur damit vorlügen, und sich desto mehr versündigen.

---

46 Schuld.

47 Verfasser: Joachim Neander (1650-1680). – *Joachim Neander:* Einfältige Bundeslieder und Dankpsalmen, hg. von Rudolf Mohr, Leipzig: 2002 (Kleine Texte des Pietismus, 4), S. 66-68.

48 Strophe.

Als ein Stuck[49] ihrer Klugheit ist ferner anzusehen, daß Sie die junge Leute, mit welchen Sie hie und da umzugehen Gelegenheit gehabt, zu einer vertraulichen[50] Liebe gegen sich geneiget. Welches Sie auch dadurch erhalten zu haben glaubete, daß Sie nur *selten* und *wenig* mit ihnen geredet, aber safftige[51] *Warheiten* / und solche in *der That* auch an sich zu erweisen gesuchet. Noch mehr aber, daß Sie die Kunst gewußt, dem Neben=Menschen ein Wort der Erinnerung ins Hertz zu schieben, eh er merckte, daß man nach ihm zielte. Sie bezog sich offt auf die Worte Pauli: Weil ich tückisch war, hab ich euch mit Hinterlist gefangen, 2. *Cor. XII. v.* 16. So müsse es immer noch seyn, daß Christen ihre Vortheilgen[52] gebrauchen. Z[um] Ex[empel] weil die Menschen die *Bestrafungen*[53] nicht annehmen, oder ertragen können, und zwar auch die beste Gemüther: So gebrauche Sie den Vortheil, daß, wenn Sie eine Predigt höre, darinnen was vorgekommen seye, das diesem oder jenem nöthig wäre, so gehe Sie hin, und erzehle solches. Sie habe noch niemand gefunden, der die freye[54] Bestrafung hätte ertragen können: Aber so *indirecte*, und wenn man den Leuten von der Seiten oder dem Rücken zu, beykomme, so habe sie es gut befunden. Wie Sie erst kürtzlich eine Predigt über die Worte: Eure Lindigkeit lasset kund seyn allen Menschen, *Phil. c[apitel] IV. v.* 5. an einem sichern Ort wol angebracht habe. Das seye Ihr ja eine artige Wolthat vom Predigt=Amt, daß Sie auf dessen *Credit* und Verantwortung an jedermann alles sagen könne, was Sie sonst von sich selbs bey weitem nicht sagen dörffte!

49 Teil / Aspekt.
50 Vertrauensvollen.
51 Kräftige.
52 Kleinen Vorzüge.
53 Vorhaltungen.
54 Direkte.

Jemand ihrer lieben Angehörigen hätte einsten einen rauhen Halß gehabt, da habe Sie ihm den Rosen=Zucker[55] gerathen, und selbsten ein Glaß voll ihme gekaufft und verehret. Aber ihr Rath seye ihm zu schlecht gewesen, daß er sich dessen nicht bedienet. Dieses habe Sie heimlich verdriessen wollen, daß Sie es so gut gemeynet, und solche Unkosten aufgewendet haben solle, und es werde jetzund so gar verachtet. Sie seye aber bald in sich selber gegangen, und habe betrachtet, daß dieser Unmuth aus Eigenliebe herrühre. Es gebe ja GOtt denen Menschen einen viel bessern Rath zur Seeligkeit, habe sich auch ein unendliches kosten lassen: und doch erkennen solches die wenigste Menschen, geschweige, daß sie solches würcklich zu ihrem Nutzen anwendeten. Was will denn ich mit meinem liederlichen Rath viel Aufhebens machen? Nach wenigen Tagen habe selbige Person ihr geklagt, wie er es in seinem Amt so getreulich meyne, aber es thue ihm wehe, daß sich die Menschen nicht rathen lassen wolten. Darauf seye Sie hervor gerückt mit ihrer gehabten Betrachtung über seine Verachtung ihres Raths. Welches ihme hernach gar wol zu statten gekommen, und habe er nicht nur ihre Worte gelten lassen, sondern auch ihren Rosen=Zucker ausgeessen.[56]

Unter diese geistliche Vortheilhafftigkeit gehöret auch, daß Sie sich *eigene Fehler* / und *anderer Leute Gaben* zu gleichem Nutzen machete. Von *jenen* sagte Sie: wenn Sie in etwas strauchle, oder woran angestossen habe, dencke Sie alsobald: wie kanst du jetzt diesen Stolperer für dich, oder für andere Leute zu Nutze bringen, daß du ihn nimmer begehest, und andere gewarnet werden, daß sie nicht so tumm[57] hinein tappen, wie du?

---

55 Rosenblütenzucker.
56 Aufgegessen.
57 Dumm.

Sie gehöre zwar nicht unter die, so GOTT lieben, sondern nur unter die, welche GOtt gern lieben möchten: Doch dörffe Sie rühmen, daß Sie erfahren habe, was Paulus sagt: Denen, die GOtt lieben, müssen alle Dinge zum besten dienen, *Rom. VIII. v.* 28. Sie könne sagen, daß Sie manchen Fehler gemacht, aber keinen umsonst; sondern habe aus einem jeden sich etwas gutes heraus gebracht. Sie dencke zwar bißweilen, wenn Sie bey dieser ihrer jetzigen Erkäntniß nur noch *einmal* ihr Christenthum von vornen anfangen könte, Sie wolte nun manchen Fehl=Tritt vermeyden, den Sie entweder aus Hitz,[58] oder Unerfahrenheit, und anderer Unbedachtsamkeit gethan habe. Drum seyen Ihr alte Christen so werth und lieb. Denn die Fehler machen gute Leute. Dadurch werde man fürsichtig für[59] sich selbs, und mit andern wisse man desto mehr Mitleyden zu haben, und ihnen desto besser zu rathen. Sie müsse offt lachen, wenn Ihr die Leute dieses oder jenes klagen. Denn Sie mercke sie[60] gleich, wo sie hinaus wollen, indem Sie hinter allen diesen Oefen auch gesessen[61] seye, und könne also die Leute hinter ihnen verstehen. Wenn Ihr aber der obige Gedancken komme, daß Sie wider in ihre Kindheit zurück gehen möchte: so bescheide Sie sich[62] hernach dabey, daß das Christenthum einmahl auf die Erfahrung ankomme, und es darinnen hergehe, wie bey denen Kindern, welchen man zuvor etwas zu verderben geben müsse, ehe sie was geschicktes machen lernen, z[um] ex[empel] wenn sie lernen sollen spinnen, nähen, kochen usw. So seye es Ihr in den ersten Jahren auch ergangen. Und so gütig seye der Himl[ische] Vater, daß er

58 Übereifer.
59 Gegenüber.
60 An ihnen.
61 Da sie alle diese Fehler auch begangen habe (Redewendung).
62 Gebe sie sich zufrieden.

gleichsam etwas zu verderben denen jungen Kindern hingebe, biß sie durch Erfahrung klüger werden. O langmuthiger GOtt! der du aus Göttlicher Gedult uns armen Kindern offt zusiehest, wenn wir dir deine Gaben verderben! Sie dancke GOtt, daß Sie auch durch Zerstreuung geführet worden seye, und also geübet. Man könne es wohl dahin bringen, daß das Hertz auch unter dem *Umgang* mit Menschen dennoch an GOtt fest hangen bleibe. Usw.

Wenn nun auf diese Weise unsere Seelige ihre eigene Fehler sich zur Materie der Tugenden gemacht: wie müssen Ihr denn fremde Tugenden zu so gesegnetem Wachsthum gereichet haben! Ihre eigene Worte sind allemal die kräfftigste. Sie sagte, wenn Sie lese oder höre, daß jemand diese oder jene erbauliche Gabe und zierliche Tugend gehabt, so dencke Sie: Ist dieser Mensch nicht auch von Adam her? hat er nicht auch so ein böses Hertz von Natur gehabt, wie ich? ists also nicht eine pure Gnaden=Gabe, was er jetzt hat? Mithin laufe Sie hin, rücke es dem Himl[ischen] Vater auf, und sage: Lieber GOtt, du bist ja auch mein Vater, ich bin ja eben sowol dein Geschöpff, hast du es diesem aus Gnaden geschencket, so gib mirs auch. Lieber Heyland, du bist ja auch für mich gestorben, wie vor jenen, und hast Gaben auch vor mich empfangen: Darum gib auch mir diese, oder eine andere Gabe; schmücke mich auch mit dieser Tugend. Usw. Und auch dieses Mittel habe Sie *probat*[63] befunden. Ja Sie wolle es nur platt und fein[64] deutlich heraus sagen, wie es Ihr ums Hertz seye, wenn Sie ein schönes Exempel in der Bibel lese, oder sonsten höre und sehe. Sie dencke dabey: Ey wenn es doch jetzt mit dir nur wäre, wie mit einer schwangern Frauen, daß Sie

63 Geeignet.
64 Recht.

an diesen schönen Bildern etwas absehen,[65] und die und jene Tugend auch also ihrem innern Menschen recht eintrücken könte, daß Sie demselben Bilde gantz ähnlich sähe! Usw. Das sind heilige Gelüste! O daß der Leser sich auch also in dieses schöne Bild unserer gottseeligen Jungfer Sturmin verliebte, und den Abtruck davon an sich selber haben wolte, damit aus diesem einigen *Original* viel 100. wol getroffene *Copien* entstünden! Und dahin ists mit dieser gantzen Sache gemeynet. Wir schreiben keine Historie zur *curiosit*ät[66] oder blosser Ergötzung, sondern zur Nachahmung. Wers nun beym Lesen bewenden liesse, der möchte doch erkennen, wie ungleich er dem Sinn dieser ernstlichen Seelen seye, und sich deßwegen über seinen Zustand besinnen!

Oben[67] hat sich zwar die demüthige Seele aufs Bileams Eselin[68] bezogen, da Sie zu einer angefochtenen Person gefordert wurde. Aber der Christliche Leser wird bekennen, daß Sie eine gar gute Einsicht auch in diesen Zustand gehabt habe, wenn wir jetzund ihme etwas auch von diesem Stück aus dem Munde unserer erfahrnen Jungfer Sturmin erzehlen. Vorderist,[69] sagte Sie, seyen hohe geistliche Anfechtungen sehr rar, nemlich solche, da eine Seele gleichsam ohne ihr Verschulden in die Gemeinschafft der Verlassung[70] Christi hinein gezogen werde. Was Sie betreffe, seye Sie zwar in manche Anfechtungen auch gerathen, aber in solche, davon Sie habe sagen müssen: weil mich auch der *Sünden* Schrecken und des Satans Grimmigkeit vielmals

65 Abschauen / nachahmen.
66 Zur (Befriedigung der) Neugier.
67 S. 189, Z. 22.
68 Num 22,21-35.
69 Zu allererst.
70 Verlassenheit (Christi am Kreuz, aber eben in der Gemeinschaft mit Christus).

pflegen aufzuwecken. Usw.[71] denn ihre Anfechtungen seyen sonderlich von der untreuen Anwendung der ihr geschenckten Gnade hergekommen. Darüber seye Sie als eine Abtrünnige in ihrem Gewissen angeklagt, und ihr aller Zugang zu Gott abgeschnitten worden. Doch habe Sie sich mehr als einmal erholt aus ihrem Creatur= Recht[72] zu GOtt, daß GOtt ihr Schöpffer seye. Auf dieses Bret[73] habe Sie beym grösten Sturm sich noch hingeworffen und gebettet: Ob ich wol, O GOtt, ein mißrathenes Geschöpffe bin, so bist und bleibest du doch mein Schöpffer, und ich nehme das Creatur= Recht zu dir, welches mir nicht kan verwehret werden. Dabey aber bin ich auch zufrieden, wenn du mich gleich verdammen woltest. Denn du würdest darinnen nichts wider mein Verschulden, oder deine Gerechtigkeit handlen. Doch laß sich lieber deine Barmhertzigkeit rühmen über das Gericht. Usw.[74] Wo man sich so beyzeiten, aber ernstlich und von Hertzen zum Ziel lege, so lasse einen die Hand des HErrn gemeiniglich[75] desto eher loß.

Aber der Umgang mit denen meisten Angefochtenen werde einem aus unterschiedlichen Ursachen schwer gemacht. Und zwar 1. weilen[76] sie die Ursache ihrer Anfechtung entweder gar nicht, oder doch nicht gantz, bekennen, noch heraus sagen, wo es am meisten bey ihnen haffte; welches noch von einem innerlichen Stoltz herrühre. Und da suchen sie nur immer Trost, Trost bey andern, und finden doch keinen daurhafften Trost. Wie wenn man ein Heyl=Pflaster auf eine Ayse[77] lege,

71 Strophe 7 des Liedes *Jesu, der du meine Seele* von Johann Rist (1607-1667). – *Johann Rist:* Dichtungen, Leipzig 1885, S. 226–228, hier S. 227.
72 Recht als göttliches Geschöpf.
73 Apg 27,43 f. – In der christlichen Tradition wurde für das Scheitern und die erneute Rettung eines bereits zum Glauben Gekommenen gerne das Bild eines Schiffbruchs verwendet.
74 Jak 2,13.
75 Im Allgemeinen / in der Regel.
76 Weil.
77 Geschwür.

da sich die Materie noch nicht verzogen habe, da zwar der Schmertz ein wenig nachlasse, aber bald wieder ärger komme.

2. Wollen offt solche Leute nicht gantz verläugnen dasjenige, worüber sie angefochten werden; und fehle ihnen also an der Redlichkeit. Sie seye selber auch hinter diesem Ofen gesessen,[78] biß Sie endlich gelernet, die Materie zum Zorn=Feur[79] weg= und alles ab=zuthun, was Ursache zu einer Anklage und Unruhe habe geben können. So seye ihr auch das zu statten gekommen, daß wenn Sie etwas wider den Neben=Menschen versehen gehabt, Sie es nicht nur GOtt, sondern auch austrücklich und formlich *dem Nächsten abgebetten* / und lieber ihre Schande und Unrecht offenbahren und anzeigen, als solche Qual leyden wollen. Da aber die wenigsten Menschen gern an dergleichen kommen, so bleiben sie auch so stecken.

3. Seye eine grosse Hinderniß bey guten Seelen, die sonderlich zuvor in einer bürgerlichen Ehrbarkeit gewandelt haben, daß sie auf eine Selbs=Gefälligkeit gerathen. Aber darum müsse GOtt kommen, weil sie ihre Hertzen nicht erkennen, und müsse zulassen, daß die Sünde in ihnen mächtig werde, in bösen Gedancken sehr wüte, und zu allem bösen reitze, auf daß man sich nimmer so wol gefalle, auch geschmeidiger werde, und nicht so unlittig[80] gegen andere, auch offt bey den geringsten Mißtritten, seye.

4. Habe Sie als eine Schwierigkeit mit diesen Leuten umzugehen gefunden, daß manche zuviel an dem innern Wort[81] hangen, und deßwegen das äussere[82] nicht

78 Siehe S. 50, Anm. 29.
79 Jes 66,15.
80 Ungeduldig.
81 Gottes im Herzen wahrgenommene Botschaft. – Zum „inneren Wort“ im Pietismus s. S. 130, Anm. 75.
82 Die Predigt.

annehmen wollen, wo sie des innern Krafft nicht empfinden. Eben als wenn es GOttes Schuldigkeit wäre, immer solche ausserordentliche Gnade zu erzeigen. Sie seyen wie die entwehnte[83] Kindlein, die ihren Kopff setzen,[84] und nichts anders, als die Mutter=Brust annehmen wollen. Allein wenn sie hungerig wären, würden sie die auf den Tisch gesetzte und angerichtete Schüsseln nicht verachten. Dabey seye es zugleich auch etwas schädliches und gefährliches bey solchen Personen, indem sie, was ihnen hernach einfalle, alles dem innerlichen Wort zuschreiben, und von demselben erwarten. Sie habe einsten eine über Feld hergekommene Befreundtin[85] gefraget, wie lang sie hie zubleiben gedencke? darauf habe diese geantwortet: sie wisse nicht, wie es ihr der HErr noch zeigen werde. Ey, hat die Jungfer Sturmin *replicirt*,[86] meynest du dann, GOTT werde dir ein besonder Wort geben, wenn du wieder von hie reysen sollest? Er hat dir Sinnen und Vernunfft gegeben, mit diesen kanst du messen und rechnen, was du hie zu thun hast, und wie viel Zeit du darzu bedörffest. Was ist denn nöthig, auf ein besonders Zeichen zu warten? Es liegt ein geistliches Stöltzlein darunter, da man will angesehen seyn, als stünde man so gar unter der besondern *Direction* GOttes, daß man weder aufbreche, noch sich lagere, wie die Bunds=Lade, als nach einem außtrücklichen und *special*-Befehl GOttes, usw.[87] Hieraus kan man mit besonderm Vergnügen den reinen und lautern Grund unserer Jungfer Sturmin sehen, und wie Sie bey dem genauen und beständigen Wandel mit GOtt, doch so ferne von allen *phantasti*schen Abwegen

83 Entwöhnten.
84 Die es sich in den Kopf setzen.
85 Freundin.
86 Geantwortet.
87 Num 9,18.

geblieben seye durch das Wort GOttes, welches ihrer Füsse Leuchte, und ein Licht auf ihren Wegen war.[88]

5. Habe Sie beschwerlich mit denen Angefochtenen umzugehen befunden, weilen man öfters die und jene Fehler an ihnen wahrnehme, die man ihnen billich vorstellen[89] solte. Weil sie aber dadurch gar niedergeschlagen würden, so habe Sie darmit ihnen beyzukommen gesucht, daß Sie ihnen etwas dergleichen entweder aus ihrer Erfahrung an ihr selber erzehlet, oder etwas aus einer Predigt nachgesagt[90] habe, ohne sich mercken zu lassen, daß Sie dieses um jener willen rede. Doch

6. Finde Sie gut, daß man diese Leute nicht gar zu weich *tracti*re, sondern neben dem Erbarmen auch etwas von Ernst untermenge, damit sie durch allzuviel Mitleyden und Verschonen nicht je länger je mehr verzärtelt werden.

7. Solle man ihnen die in voriger Zeit genossene Gnade nachtrücklich wiederhohlen und fürhalten, und wenn sie die *Special-Application*[91] auf sich nicht machen können, sie nur auf die *Universalia* oder allgemeine Wahrheiten weisen, da sie sich nicht außschliessen können. Usw. usw. Das seynd freylich gute *General*-Regeln. Denn die *Speciali*en, welche Sie nach einer jeden Person eigenen Umständen in Göttlichem Licht angewendet, lassen sich nicht aufs Papier bringen. Man siehet aber hieraus, meyne ich, daß diese Eselin bey Angefochtenen geschicklicher[92] habe reden können, als mancher *Bileam* selber.[93]

---

88 Ps 119,105.
89 Zu Recht vorhalten.
90 Nacherzählt.
91 Spezielle Anwendung.
92 Geschickter.
93 Dieser Satz mit Bezug auf Num 22,20–35 (s. S. 189, Z. 21–23) fehlt in der 2. Aufl. (*Rieger:* Tabea, 1732, S. 230).

Doch wir wollen Sie lieber eine *Adeptam*[94] nennen. Das Geheimniß, so man zu allerzeit so begierig gesuchet, und vielleicht noch nie gefunden hat, verstunde Sie vollkommen, nemlich *aus allem Gold zu machen.* Gewiß war Ihr erleuchteter Sinn ein wahrhafftiger *lapis philosophicus,*[95] der auch die unedelste *Metall*en, ja Holtz und Stein, Stroh und Aschen, in lauter geistliches Gold verwandelte. Und dieses ist noch die letzte Probe, welche wir von Ihrer Klugheit anführen wollen. Zwar unzehliche seynd uns nicht bekant worden; manche haben wir wieder vergessen; viele lassen sich wegen besonderer Umständen nicht beybringen. Also kommt es noch auf etliche uns ohne Ordnung beygehende[96] Exempel an, die meist geringschätzig scheinen könten. Aber das ist eben, was wir suchen, nemlich ein Beyspiel zu geben, wie die Seelige so gar auch die geringste und verächtlichste Dinge nicht ohne Erbauung angesehen und gehöret habe.

Als Sie bey einer Satlers Werck=Statt vorbey gieng, und wahrnahme, wie so unterschiedliche Handwercks=Leute zu *einer* Gutschen[97] zu machen erfordert würden, dachte Sie bald an das Werck GOttes bey den Seelen, zu welchem Er allerley Leute von verschiedenen Gaben bedörffe, da keiner des andern Theil zu verachten habe, obgleich der eine vielleicht mehr, oder *subtil*er, daran arbeite, als der andere.

Beym Spatzierengehen im Sauer=Brunnen[98] des Morgends Frühe wurde Sie gewahr, wie ein so erquicklicher Thau auf das welcke Graß gefallen, und solches erfrischet habe. Sie freuete sich aber fürnehmlich, daß ein *jedes Gräßlein* mit einem besondern Thau=Perlen ge-

94 Eine in alchimistische Geheimlehren Eingeweihte.
95 Stein der Weisen.
96 Beigefügte / angefügte.
97 Kutsche.
98 Im Sauerbrunnen-Kurbad.

schmücket wäre. Das erinnerte Sie an die allgemeine Gnade GOttes, welche nicht einen einigen Menschen übergehe, sondern wenigstens doch nur *ein* Tröpflein auf ihn fallen lasse. Sie aber seye mehr als mit *einem* Tröpflein der allerlieblichsten Gnaden GOttes besprenget: wie Sie denn so frisch und wacker seyn solle, ihrem Schöpfer zu Ehren sich darzustellen! dabey Sie auf die Worte des Propheten fiel: Alsdenn werden wir acht darauf haben und fleißig seyn, daß wir den HErrn erkennen. Denn Er wird herfürbrechen wie die schöne Morgen=Röthe, und wird zu uns kommen, wie der Früh=Regen, wie ein Spat=Regen, der das Land befeuchtet. Wie will ich dir so wohl thun, Ephraim, wie will ich dir so wohl thun, Juda! denn die Gnade, die ich euch erzeigen will, wird seyn, wie eine Thau=Wolcke des Morgens, und wie ein Thau, der früh Morgens sich außbreitet. *Hos. VI. v.* 3.4.

Es wurde von der damals vorseyenden[99] Veränderung mit einem gewissen Geistlichen geredet, und dessen Abkunfft[100] betauret[101]. Zu gleicher Zeit wurde Ihr ein Sträußlein von allerhand Blumen *praesenti*rt, über deren Schönheit, Mannigfaltigkeit, und lieblichen Geruch Sie sich ergötzte, aber auch so bald an den Spruch *Esai. XL. v.* 6. gedacht habe: Alles Fleisch ist Heu, und alle seine Güte ist wie des Grases Blum. Ey, habe Sie die *Application* gemacht, *alles* Fleisch ist Heu, auch HErr O.[102]

99 Anstehenden.
100 Weggehen (Tod?).
101 Bedauert.
102 Es könnte Oechslin (s. S. 225, Anm. 20) gemeint sein, denn er wurde 1728 Hofprediger und war sehr wahrscheinlich zuvor Beata Sturms Beichtvater gewesen. Allerdings lassen Jes 40,6 und Beata Sturms damit verbundenen Erwägungen eher an ein Hinscheiden als an einen Stellenwechsel denken, und mit Oechslins Wechsel ins Hofpredigeramt war kein Weggang aus Stuttgart verbunden. Doch in Stuttgart gab es damals nur einen einzigen Geistlichen, dessen Nachname mit O begann, nämlich Oechslin. Dass es sich um einen Geistlichen aus einem anderen Ort handelt, ist wenig wahrscheinlich, da Beata Sturm offenbar Umgang mit „HErr[n] O." hatte, es aber nicht bezeugt ist, dass sie außerhalb Stuttgarts direkte persönliche Kontakte pflegte.

ist solches Heu! Also must du nur seine Güte, allweil[103] du noch kanst, recht gebrauchen, und von seinen Gaben einsamlen, ehe er, als eine Blume dahin fällt! Solche eingesamlete Früchten bleiben mir sodenn ewiglich.

Zu einer andern Zeit waren ihre Schnütz[104] beym Feuer verbrant worden, daß Sie das Verbrante nicht mehr vom Hafen[105] abkratzen konte. Bey dieser Gelegenheit lernte Sie in einem schnellen Aufschluß recht verstehen das Gesetz GOttes im Alten Testament von denen unterschiedlichen Gefässen, davon die äherne[106] mit Feuer gereiniget, die Höltzerne mit Wasser gespühlet, die Irrdene[107] aber, wenn sie unrein worden waren, zerbrochen werden musten, 3. B[uch] *Mos. XV. v.* 12. Nun sehe ich, sprach Sie bey ihrem angebranten Hafen, warum ich sterben muß. Mein Leib ist von der Erden, und ein irrdenes Gefäß, von der Sünde durchdrungen und verunreiniget. Der kan weder durch Feuer noch Wasser genug gescheuret und gewaschen, und zur Herrlichkeit gebracht werden. Es ist nichts übrig, als daß ihn GOtt im Tode zerbreche, und ihne hernach auf ein neues aufbaue.

Da Sie einer krancken Magd[108] Dienst versehen, und die Schuhe geputzet, habe Sie sogleich für solche ihre Arbeit eine Vergeltung bekommen, denn es seyen Ihr die Worte aus *Psalm. CXIX. v.* 83. eingefallen: Ich bin wie eine Haut im Rauch, aber ich vergesse doch deines Gesetzes nicht. O da habe Sie gesehen, wie viel ihr noch an solchem Gehorsam fehle! was dazu gehöre, wenn man außgedorret[109] seye, wie eine Haut im Rauch, wie

103 Solange.
104 Schnitze / Stücke von Obst.
105 Topf.
106 Ehernen / eisernen.
107 Aus Ton gemachten.
108 Nicht ermittelt.
109 Ausgetrocknet.

ein Leder an dem Schuhe, und keinen Safft noch Krafft mehr spüre, daß man doch an dem HErrn und seinem Willen halte, und vergnügt bleibe. Da habe Sie noch weit hin. Und beym Holtztragen für eben diese Magd erinnerte sich diese Evangelische *Armelle*,[110] wie die erste Menschen am Holtz gesündiget haben,[111] und wir dadurch mit ihnen einen Fluch worden seyen: unser lieber Heyland aber habe auch wieder an eben dem Holtz uns den Seegen erworben.[112] An welche zwey Stücke man beständig dencken solte, wer mit Holtz umzugehen habe, welches ohne dis auch uns Menschen zu so gar vielen Sachen diene und nützlich seye, als sonst fast kein Ding. Ihr Schuhputzen und Holtztragen habe Sie also nicht gereuet. Gleichwie Sie auch sonst immer ein grosses Wolgefallen an der Arbeit habe, darum, weil der HErr Christus alle seine Jünger, deren Beruf aufgeschrieben seye, nicht im Tempel, oder unter ruhigen *Speculation*en und besondern Betrachtungen, usw. sondern über ihrer Hände Arbeit angetroffen zu seinen Aposteln beruffen habe, *e[xempli] gr[atia*[113] *Matth. IV. v.* 18. *Luc. V.* 2. *sqq.*

Auf der Gassen heischte[114] ein Mann[115] ein Allmosen von Ihr, weil er ein Fürstliches Bettel=*Patent*[116] habe. Ey, dachte Sie, dieser berufft sich auf sein Fürstl[iches]

110 Armelle Nicolas (1606-1671) war eine katholische französische Magd und Mystikerin, die von 1730 bzw. 1733 an durch die *Historie Der Wiedergebohrnen* (T. VI, S. 78) und Gerhard Tersteegens (1697-1769) *Lebensbeschreibungen* im Protestantismus populär wurde. Vgl. *Adolf Spamer:* Der Bilderbogen von der „Geistlichen Hausmagd". Ein Beitrag zur Geschichte des religiösen Bilderbogens und der Erbauungsliteratur im populären Verlagswesen Mitteleuropas, bearb. von Mathilde Hain, Göttingen 1970 (Veröffentlichungen des Instituts für Mitteleuropäische Volksforschung an der Philipps-Universität Marburg-Lahn, Reihe A, 6), S. 141, 143, 153 f.

111 Essen vom Baum der Erkenntnis im Garten Eden (Gen 3,6).

112 Jesu Tod am Kreuz.

113 Zum Beispiel.

114 Erflehte.

115 Nicht ermittelt.

116 Eine amtliche Erlaubnis, betteln zu dürfen.

Bettel=*Patent*, und laufft im Vertrauen darauf vor den Häusern herum. Du hast gar ein göttliches *Patent*! darum lauffe doch von neuem getrost an das Hertz des Vaters, und weise Brief und Siegel auf, daß du betteln[117] dörffest, und sollest. Der kan und will und wird dir helffen, das sich bey Menschen nicht allemal findet.

Als von dem Seegen, welchen eine Christliche *Conversation* habe, geredet wurde, sagte Sie: Ja Sie habe erst in ihrer Kuchen[118] auch hieran gedacht. Wenn die Kohlen auf dem Heerd zerstreuet herum liegen bleiben, so löschen sie bald aus, wie feurig sie auch seyn mögen. Das wissen die Mägde wol, darum kehren sie dieselbe zusammen auf ein Häuflein, so bleibe Feuer darunter von einer Zeit zur andern, daß sie nicht erst auf ein neues mit Mühe ein Feuer schlagen dörffen. So gehe es auch im Geistlichen. Wenn eine Seele immer nur allein bleibe, so könne sie leichtlich lau werden, und abnehmen: wenn sich aber etliche eyferige[119] Seelen fleißig zusammen halten, so bewahre eine die andere in dem Ernst der Gottesfurcht. Als Sie nun selbsten einmal unter einem grossen Aschen=Hauffen endlich noch ein glühendes Köhlein[120] fand, so dachte Sie nicht nur an das obige; sondern freuete sich auch ferner, daß unter denen vielen gottlosen und geistlich Todten doch auch noch je und je eine fromme Seele übrig behalten werde, ob man sie gleich vor der Menge der todten Asche fast nicht sehe, und vermercke.[121] Noch einen andern guten Nutzen machte Sie von der Asche. Es fiel ihr dabey ein, daß GOtt ehmals im Alten Testament auch so gar für die Asche bey den Opfern gesorget, und befohlen habe,

117 Betteln im Sinne von beten.
118 Küche.
119 Einige eifrige.
120 Kleines Stück Kohle.
121 Bemerke.

daß dieselbe an einen besondern und reinen Orth solte geschüttet werden. 3. *Mos. VI. v.* 10.11.

Da nun Sie in der heiligen Taufe GOtt auch seye aufgeopfert worden: so wisse Sie, daß GOtt auch die Asche ihres Leibes bewahren, und sie nicht zurück lassen werde, usw.

Auch ein sogenantes Kindes=Mämmelein[122] muste Ihr zur guten Lehre dienen. Denn Sie gedachte, wie jetzt dieses Kind nicht fähig seye, frey aus einem Geschirr und Glaß zu trincken, inzwischen werde es aus diesem schwachen Röhrlein eben auch satt, wie ein anderer Mensch aus einem grossen Geschirr: Also richtet sich der liebe GOtt in Mittheilung seiner Gaben und Gnade nach unserer Faßlichkeit, wie ein jedes dieselbe annehmen kan. Sie sehe sich für ein so schwaches Kindlein an, das nur aus einem kleinen Röhrlein trincken müsse, und nicht so viel köstliche Sachen schöpfen könne, wie die Geistlichen, oder Gelehrten, oder geübte Seelen. Sie werde aber dennoch auch satt, und erfreue sich bey ihrem gemeinen Trunck so hertzlich, als ein anderer, wenn ihm mehrere Lehren und köstlichere gereichet werden, usw.

Und so war es ihre beständige Gewohnheit, mit *einem* Heyrath=Gut[123] zwo Töchtern außzustatten, ich will sagen, mit nichts Leibliches umzugehen, daß Sie solches nicht zum höhern Gebrauch ihrer Seelen angewendet hätte. Sie konte keine Magd sehen Geschirr über dem Brunnen fegen,[124] daß Sie nicht hätte gedencken sollen an ihre natürliche Unreinigkeit, an die nöthige Reinigung ihrer Seele, an ihren schuldigen Fleiß, und an den freyen offenen Brunnen, Christum nemlich, wider alle unsere Unreinigkeit, *Zach. XIII. v.*

---

122 Saugfläschchen.
123 Aussteuer / Mitgift.
124 Reinigen.

1. Sie schnitte einsten Suppen ein, und weil Sie hungerte, nahm Sie ein Schnittlein davon zu sich. Erhube aber alsobald ihr Hertz, und dachte: wenn einer Brod für andere einschneidet zur Suppen, so wird er ja selber nicht hunger dabey leyden. Ich bilde mir ein, so gehts auch denen Predigern, welche, in dem sie andern zubereiten, und so köstliche Sachen fürlegen, ohne Zweifel selber auch zugreifen, und vergnüglich davon essen werden. Ich wolte gewiß nicht Hungers gestorben seyn, wenn ich ein Prediger worden wäre! Ich glaube es dir gern, du außerwehlte des HErrn! Ach! daß es GOtt gefallen hätte, deinen edlen Geist mit einem männlichen Cörper zu verbinden, und dich einen Prediger werden zu lassen, es soltens viel hundert Seelen reichlich genossen haben! doch du hast auch nach deinem Beruf viele zur Seeligkeit gewiesen. Gelobet seye GOtt, dein GOtt, Hallelujah!

Nur noch bey dem Suppen=Einschneiden einer andern Suppen zugedencken, so aß Sie einsten eine Milch=Suppe, weydete aber auch zugleich ihre Seele mit allerhand himlischen Betrachtungen. Als 1. daß GOtt seine Liebe auch darinnen zeige, und wie Er dem Menschen so gern gutes gebe, erweise, indem Er eine solche Annehmlichkeit in die Speisen geleget, daß sie den Menschen nicht nur sättigen, sondern auch erquicken. Denn wenn es einen hungert, und die Speisen wären wie die Artzneyen, so würde ja dem Menschen jedesmal angst seyn müssen, bis er geessen hätte. 2. Daß die Milch aus dem Safft des Grases in der Kuhe gleichsam *distillirt* werde, damit sie dem Menschen recht gesund und lieblich werde. 3. Daß die Kuhe nichts davon habe, sondern GOttes Güte fließt durch sie in der Menschen Mund hinein, ohne daß sich die Kuhe etwas davon zueignete. So sollen auch wir GOtt und Menschen dienen, nur jenem zu lob, und diesen zu Dienst, und wenn wir dem andern noch so annehmliche und nützliche Dienste leisten könten, uns doch so wenig davon anmassen, als sich die Kuhe Ehre und Danck für die Milch anmasset, usw. Doch wir wollen einmal hie abbrechen, und unsern Leser selber zur eigenen Ubung weisen. Nur bilde sich kein unerfahrner ein, als hätte die Seelige sich auf dergleichen *Reflexion*en besonnen, und sich darmit den Kopff zerbrochen. Ach! nein, es floß ihro alles natürlich, das ist, ungezwungen zu, aus derjenigen lebendigen Quelle, die in Sie geleget war. Wo der Saame Göttlichen Worts so hat fahen[125] und wurtzeln können in einem Hertzen, da bringet die Erde *von sich selbs* das Graß, darnach die Aehren, darnach den vollen Waitzen. *Marc. IV. v.* 28.

Wir könten endlich einmal dieses Stück beschliessen, wenn wir nicht noch einige Dinge hätten, welche wir entweder bey andern bequemern Gelegenheiten versaumet haben einzuschalten, oder welche unter diese *Rubrique* von Ihrer Erfahrung so ziemlich können gebracht werden. Es betrifft Sachen, die Sie meistentheils von andern gehöret, und hernach hie und da zum Nutzen nacherzehlet hat. Als zum Exempel, da bey der oben gepriesenen aufrichtig=frommen Fräulein von Bruining[126] Todten=Beth der *Discurs* vorgefallen war, ob die Seeligen im Himmel einander kennen würden? so habe die seelige Fräulein endlich geantwortet: Sie hätte eine eigene und solche Uberzeugung davon, daß wens jederman bestritte, sie sich doch davon nicht würde abhalten [l]assen. Denn Sie selber habe solche Personen, die vor mehr als tausend Jahren gestorben, gesehen und alsobald erkant, da Sie doch noch im Leibe seye. Es betaurte[127] aber unsere Jungfer Sturmin billich,[128] daß Sie

125 Fangen / Fuß fassen.
126 Siehe S. 170, Z. 2.
127 Bedauerte.
128 Zu Recht.

den *Discurs* nicht weiter fortgesetzet, und die schon halb in der Ewigkeit stehende holdseelige Fräulein nicht um weitere Erklärung dieser ihrer Rede ersuchet habe. Allein es seye bey allen Anwesenden eine solche Stille entstanden, als wenn sie vom HErrn auferlegt worden wäre, um vielleicht nicht weiter zu fragen, als der HErr beschlossen hat, uns in diesem Zustand zu antworten.

Hieher gehören auch ein paar Träume, die andere gehabt, und von sich erzehlet haben. Als z[um] e[xempel] eine gewisse Zuckerbeckin[129] hie erzehlte Ihr, wie sie mit einem Prediger versprochen[130] gewesen seye, der aber als Bräutigam verstorben, und hernach ihr in einer schönen Crone erschienen seye mit diesen Worten: So wirst du auch werden, dazu dir dein künfftiger Mann verhelffen wird. Als sie nun darauf geheurathet habe in voller guter Hofnung eines frommen Mannes habe sie einen sehr rauhen und groben Mann bekommen, der ihr durch solches Bezeugen[131] zu der herrlichen Crone[132] habe beförderlich werden müssen. O daß alle mißrathene Ehen so wol gerathen, O daß alle mißvergnügte Ehen zu solcher ewigen Vergnügung dienlich werden möchten! Es *praetendir*te[133] auch eine gewisse Person gegen Jungfer Sturmin zu wissen, daß ihr eine strenge und biß in ihren Tod *separir*t[134] gewesene Frau M. erschienen, und gesagt habe, daß ein grosser Eigenwille bey dem *Separatismo* seye. = = Doch wollen wir das übrige zurück behalten.

---

129 Konditorin bzw. Frau eines Konditors.

130 Verlobt.

131 Verhalten.

132 1Petr 5,4; Apk 2,10; 3,11.

133 Behauptete.

134 Von der Kirche abgesondert / nicht zum Gottesdienst und zum Abendmahl kommend (s. S. 172, Anm. 2). - In dieser Zeit gab es in Stuttgart etwa dreißig Separatisten. Vgl. [*Johann Friedrich Rock*]: Aufrichtige und warhaftige EXTRACTA Aus dem allgemeinen Diario Der wahren INSPIRATIONS=Gemeinen, IV. Sammlung […], o. O. 1739, S. 151.

Einen eigenen gewissern Traum hat unsere Jungfer Sturmin um den Anfang des 1726. Jahrs gehabt. Eine gewisse Frau,[135] mit welcher die Seelige überhaupt sehr einstimmete, kam in ihrer Morgen=Andacht mit einem besondern Eintruck auf die Wort: Wenn mein Hertz dran denckt, daß es ist besprengt mit des Heylands Blut, hoch es sich erfreuet usw.[136] so daß sie sich über dem kräfftigen und erquicklichen Zufluß des Trostes wol eine Stunde lang mit diesen Worten unterhielte, die ihr eben zuvor nicht so gewohnt waren. Doch sagte sie hievon an niemand nichts. Selbige Nacht aber traumete der Jungfer Sturmin, wie Sie zerschiedenes[137] (so Sie aber nicht sagen wolte) mit gedachter Frauen G. gesprochen, fürnehmlich aber über diese erwehnte Worte des Gesanges, darüber jene sehr seye erquicket worden. Wachte hernach daran auf, *reflecti*rte ein wenig drüber, schlief abermal ein, und hatte gleichen Traum zum andern mal. Dadurch ist Sie veranlasset worden, den andern Tag zu dieser Frauen hinzugehen, und im *discurs* auf dieses Gesetzlein[138] des Liedes zu kommen; dadurch das bißher erzehlte offenbar worden ist. Das mag mit ein Zeugniß abgeben in die Materie von der geheimen und genauen Gemeinschafft und *harmonie* der in Christo vereinigten Seelen. Usw.

Nach der seel[igen] Frau *Doct[or]* Möglerin,[139] einer unter uns bekanten wahrhafftig gottseeligen und Creutz= geübten[140] Matronen,[141] Tode, stelte Sie den fol-

135 2. Aufl. (*Rieger:* Tabea, 1732, S. 242): Dame.

136 Strophe 7 des Liedes *Meine Kraft ist hin* von Friedrich Greiff (gest. 1667). - Geistliche Seelen-Harpffe […], Tübingen: Brunn, 1734, S. 318-320, ebd., S. 319.

137 Verschiedenes.

138 Strophe.

139 Sehr wahrscheinlich Dorothea Beata Mögling geb. Zeller (1665-1729), die Ehefrau des herzoglichen Leibarztes Johann Burckhard Mögling (1657-1725).

140 Im Leid erprobten.

141 Ältere ehrwürdige Frau.

genden Tag[142] einem guten Freund[143] nachfolgende *Personali*en. Sie seye 1. eine von denen alten Weibern gewesen, mit welcher die jungen offt und viel hätten umgehen sollen, so wol Weißheit im ordentlichen Hausen,[144] als sonsten auch Rath im Christenthum bey ihro zu hohlen.

2. Merckte Sie als etwas besonders an, daß diese alte Frau sich in der Fürbitte so weit ausgebreitet, und so viel *particuli*er=Dinge[145] eingeschlossen habe, dergleichen Sie nicht nur sonsten nirgend wahrgenommen, sondern auch in ihrer eigenen Fürbitte nie so weit gedacht habe.

3. Habe sich bey ihr gefunden eine grosse Danckbarkeit auch für die geringste Wohlthaten und Gaben GOttes. Z[um] Ex[empel] wenn Sie in ihrer Schwachheit von der obern Rinde des Brods etwas in den Mund genommen / einige Krafft auszusaugen / habe sie jedesmal hertzlich GOTT darüber gepriesen / wie auch über einen Apffel=Schnitz / und gesagt: Du lieber GOtt / du labest die elenden mit deinen Gütern / *Ps. LXVIII. v.* 11. GOtt schämet sich nicht nur der Elenden nicht / sondern macht sich auch einen Ruhm davon / daß man Ihme nachsagt: Er labe die Elenden mit seinen Gütern. Wer wolte nicht gern elend seyn?

4. Gedult und Freudigkeit in ihrem schweren Leyden / da sie nicht nur ihr Lebtag sonsten viel ausge-

142 Dorothea Beata Mögling starb am 19. März 1729.

143 1725 hatte Oechslin (s. S. 225, Anm. 20) die Leichenpredigt für Johann Burckhardt Mögling gehalten; sie wurde gedruckt. Damals war Oechslin Diaconus an der Stiftskirche. 1729 war er jedoch bereits Hofprediger. Der „gute Freund“, für den Beata Sturm den biographischen Teil („Personalien“) der Leichenpredigt schrieb, könnte also einer der 1729 an der Stiftskirche wirkenden Pfarrer gewesen sein: Johann David Frisch (s. S. 59, Anm. 26), Johann Gottfried Hoffmann (1694–1738) oder Benedikt Schmid (1689–1730). Letzterem könnte Beata Sturm vertraut gewesen sein, denn von 1726 bis 1728 war er Diaconus an der Leonhardskirche gewesen. Mehr spricht jedoch dafür, dass Oechslin gemeint ist und er als Hofprediger die Beisetzung von Dorothea Beata Mögling übernommen hatte.

144 Haushalten.

145 Einzelheiten.

standen / und eine lange Zeit her übel[146] gehöret / sondern auch bey[147] neun Jahr lang stockblind gewesen / hat Sie doch immer einen frölichen Muth gehabt / und die Worte: Greif an das Werck mit Freuden.[148] Usw. [sic!] auf das Leyden *applici*rt[149] / ja keinen Tag vorbey gehen lassen / ohne ein Lob=Lied zu singen.

5. Seye Sie von Kindheit auf eine grosse Liebhaberin des Göttl[ichen] Worts gewesen / daß ihr Geist recht lebendig worden / wenn man ihr davon gesagt / solte es auch nur ein Sprüchlein von einem kleinen Kind gewesen seyn. Fürnehmlich habe Sie es als eine grosse Wolthat des HErrn erkannt / daß Er ihr in ihrem finstern / einsamen / offt verlassenen und betrübten Zustand noch einige Geistliche zusende / die ihr Hertz mit GOttes Wort trösten; deßwegen auch ihren Kindern[150] kaum ein paar Tag vor ihrem seel[igen] Ende austrücklich in anderer Gegenwart befohlen / ihnen solche langwierige Liebe mit einiger Vergeltung zu erwiedern.

6. Daher seye gekommen / daß sie sich / sonderlich[151] in ihren ehmahligen unruhigen Jahren des Sontags sehr erfreuet / wenn sie frey habe mit GOttes Wort umgehen können / ohne daß man sie darüber anfechten[152] könte / als thäte sie was zu viel. Deßwegen habe sie sich sehr angelegen seyn lassen / Sambstags bey Zeiten fertig zu werden / und alles zu beschicken[153] / damit sie noch einen guten Vor=Sabbath haben / und hernach des Sontags ihre Seele ungehindert weyden könte.

7. Sie seye aber nicht vergnügt gewesen / daß sie für sich etwas gutes gehabt / sondern Theils in der Woche /

146 Schlecht.
147 Etwa.
148 Strophe 5 des Liedes *Aus meines Herzens Grunde* (Evangelisches Gesangbuch 443) von Georg Niege (1525-1589).
149 Bezogen.
150 Mit ihr vertrauten Kinder.
151 Besonders.
152 Deswegen kritisieren.
153 Erledigen.

wenn die ihrige etwas gearbeitet / habe sie ihnen inzwischen etwas vorgelesen; theils aber des Sontags habe alles zusammen kommen müssen / denn sie habe gesagt: Es müsse eine Hauß=Kirche[154] seyn / und es seye nicht genug / wenn schon ein jedes in seinem Winckel betten wolte.

8. Ihre Gedult in der beschwerlichen Wasser= Sucht[155] / vor welcher ihr immer gegrauet / doch habe sie dieselbe standhafft ertragen / und unter solchem schmertzlichen Leyden noch an eine andere blinde Frau[156] hie[157] / (welche 8. Tag vor Fr[au] *D[octor]* Möglerin zuletzt gestorben[158] gedacht / und gesagt / sie werde ja auch rechte Pflag[159] und Warth[160] haben. Endlich und

9. Ihr freudiger Abschied von der Jungfer Sturmin: Gute Nacht ihr Frommen / biß wir durch den Tod zu Christo sind gekommen / *indeß* zu guter Nacht.[161] Ach! ja / nur *indeß.*[162] Uber ein kleines sind wir wieder auf ewig beysammen. Jungfer Baaß[163] / mein letztes ist: Ich bin vergnügt / daß mich nichts kan von deiner Liebe / O JEsu / trennen / und daß ich frey vor jederman dich darf meinen Bräutigam nennen. Usw.[164] Und mit diesem seeligen Ende machen auch wir ein / GOtt gebe / erbauliches Ende an dem bißherigen Stücke.

---

154 Häusliche Andacht.
155 Ödem.
156 Nicht ermittelt.
157 Hier (in Stuttgart).
158 Ca. 11.3.1729 (s. S. 209, Anm. 139).
159 2. Aufl. (*Rieger:* Tabea, 1732, S. 245): Pfleg.
160 Wartung / Pflege.
161 Sterbelied, nicht nachgewiesen.
162 Indessen / zwischenzeitlich.
163 Base / Cousine. – Dorothea Beata Mögling war eine geborene Zeller (s. S. 209, Anm. 139) und somit mit Beata Sturm verwandt.
164 Strophe 7, später 8 des in Herrnhut entstandenen Liedes *GOtt lob! ein schritt zur ewigkeit ist abermals vollendet.* – Sammlung Geist= und lieblicher Lieder […]. 3., sehr vermehrte und gebesserte Aufl., Herrnhut – Görlitz: Marche [1731] = *Nikolaus Ludwig Graf von Zinzendorf:* Reihe 4: Materialien und Dokumente, hg. von Erich Beyreuther, Bd. 2: Marchesches Gesangbuch. Sammlung geistlicher und lieblicher Lieder, T. 2, Hildesheim 1980, S. 1113 f., Nr. 1100, Zitat S. 1114.

VIII. Der seel[igen] Jungfer Sturmin Einsamkeit und Umgang.

DIeses verdiente fast keinen besondern Articul.[1] Denn es ist so wol ihr Sinn / als ihre *praxis* hierinnen / aus dem bißherigen gantz deutlich und hinlänglich zu erkennen. Doch haben wir auch über diesen *Punct*en noch ein und ander gutes Wörtlein von ihr aufgefaßt / so wir gern mittheilen wollen. Anfangs flohe Sie alle Bekantschafft / sonderlich mit fürnehmen Personen / welches freylich seine natürliche und geistliche Ursachen bey ihr gehabt hat / die ein erfahrner leicht selbsten ermessen wird. Genug / unsere Jungfer Sturmin suchte mit Gewalt die Einsamkeit; und flohe davor / wenn sie hörte / daß jemand mit ihr bekant werden möchte. Sie wünschte / daß nur niemand auf sie achtung geben / oder Sie kennen lernen möchte / als die Armen / denen Sie zu essen brächte. Aber es gieng Ihr nach seiner Maaß / wie dem HErrn Christo selbs / von dem es stehet:[2] Er gieng in ein Hauß / und wolte es niemand wissen lassen / und konte doch nicht verborgen seyn / denn ein Weib hatte von Ihm gehöret. Usw. *Marc. VII. v.* 24. *sq*. Eben so leuchtete auch Ihr Tugend=Licht aus seiner eigenen Natur ohne ihr Gesuch und Gedencken immer weiter um sich / daß viele in solchem Glantz wandlen wolten.

Sie wurde deßwegen nach und nach bald in diese / bald in jene Bekantschafft gezogen / bald von ungefähr / bald aus Gehorsam / bald aus Liebe / bald sonst aus Gewissenhafftigkeit; doch mit grossem Unterscheid der Häuser und Personen / mit vieler Furcht / nach reifem Rath der Menschen / unter beständiger Anruffung GOt-

1 Abschnitt.
2 Von dem geschrieben steht.

tes. Wenn jederman so bedencklich zu seinen Besuchungen kommt / so dörfften die *Visit*en zimlich rar / aber desto wohlgeordneter unter uns werden. Wir sind Zeugen dessen / was es gekostet hat / biß man Sie heraus gebracht / und doch konte man Sie an manches Ort nicht bringen. Dieses müssen wir auch darum zeugen[3] / weilen nicht allein Sie selber nach der Hand bißweilen gemeynet hat / ihre Bekantschafft seye zu weitläuffig worden / sondern hat sich auch von andern müssen darum ungleich ansehen und beurtheilen lassen. Wiewol doch alles zuletzt gut gethan gewesen war / wie wir solches bald hören werden. Unter vielen dencken wir unser Lebtag daran / wie es Ihr von einem gewissen *Theologo* so nahe gelegt worden war / in ein gewisses Hauß zu gehen. Doch traute Sie auf dieses allein noch nicht / sondern fragte auch einen andern Prediger damals auf dem Lande[4] um Rath / was Sie thun solte. Und als auch derselbe meynte / sie solte in Einfalt und Gehorsam hingehen / so gieng Sie mit Betten aus / mit Betten über die Gasse / und im Hause selber stunde Sie auf einer jeden Treppe still / und bettete eine Weile / daß der HErr diesen ihren Gang nach seinem Willen richten wolte.

Und der HErr hat Sie gewiß erhöret / und überall in ihrer gantzen Bekantschafft an seiner rechten Hand geführet; mehr als viele andere / die in ihrem Pharisäischen Hochmuth und Eigensinnigkeit hinter ihren Fenstern nicht nur alle vorüber gehende lästern / sondern auch alle andere Menschen denen Gassen und Wachten nach[5] verleumbden. Unsere demüthige und Lieb=volle Jungfer Sturmin aber hat im Nahmen GOttes viel tausend gesegnete Gänge gethan / wofür Sie das Lamm in

3 Bezeugen.
4 Siehe S. 78, Anm. 94.
5 Auf offener Straße / in der Öffentlichkeit (Redewendung).

der Ewigkeit an denen lebendigen Wasser=Brunnen[6] unendlich erquicken wolle! Ihre Tritte wusch Sie in Butter[7] / und ihre Fußstapffen trofe[8] von Fette.[9] Sie hat überal ein gutes Denckmal hinter sich gelassen / wo Sie auch nur *einmal* gewesen ist. Sie gieng um ihrer blöden Augen und schlechter Kleidung willen gantz einfältig auf der Gassen vor sich hin: Aber welches Auge Sie sahe / das preisete Sie seelig. Auch nur ihr blosses Ansehen war nicht ohne Erbauung und Zeugniß. Wo Sie aber erst selber hinkam / und ihren Mund aufthat / da war Sie wie ein reiner Leinwand / der zwischen dem Bisem[10] gelegen ist / oder wie ein Balsam=Büchslein / welches eröffnet das gantze Gemach mit einem guten Geruch erfüllet. Ach! daß wir hie die Empfindungen unserer Hertzen dem Leser austrücken oder mittheilen könten! denn es war etwas lebhafftes und schmackhafftes um ihre *Conversation*. Weil wir Sie so viel hundert mal / und allemal mit neuer Verwunderung und Erquikkung genossen haben / so dörffen wir getrost sagen / wie es uns jedes mal dabey zu Muth / oder / wie es uns so wohl gewesen seye. Sie hätte in Ansehung unserer vollkommen Hiob nachsprechen und sagen können: Man hörte mir zu / und schwiegen / und warteten auf meinen Rath. Nach meinen Worten redete niemand mehr / und meine Rede trof[11] auf sie. Sie warteten auf mich / wie auf den Regen / und sperreten ihren Mund auf / als nach dem Abend=Regen / *C[apitel] XXIX. v.* 21. *sqq.*

Gleichwie Sie aber andere mit ihrem Umgang erfreuet / ermahnet / getröstet und erbauet hat: also spürte Sie unter der Gnade GOttes / daß auch Sie kei-

6 Apk 21,6.
7 Hi 29,6.
8 Trieften.
9 Ps 65,12.
10 Bisam / Moschus / Drüsensekret (Duftstoff).
11 Tropfte.

nen Schaden und Hinderniß / sondern Seegen und Förderung in ihrem Christenthum davon gehabt habe. Das Bley ist manchmalen gut zu Sachen / wozu man das Gold nicht gebrauchen könte. Und so sahen wir uns in der *conversation* gegen Sie an. Sie bekante öffentlich / daß es nicht gut seye / allezeit allein zu seyn. Man komme auf ein eigenes Wolgefallen an sich selbs / man werde unlittig[12] und Lieb=loß gegen andere / daß man alle Menschen nach seinem Kopff haben wolle / oder nichts an ihnen ertragen könne. Usw. Doch seye freylich beym Umgang mit andern viele Fürsichtkeit vonnöthen. Sie habe deßwegen selber in ihrem Gemüth vieles darüber erlitten / alweil die Leute Sie an sich gezogen hätten / indem Sie nie mit sich zufrieden seye / und immer fürchte / Sie hätte anders reden / sich anders bezeugen sollen. Usw. Deßwegen habe Sie einmal H[er]rn W.[13] um Rath gefragt / wie Sie sich doch hierinnen verhalten solte? der habe ihr aber weiter nichts geantwortet / als: Der HErr behütet die Einfältigen / und lässets den Aufrichtigen wol gelingen / Spr. Sal. *II. v.* 7. *Ps. CXVI. v.* 8. und damit habe er Sie von sich gelassen. Aber es seye ihr doch genug gewesen / und diene ihr noch. Denn Sie befehle täglich dem HErrn ihre Weege[14] / und seye hernach ruhig / es möge ihr fürkommen[15] / was da wolle / oder mit wem Sie auch zu thun kriegen möge.

So habe Sie auch dieses erfahren / wenn man immer vor sich selbs allein hinlebe / möge man leicht mit sich zufrieden seyn. Komme man aber hernach unter andere / und in verwirrte Umstände / so stehe man nicht auf seinem Posten / und versehe es[16] bald da / bald dorten. Man gewöhne sich leicht / das Christenthum in sol-

12 Unleidig / ungeduldig.
13 Vielleicht Weissmann (s. S. 75, Anm. 80).
14 Ps 37,5.
15 Begegnen / widerfahren.
16 Mache Fehler.

che seine Lebens=Art einzuschräncken / eben als wenn man unter vieler Unruh und Umgang mit andern nicht so fromm leben könte / als wenn man allein seye; daraus viel eigenes komme. Und wenn man doch hernach mit andern umgehen müsse / so stolpere man immerdar. Klagt hernach das Gewissen an / so wolle sich der Mensch bald mit diesen Leuten / bald mit jenen Gelegenheiten und Ursachen entschuldigen / dadurch man verleitet worden wäre. Allein daraus werde dem Menschen nur die Beschaffenheit seines Hertzens offenbar / und krige man die Fürstellungen: siehe / O Mensch / nichts ist Schuld / als dein Hertz / das nicht rechtschaffen mit GOtt daran ist / sonst wärest du auf deinem Posten geblieben / und hättest nicht so gefehlet. So müsse der Mensch GOtt nachsehen lernen. Denn man wisse offt nicht / warum einem doch alles zuwieder gehe / und gantz anders / als man gewolt. Dieses seye aber die weise Führung GOttes / darauf man acht geben solle.

Und auf diesen Grund[17] hat Sie pflegen zu antworten allen / die Sie über dergleichen Materie angelassen[18] haben. In ihrer Saurbrunnen=Cur zu Zaisenhausen[19] habe Sie ein Weibsbild um sich gehabt / die sich immer über anderer Leute übeles Verhalten beschwehret habe. Sie aber habe geantwortet: Das befremdet mich nicht / denn wie kan man das Leben von den Todten fordern?[20] Ich muß mich vielmehr wundern / daß diese Leute nicht noch mehr böses thun. Dabey Sie die *Lection* gegeben habe: man müsse sich / wann man fromm seyn wolle / nur nicht so in Winckel einschliesse[21] / und meynen / in *dieser* Lebens=Art / so und so / wilt du die Zeit hinbringen. Denn wenn man hernach aus dem Winckel

17 Grundlage.
18 Angegangen / befragt.
19 Siehe S. 14, Anm. 34.
20 SapSal 13,17f.
21 SapSal 17,4.14.

heraus komme / so seye man wie ein entwehnt[22] Kind / mit nichts zufrieden / ärgere sich an allem / plage sich und andere mit seiner Unruhe und Seltsamkeit.

Als Ihr ein L[ieber] Freund vom Land[23] herein klagen liesse / wie er durch den Umgang mit zeitlichen Dingen und weltlichen Menschen so zerstreuet werde: so gab Sie für diesen Prediger dieses mal einen Pfarrer ab / und sprach: ich weiß nicht / was dieses zerstreuet werden immer heissen solle! Ich habe mir jederzeit alles zu Nutz gemacht / was mir vorkam. Und noch jetzt wäre meine Freude / wenn ich nach GOttes Willen wegen meiner Augen unter denen Menschen recht fortkommen könte. Es geschahe einmal / da ich auf dem Marckt unter dem Getümmel ware / und so gut es die Augen vergönneten / sahe / daß so vielerley Sachen da waren / fiel mir ein / wie die Nothdurfft der Menschen zwar so groß wäre / aber doch die Güte GOttes noch grösser. Denn der Sachen sind mehr vorhanden / als man nöthig hat. Und das hat mich mehr erquicket an meiner Seele / als alles Getümmel mich hätte zerstreuen können. Sie sage getrost / wenn einer in seinem inwendigen recht beschaffen seye / so könne ihn das äusserliche nicht hindern. Das hat mich wachtsam gemacht / darum darf ich davon sagen. Jezt kan mein Hertz immer beym Heyland seyn / es mag sich für ein Gestöber um mich herum erheben / was für eines will.

Eine liebe Frau[24] habe ihr einmal geklaget / es reue sie / daß sie sich ehedessen in den Eh=Stand begeben / aber Sie habe ihr dagegen fürgehalten / was der ledige Stand ebenfalß für eine mißliche und Versuchungs=volle Sache seye; mithin solle ein jeder am liebsten darinnen seyn / worein ihn der HErr beruffen habe. Wenn

22 Entwöhntes / abgestilltes.
23 Siehe S. 78, Anm. 94.
24 Nicht ermittelt.

eine Person als unbekehrt / aus Ungehorsam / oder auf andere unrichtige Art / in den Eh=Stand gekommen seye / und das Gewissen wache ihr nachmals auf / und mache ihr bang: so dörffe sie sich doch aufs wenigste ihres Natur=Rechts[25] getrösten / daß wie kein Sperling auf die Erde falle ohne GOttes willen[26] / so werde Er auch sie nicht verderben lassen / wenn sie anders mit warhafftigem Hertzen sich zu Ihm umwende. Wäre man aber wider seinen eigenen Willen aus Gehorsam gegen Eltern usw. hineingezogen worden / so dörfe man sich vor GOtt auf den kindlichen Gehorsam berufen / und glauben / wenn es gleich dem äusserlichen Ansehen nach übel gienge / daß man nicht gesündiget hätte / weil man gefolgt / Gehorsam aber beser seye / als Opffer[27] / deßwegen man auch den Seegen / wo man anders in seiner Ordnung nach GOttes Willen stehen bleibe / des Gehorsams geniessen werde. Gesetzt / der eine Eh=Gatte wäre widerspenstig und böß / so komme der fromme dem bösen doch darinnen zustatten[28] / daß wenigstens durch jenen viel Unheil von diesem / Krafft des besondern Rechts vor GOtt / abgebetten werden könne.

Uberhaupt verstunde Sie sich wol auf das wahre von GOtt bezielte[29] / und von JEsu Christo selber getriebene gesellschaftliche Christen=Leben. Sie sagte / es gehe zwar fürnehmlich[30] auf den Eh=Stand / aber auch insgemein auf das gantze gesellige Leben der Menschen / wenn der weise Schöpffer gleich Anfangs gesagt habe / es seye nicht gut / wenn der Mensch allein seye / 1. B[uch] Mos. *II. v.* 18. Sie habe sich öffters gewünschet / wenn Sie ihrer Augen wegen könte / lieber eine

25 Siehe S. 196 bei Anm. 72.
26 Mt 10,29.
27 1Sam 15,22.
28 Ist ihm nützlich.
29 Gewollte.
30 Vor allem.

Magd in dem unruhigsten Wirths=Hauß zu seyn / als in der Einsamkeit so vor sich zu leben. Denn Sie habe die beste Gedancken über denen verächtlichsten Arbeiten / und spüre / daß der Höchste etwas besonders in diese Lebens=Art *vitae practicae*[31] geleget habe. Es seyen ihr auch die Worte in des Seel[igen] Arnds[32] Paradiß=Gärtlein[33] immer bedencklich gewesen / wenn er bette: Mache mich zum *Gefäß* deiner Barmhertzigkeit / zum *Werckzeuge* deiner Gnade.[34] Wer *conversi*ren[35] wolle / müsse billig zuvor seyn ein Gefäß der Göttlichen Barmhertzigkeit. Aber wenn nun einer Barmhertzigkeit[36] von GOtt empfangen habe / solle er sie nicht allein für sich behalten und verschliessen / sondern ein Werckzeug Göttlicher Gnade auch an andern werden. Und wenns in dieser Ordnung getrieben werde / so gehe es recht zu: Was GOtt hie zusammen gefüget habe / soll der Mensch nicht trennen[37] / aber auch das letzte nicht zu erst setzen.

Nun wir dancken noch einmal mit Hertz=erfreulichem zurück gedencken dem Geber aller guten Gaben[38] / unserm lieben GOtt / daß Er dieses güldene Gefässe der Ehre in seinem Hause mit so überschwenglicher Gnade erfüllet / aber auch dieselbe zu so einem gesegneten Werckzeug seiner Barmhertzigkeit / an so vielen Seelen / fürnehmlich[39] aber an uns dürfftigen[40] / gemachet hat. Ja gewiß ist Sie ein gesegnetes Werckzeug an unsern Seelen gewesen / die wir uns zu dieser

31 Des praktischen Lebens.
32 Johann Arndt (s. S. 66, Anm. 10).
33 Siehe S. 66, Anm. 11, 14.
34 In dieser Formulierung nicht nachgewiesen.
35 Mit anderen Menschen reden und umgehen.
36 Röm 9,23.
37 Mt 19,6.
38 Jak 1,17.
39 Vor allem.
40 Bedürftigen / Not leidenden.

Schrifft bekennen. Der HErr weißts / was wir nicht weiter sagen dörfen. Der ewige Vergelter vergelte dir deine That / und dein Lohn müsse vollkommen seyn bey dem HErrn / du seelige *Beata*! *Ruth II. v.* 12.

IX. Ihr Verhalten unter dem Leyden.

DIese *rubrique*[1] wird kurtz seyn können. Denn nach ihrem Sinn hatte Sie kein Leyden / oder doch wenig Leyden. Sie war schon über 40. Jahr alt / da Sie von unserm seeligen Herrn Pfarrer Jäger[2] eine Predigt hörte[3] von dem Aergerniß des Creutzes.[4] Weil Sie nun kein Creutz (nach dem gemeinen Verstand)[5] zu haben vermeynte[6] / so fragte Sie sich selbs / wie Sie denn diese Predigt jetzt auch zu einigem Nutzen bringen wolle? und endlich fiel es da hinaus / Sie wolte es mit[7] halten / wie man in denen Haußhaltungen allerhand Sachen einzumachen pflege auf künfftige eigene / oder anderer Leute Bedürfniß. Also wolle Sie nun diese Predigt einmachen[8] / biß Sie einmal auch ein Creutz bekomme. Zwar würden andere an ihrer Stelle Creutz genug an ihren Fingern her erzehlet haben. Aber unsere gedultige und großmüthige Jungfer Sturmin hielte nicht dafür[9] / daß Sie etwas leyde. Die Blödigkeit ihrer Augen erkante Sie als eine Wolthat GOttes mit frölichem Danck. Sie sagte / Sie seye recht wol mit dem lieben GOtt zufrieden wegen ihrer Augen / und heisse bey ihr / wenn Sie Z[um] Ex[empel] etwas suche / und finde es auf dem Boden / oder wenn Sie zur Noth ausgehen / oder jemand ein Hauß zeigen könne: es mag leicht etwas seyn / so erfreuet es die Kinder. Ach! ja / Sie dancke dem L[ieben] GOtt hertzlich für alles / und habe schon öffters bezeu-

---

1 Abschnitt.
2 Siehe S. 142, Anm. 130.
3 Als Beata Sturm über vierzig Jahre alt war, wirkte Jäger an der Stiftskirche (s. S. 142, Anm. 130).
4 1Kor 1,23; Gal 5,11.
5 Nach allgemeinem Verständnis.
6 Meinte.
7 Damit.
8 Konservieren.
9 War nicht der Meinung.

get / Sie wolte nicht / daß Sie nicht so blöden Gesichts wäre. Denn Sie würde Ihm gewißlich nicht so offt gedancket haben / wenn Sie schärfer gesehen hätte. Geschehe ihr schon manches saur[10] / so gedencke Sie / daß Sie auf Erden / und noch nicht im Himmel seye.

Ob Sie aber nun gleich der Himl[ische] Vater mit denenjenigen Beschwerlichkeiten / welche das ehliche und bürgerliche Leben mit sich führet / verschonete: so trug Sie doch auch ihr Theil Creutz / welches von dem Christenthum so wenig kan geschieden werden / als das Brennen vom Feur. Ihr Creutz aber war die wahre und innerliche Gemeinschafft mit JEsu Christo dem Gecreutzigten. Noch vor einem Jahr in der Fasten=Zeit sagte Sie / daß dieses der *punct* seye / den Sie aus der Paßions=Historie zu lernen sich fürgenommen habe / nemlich *die Gemeinschafft des Leydens Christi*[11] Denn Sie finde / wie sehr es an diesem Stück auch bey Jüngern Christi noch fehle / und daß mans entweder nicht erkenne / oder sich / wenn es zum Ernst kommen solle / zu weich finden lasse. Darnach war ein Stück ihrer Leyden die noch inwohnende / und noch nicht völlig gestorbene Sünde. Wenn sich von dieser etwa noch eine Krafft regete / ach! wie konte die Seelige darüber verunruhiget[12] / betrübet und geängstiget werden / weit mehr / als andere durch würckliche Ausbrüche! Ein einiges Exempel wird anzeigen / daß ihr Gewissen über ein Stäublein zarter und empfindlicher gewesen seye / als andere / die nicht unter den rohen seyn wollen / ein dicker Balck[13] nicht schmertzet.

Nemlich es schlugen einmahl in ihrer Gegenwart zwey Kinder einander. Da sagte Sie in der Schnelle und

10 Widerfahre ihr schon manches Schwere.
11 Phil 3,10.
12 Beunruhigt.
13 Balken.

Unbedachtsamkeit zu dem jüngern / das ihr besonders lieb war: wehre dich / laß dich nicht so schlagen. Aber hilff GOtt! wie gieng es / als kaum diß Wort aus dem Mund war / in ihrem Gemüth untereinander! Sie kam auf einmal in die gröste Bedrängniß. Sie wurde über dem Aergerniß denen Kindern gegeben aufs schärfeste angeklagt. Der Mühl=Stein / den Christus gedrohet / *Matth. XVIII. v.* 6. hieng ihr schon an dem Halß / und wolte Sie in den Feur=See[14] versencken / wo er am tieffesten ist. Da wurde ihr alles Vertrauen im Gebett / sich zu GOtt zu wenden weggenommen / und Sie hatte selbige gantze Nacht keine Ruhe; des andern Tages wolte Sie solche Last ihrem Herrn Beicht=Vater[15] offenbahren / ihre Sünde bekennen / und Trost für ihre Seele suchen. Sie hielte sich aber nicht würdig / einen solchen Knecht GOttes mit sich / einer solchen leichtfertigen Creatur / zu bemühen; und gieng also wieder vom Hauß hinweg. Ja Sie durffte sich nicht einmahl unterstehen zu seufzen: HErr / erbarme dich mein![16] denn dieses war zu köstlich für Sie. Sie gieng zur Kirche; aber konte weder für sich / noch für andere betten / auch nicht nachbetten / da ein Kind getaufet wurde. Und in diesem jämmerlichen Zustand blieb Sie / biß in der folgenden Mitwochs=Predigt[17] der Spruch aus *Esai. XLV. v.* 11. weiset meine Kinder / das Werck meiner Hände zu mir; fürkam / und daraus bezeuget wurde / wie der HErr auch die / welche noch von Ihm abgeschieden seyen / für seine Kinder erkenne / so fern sie doch noch ein Werck seiner Hände seyen / und wolle / daß sie aus ihrer Irrung hingewiesen werden sollen zu ihm. Unter diesem Vor-

14 Apk 19,20.
15 Vielleicht Oechslin (s. S. 225, Anm. 20).
16 Mt 15,22.
17 Die mit der Professur am Gymnasium verbundenen Mittwochspredigten in der Stiftskirche hielt von 1721 bis 1733 Rieger, vorher Weissmann (s. S. 75, Anm. 80).

trag begunte[18] Sie sich zu fassen / und dachte / Sie wolte es hierauf wagen / und sich auch wieder hinweisen lassen zu ihrem GOtt. Nachdem Sie nun heim kam / fiel Sie nieder auf ihre Knie / hub an einfältiglich zu betten / und sprach: Ewiger GOtt / dis und das ist vorgegangen in vorigen Tagen. Du weissest es / zu meinem Beicht=Vater dem Helffer[19] O.[20] bin ich nicht so keck gewesen zu gehen: aber zu dir bin ich so keck jetzund / nicht zwar als dein Kind / aber doch als ein Werck deiner Hände[21] / hinzugehen / weil du deinen Knechten befohlen hast / sie sollen auch so ausgeartete Leute / wie ich bin / dennoch zu dir hinweisen. Usw. usw. Und da Ihr ferner unter dem fortbetten[22] auch die Worte einfielen: Der HErr ist *allen* gütig / und erbarmet sich *aller seiner Wercke* / *Ps. CXLV. v.* 9. so wurde es algemach wieder stille und heiter in ihrer Seele.

Es wird unten in dem Auszug ihrer Briefe[23] noch ein dergleichen höchst bedenckliches Exempel fürkommen. Deßgleichen mancherley Bekäntnisse von der Abwechslung des Lichts und der Finsterniß in ihrem inwendigen / als ein ferneres Stück ihrer Leyden. Davon wir jetzt hören wollen / wie Sie sich darein geschicket habe. Sie sagte / Sie habe ehedessen viele innerliche Ab-

---

18 Begann.

19 Diaconus (s. S. 32, Anm. 79).

20 Johannes Oechslin (1676-1738). – Aus dieser Textstelle geht hervor, dass der schon mehrfach erwähnte Oechslin (s. S. 18, Anm. 1; S. 50, Anm. 35; S. 77, Anm. 86; S. 116, Anm. 1f.; S. 142, Anm. 130; S. 183, Anm. 3; S. 201, Anm. 102; S. 224, Anm. 15) einer von Beata Sturms Beichtvätern war. Er wirkte von 1712 bis 1726 als Helfer (Diaconus) zunächst an St. Leonhard, dann an der Hospital- (1713/14) und zuletzt an der Stiftskirche. 1726 übernahm er das Pfarramt an St. Leonhard, 1728 wurde er in Stuttgart Hofprediger. Sehr wahrscheinlich war Oechslin von 1712 bis 1728 (zumindest aber 1712/13 und 1726–1728) Beata Sturms Beichtvater. Wahrscheinlich formulierte er für ihre Beisetzung die Personalien (s. S. 116, Anm. 2), möglicherweise hielt er selbst die Leichenpredigt (s. S. 18, Anm. 1).

21 Ps 138,8.

22 Weiterbeten.

23 Im Anhang, der nicht Teil dieser Edition ist.

wechslungen[24] erfahren / und öffters sich nicht darein schicken können. Wenn Sie ausserordentliche Freude und Süßigkeit empfunden / so habe Sie sich hinein gesetzet / als wäre das ihr bleibender Himmel. Kaum habe Sie sich gefreuet / so seye Traurigkeit gefolget. Da habe Sie denn gemeynet / jetzt seye wieder alles verlohren. Dieses hin und her fallen habe Sie schröcklich gequälet / biß Sie die Gleich=Waage[25] endlich getroffen / und nun zwar GOtt dancke / wenn Er ihre Seele mit einem freundlichen Blick ansehe; aber gleich dabey sich erinnere / daß es nicht GOttes Schuldigkeit seye / Ihr das allezeit zu geben. Habe Sie es denn nimmer / so bescheide Sie sich mit Hiob: Haben wir das Gute empfangen von dem HErrn / warum wolten wir das Böse / oder finstere / nicht auch annehmen / oder vielmehr mich[26] nur ein wenig *patienti*ren?[27] *Job. II. v.* 10. Ihres seel[igen] Herrn Vaters[28] Reimlein seye gewesen:

Am guten Tag hab guten Muth,
Den bösen nehme auch vor gut;

Denn beede hat GOtt neben einander geschaffen / daß der Mensch nicht wissen soll / was zukünfftig seye / und also in guten Tagen nicht sicher / in bösen nicht verzagt werde / sondern überall sich nur bloß dem Göttl[ichen] Willen überlasse. Pred. *VII. v.* 15.

Sie hätte einmal im vorüber gehen zwey Weiber gehöret miteinander *discuri*ren[29] / und die eine sagen: Wenn ich gleich bißweilen ein paar Tag lang kein Brod

---

24 Wechselbäder.
25 Gleichgewicht.
26 2. Aufl. (*Rieger:* Tabea, 1732, S. 260): uns.
27 Gedulden.
28 Johann Heinrich Sturm d.Ä. (s. S. 12, Anm. 3).
29 Eifrig erörtern.

im Hauß habe / *so richte*[30] *ich darum den lieben GOtt nicht gleich aus bey andern Leuten.* Und so mache Sie es auch. Wenn Sie sich dürr und unempfindlich befinde / so erfülle Sie deßwegen nicht die Gassen mit Klagen. Sie möge den lieben GOtt nicht so bald[31] *ausrichten*[32] bey andern Leuten. Er beschehre doch über eine Weile wider ein Stücklein Brod.

Das wiederfuhr ihr einmal auf eine artige[33] Weise / gleichwie Sie eben überhaupt ein Lust=Spiel Göttlicher Weißheit und Gnade in allen ihren Wegen war. Sie war vor einigen Jahren gar sehr niedergeschlagen in ihrem Gemüth! Darauf wurde Ihr im Schlaff fürgestellet[34] / Sie solte hingehen zur Frau G.[35] Weilen aber damals ihre Bekantschafft mit dieser Person[36] noch nicht sonderlich war / furchte Sie sich / und gieng nicht hin. Sie probirte es mit der Kirche / aber es half nichts; Sie besuchte ihren Herrn Beicht=Vater[37] / aber auch das war vergebens. Inzwischen hielte es die andere Nacht bey Ihr an / Sie solte an gedachten Ort hingehen / da werde Ihr geholffen werden. Endlich gieng Sie hin. Trafe aber diese Person viel trostloser und dürrer an / als Sie selbsten war. Da wurde Sie genöthiget / dieser zuzusprechen. Nachdem Sie nun zuletzt eben so betrübt / oder noch schwerer weggienge / als Sie hingekommen war / schoß es ihr daheim plötzlich in ihren Sinn: Siehe / was du dieser Seelen zugesprochen hast / das lasse auch dir gesagt seyn! Darauf erzeigten sich die jener Person[38] fürgehaltene Sprüche und Gründe mit grosser Krafft an ihrem

30 2. Aufl. (*Rieger*: Tabea, 1732, S. 260): trage.
31 Schnell.
32 Verleumden.
33 Hübsche / angenehme.
34 Gezeigt / gesagt.
35 Nicht ermittelt.
36 2. Aufl. (*Rieger*: Tabea, 1732, S. 261): *Dame*.
37 Vielleicht Oechslin (s. S. 225, Anm. 20).
38 Vorgehaltenen / vor Augen gestellte.

eigenen Hertzen / und ihr Traum hatte seine liebliche Erfüllung.

Nun ist noch die empfindlichste Art des Creutzes übrig / nemlich die eigentlich so genante geistliche Anfechtungen. Wie gewaltig Sie auch in diesem Sieb gerüttelt und herumgeworffen worden seye[39] / haben wir schon oben erzehlet.[40] Jetzt wollen wir uns von dieser wolgeübten Lehrmeisterin noch sagen lassen / wie Sie auch hierinnen ihre Probe bewiesen[41] / und was Sie gut für sich befunden habe. Sie seye bey ihren besten Unternehmungen und Ubungen / unter Anhörung Göttlichen Worts / deßgleichen unter dem Gebett / mit denen allerentsetzlichsten / wüstesten und lästerlichsten Gedancken dermassen geplaget worden / daß Sie zuweilen kein Wort in der Predigt habe hören können / noch fast an nichts gutes mehr gedencken dörfen / ihr Gnaden=Stand und Hofnung der Seeligkeit seye ihr völlig zweifelhafft gemacht worden. Usw. Einsten aber seye ihr plötzlich eine Frage in den Sinn gekommen / eben da sie in solcher Noth aus der Kirche gegangen: Ist der HErr Christus damals / als die Juden sein Angesicht mit Speichel überworffen hatten / nicht auch GOttes Sohn gewesen? *Matth. XXVI. v.* 67. Und da Sie die Frage nicht anders / als mit Ja beantworten können / und gestehen habe müssen / daß Er unter selbiger Bespeyung eben so wol GOttes Sohn gewesen / als damals / da sein Angesicht auf dem Berg geglantzet habe / wie die Sonne / *Matth. XVII. v.* 2. so seye Sie von der Zeit an zum Frieden gekommen / nachdem Sie die *application* des obigen auf ihren Zustand gemachet / wie Christliche Leser sich selbsten werden vorstellen können.

Auch das habe Sie gut befunden / was sonsten auch gerathen werde / daß, wenn solcherley Gedancken ha-

39 Am 9,9.
40 S. 195, Z. 16 – S. 196, Z. 19.
41 Sich bewährt hat.

ben ansetzen[42] wollen / Sie dieselbe nimmer angenommen / noch dawider *disputi*rt habe. Denn wie zancksüchtige Personen durch das wörtlen[43] und hin und wieder beffen[44] / nur desto mehr aufgebracht werden: so gehe es auch hie. Je mehr man diesen Gedancken widerspreche / je mehr wüten und toben sie. Hingegen wenn der eine Theil schweige / so müsse endlich der andere auch aufhören. Ja Sie habe begehren auch in diesem Stand ein Lämmlein zu seyn / welches wenn es die Hunde hetzen und anbellen / in der Stille fortgehe / und sich nur desto näher an den Metzger hinan schmiege. Also wenn Sie von den bösen Gedancken / als von bellenden Hunden / unter dem hören / lesen / betten. usw. seye angefallen worden / so habe Sie sich nur desto genauer zu ihrem treuen und erbarmenden Hirten hingehalten / und fortgegangen / in guter Zuversicht / daß sie Ihr nichts werden schaden können. Aber auch diesen Vortheil habe Sie aus der Erfahrung endlich abgemerckt[45] / daß Sie angefangen habe die Anklagen ihres Gewissens zu untersuchen / und gleichsam mit Christo zu fragen: Habe ich unrecht geredet oder gethan / so beweise es; hab ich aber recht gethan / was schlägst du mich? *Joh. XVIII. v.* 23. da habe es denn dem Gewissen offt an Beweißthum gefehlet / und darum habe Sie es verachtet. Seye Sie aber schuldig gewesen / so habe Sie es in Demuth erkant und abgebetten / und es hernach gut seyn lassen.

Gleichwie Sie aber schon offt gesagt habe: Sie wolte nicht / daß Sie nicht blind gewesen wäre / denn sonst hätte Sie die Wolthat ihres wenigen sehens nicht so groß erkant: Also sage Sie GOtt auch Danck für alles Ley-

---

42 Anheben / aufkommen.
43 Mit Worten hadern / streiten.
44 Hin und her kläffen / keifen.
45 Gezogen.

den / und mancherley Anfechtungen / und wolte nicht / daß Sie *eine* weniger gehabt hätte. Denn die Anfechtung habe Sie gelehret aufs Wort mercken. Bey 3. Jahren her aber (das war 1. Jahr vor ihrem seeligen Ende) wisse Sie nichts mehr von Unruhe / sondern geniesse den Frieden GOttes / der höher seye / als alle Vernunfft / und der ihr Hertz und Sinne bewahre in Christo JEsu.[46] Und damit wurde Sie zu ihrer letzten Friedens=Hinfahrt zubereitet. Welche zu beschreiben mir aber eben so schmertzlich fället, als unendlich vergnünglich mir die bißherige Wiederhohlung ihres Lebens gewesen.[47] Wir nennen es ein *unvermuthetes* Ende. Nicht in Absicht auf die seel[ige] Jungfer selber. Denn diese hat sich ihre *baldige* Ausführung doch *noch bälder* in ihrem Sinn fürgestellt gehabt. Wenigstens sich von ferne her dazu bereitet, und nicht nur ihre Sterb=Kleider schon zerschiedene Jahre her[48] fertig gerüstet[49] sondern auch[50] als eine kluge Jungfrau ihre Lampe brennend, und mit Oel wol gefüllet in grosser Munterkeit gehalten, und mit Verlangen auf die erwünschte Stimme gewartet: Siehe, der Bräutigam kommet, stehe auf, und gehe Ihm entgegen! *Matth. XXV. v.* 1. *sqq.* Das Uhrwerck ihres Lebens war bißher richtig und munter gegangen in dem Glauben der Außerwählten GOttes, und in der Erkäntniß der Wahrheit, die zur Gottseeligkeit führet, in der Hofnung des ewigen Lebens, welche das Gewichte daran war, *Tit. I. v.* 1.2 Diese Hofnung des ewigen Lebens war aus der Krafft der Wiedergeburt dermassen lebendig, grünend und wacker[51] in Ihr, daß, als einsten weitläufftig unter

---

46 Phil 4,7.
47 Die 2. Aufl. (*Rieger:* Tabea, 1732, S. 264) hat hier folgende Zwischenüberschrift: *„Der seel[igen] Jungfer Sturmin unvermuthetes und seeliges Ende."*
48 Schon vor einigen Jahren.
49 Vorbereitet.
50 Hier fügt die 2. Aufl. (*Rieger:* Tabea, 1732, S. 264–267) eine erhebliche Erweiterung ein, in die auch ein Abschiedsbrief Beata Sturms integriert ist.
51 Wach / munter.

uns *discuri*ret wurde, ob, und wie ein Christ seiner ewigen Seeligkeit gewiß und versichert seyn könte? Sie zuletzt den Ausschlag[52] gab: Dieser gantze *discurs* seye ihrentwegen nicht nöthig gewesen, denn Sie seye ihrer Seeligkeit so gewiß, daß auch der geringste Zweifel nicht bey ihr walte. Denn Sie habe schon das ewige Leben in sich.[53] Darum Sie auch in ihrem Leichen=Text[54] GOtt zum voraus dafür zu dancken pflege, und die Hinterlassene damit von solcher ihrer freudigen Hofnung wolle versichern lassen aus 2. *Tim. IV. v.* 18. Der HErr aber wird mich erlösen von allem Ubel, und mir aushelffen[55] zu seinem himlischen Reich. Ihm seye Ehre von Ewigkeit zu Ewigkeit, Amen.

Es war also nur *unserer Seits* ein unvermuthetes Ende. Denn obwol ihre schwächliche Natur, und der durch beständiges betten, vieles Wachen, weniges und schlechtes essen, auch andere Strenge und Anstösse erschöpffte Leib von langem her eine hangende[56] Wand war,[57] die den Einfall drohete: so hoffeten wir doch, der HErr würde dieses Licht noch nicht unter uns auslöschen, sondern solches in unserm Hause noch länger zum gemeinen[58] Nutzen leuchten lassen. Sonderlich da die Seel von Zeit zu Zeit immer Evangelischer, hertzlicher, zuversichtlicher, freundlicher, frölicher und stärcker wurde in ihrem Geist, der solchen Lebens=Balsam auch dem Leib mitzutheilen schiene. Allein gleichwie Sie selber volle Schritte dem HErrn in der Heiligung entgegen gethan hatte, also eilete der HErr hinwieder zu ihrer Vollendung. Ehe Sie selber er-

---

52 Auskunft / Bescheid.
53 Joh 3,36.
54 Der für die Grabrede von ihr selbst zuvor ausgewählte Bibeltext.
55 Verhelfen.
56 Schiefe.
57 Ps 62,4.
58 Allgemeinen.

kranckte, wurde Sie in ihren letzten Wochen eine doppelte Krancken=Wärterin, oder, wie man es in ihrer Leich=Predigt[59] besser gegeben[60] hat, ein vollkommenes Liebes=Opffer, und einem Licht auch hierinnen gleich, das sich, indem es andern diente, selber verzehrete. Sie wurde kranck, schwach und tod fast auf einmal. Denn biß an ihr Ende hinan *nesciebat tarda molimina Spiritus S[ancti] gratia,*[61] alle ihr Sach gieng hurtig durch des H[eiligen] Geistes Gnade. Und auch darum ist ihr Ende ein unvermuthetes Ende gewesen, weil Sie eher starb, als ein grosser Theil Leute, auch ihrer Bekantesten, Sie kranck zu seyn wusten.

Alles was man von denen äusserlichen Umständen ihres Sieg=Bettes[62] sagen kan, bestehet in diesen drey Worten. Nachdem Sie, wie gedacht, andern ihre Liebe und Treue erzeiget hatte, und den 4ten Jan[uar] noch das letzte mahl am Mitwoch in der Kirch gewesen war, spürte Sie den 5ten darauf, als vor dem Fest der Erscheinung Christi,[63] in der Nacht einen Frost, worauf Sie sich noch biß auf den 8ten *hujus*[64] in erträglichem Stand befunden, an selbigem aber liegen bleiben müssen, dabey sich die leydige *exanthemata*[65] des Friesels[66] zwar gezeiget, aber unerachtet der gebrauchten hiezu dienlichen Artzneyen und Sorgfalt der Herrn *Medicorum*[67] sich nicht recht hervor thun wollen, sondern die

59 Siehe S. 18, Anm. 1.
60 Gesagt.
61 Sie kannte dank des Heiligen Geistes keine Trödeleien / Zeitverschwendungen. – *Ambrosius von Mailand:* Expositio Evangelii secundum Lucam II, 19, in: *ders.:* Opera, Bd. 4, Turnholt 1957 (Corpus Christianorum Series Latina 14), S. 1–400, Zitat S. 39, Z. 292. Ambrosius legt an dieser Stelle Lk 1,39 aus, und der von Rieger zitierte Satz bezieht sich bei Ambrosius auf Maria.
62 Das Totenbett. – Der Tod wird u. a. mit 1Kor 15,55 als Sieg verstanden.
63 Epiphanias (6. Januar).
64 Dieses (Monats). – 8.1.1732.
65 Blüten.
66 Hautausschlags.
67 2. Aufl. (*Rieger:* Tabea, 1732, S. 268): des Herrn *Medici.*

angefangene *excessive* Hitz,[68] und die den 9ten dito,[69] wegen zimlich zurück gegangenen Friesels, dazu gekommene grosse leibliche Bangigkeit immer *continuirt*, biß sich endlich Mitwochs den 11. *huj[ius]*[70] gegen dem Mittag eine Lähme[71] an der Zunge eingefunden, so ihr die Sprache fast völlig benommen. Worauf nach und nach der Abgang der Lebens=Geister schnell zugenommen, so daß Sie nach vorher gegangenen wenigen *motibus convulsivis,*[72] unter dem Zuspruch und Gebett ihres unterdessen herbey gerufenen Herrn Beicht=Vaters[73] und übriger Umstehenden Nachmittag um 3. Viertel auf 3. Uhr ihren Geist aufgegeben hat, und der Seelen nach mit ihrem so offtmals treu gepriesenen Heyland vereiniget worden ist, nachdem Sie Ihr Christliches und gottseel[iges] Leben gebracht hat auf 47. Jahr, 3. Wochen und 4. Tage.[74]

Mithin war zwar ihr Ende unvermuthet und kurtz: aber doch auch *frölich* und *seelig*. Wir betauren[75] zwar, theils daß Fleisch und Blut so schnell einen so hefftigen Ruin ihres äusserlichen Menschen gemachet; theils daß ihre sorgfältige Liebe sie bewogen hat, ihre Kranckheit

68 Hitze / Fieber.
69 Desselben (Monats). – 9.1.1732.
70 Dieses (Monats). – 11.1.1732.
71 Lähmung.
72 Zuckungen.
73 Möglicherweise Christian Friedrich Faber oder Paul Biberstein (s. S. 177, Anm. 32).
74 Beata Sturm starb am Mittwoch, dem 11. Januar 1730 und wurde am 13. Januar 1730 auf dem 1604 eingeweihten Neuen Kirchhof ob dem Spital, zu ihrer Zeit bereits Mittlerer Spitalkirchhof genannt, bestattet. Friedhof und Grab haben sich nicht erhalten, der 1785 aufgegebene Friedhof lag in einem heute überbauten Bereich zwischen Büchsen-, Leuschner-, Gymnasium- und Hohe Straße. Der Eintrag im Sterberegister (Landeskirchliches Archiv Stuttgart, Kirchenbuch 129, Stuttgart Stiftskirche 1725–1746, S. 68) lautet: „Jungfer Beata, weyl[and] Herrn Joh[ann] Heinr[ich] Sturmens, gewes[enen] Hochfürstl[ichen] Ober- undJustiz-Raths, hinterl[assene] led[ige] tochter“.
75 Bedauern.

auch vor ihren liebsten und vertrautesten verborgen zu halten: sonsten ihr Abschied denen besuchenden ein noch viel grösserer Seegen würde geworden seyn. Sie hat aber auch gegen die wenige, die zu ihr kamen, ihren Mund frölich aufgethan, und geredet, wie es der Hofnung, die in Ihr war, würdig gewesen. Als jemand von uns Sie an dem letzten Sontag, den Sie auf der Welt hatte, besuchete, und Sie wider Vermuthen im Bette kranck antrafe, und deßwegen sein Christliches Mitleyden nebst Anwünschung der gnädigen Hülfe GOttes zu baldiger Besserung bezeugete, antwortete Sie darauf: *Des HErren Wille geschehe!*[76] dieses ist mein Kopff=Küssen,[77] es mag gehen, wie es will. *Sterben möcht ich zwar am liebsten;* aber ich will doch nicht wählen, sondern dem guten Willen GOttes alles überlassen. Ich habe mich allezeit am besten dabey befunden, wenn ich es gemacht habe, wie die 4. Thiere bey dem *Ezechiel,* die sich keine Mühe haben geben dörfen im hin und her kehren, sondern wo sie der Wind hingetrieben, da haben sie sich auch mit ihren Angesichtern hingewendet, *C[apitel] I. v.* 19.20. So rühre ich mich auch nicht selber, und sorge für nichts; sondern warte auf den Wind des Willens GOttes, es gehe hernach zum Leben oder Sterben. Und dieses bekräfftigte Sie mit folgendem Seufftzer,[78] welchen Sie sonst gemeiniglich auch bey dem Tisch=Gebett zu sprechen pflegte:

Gib dich mir, HErr JEsu mild,
Nehm mich dir, HErr, wie du wilt,
Und vollbringe deinen Willen,
In, durch und an mir, mein GOtt.
Deinen Willen laß erfüllen,

76 Apg 21,14.
77 Kopfkissen.
78 Stoßgebet.

Mich im Leben, Freud und Noth,
Sterben als dein Ebenbild,
HErr, wenn, wie und wo du wilt![79]

Bey hernach zunehmender Kranckheit nahm auch die Hofnung ihrer Erlösung zu, nach welcher Sie mit ausgerecktem Halse sich sehnete, und wie Sie ohne alle Furcht des Todes seye, bezeugete. Insonderheit lockete am letzten Abend auf dieser Welt, am Dienstage, ihr geliebter, und erst vor etlichen Wochen zuvor unter andern auch Ihr zu lieb von Regensburg angelangte jüngerer Herr Bruder,[80] noch ein herrliches und Glaubens=volles Triumph=Lied aus ihrem Hertzen und Munde heraus. Denn da er in Gegenwart noch anderer Christlicher Freunde sich sorgfältig bey ihrem Bette bewiese, und unter andern fragte: Wie befindet sich denn die Liebe Schwester? wie ist es Dir? antwortete Sie: gantz schlecht; es ist mir sehr bang um das Hertz; ich werde wol sterben müssen. Da mochte ihr Herr Bruder etwa gemeynet haben, Sie klage von ihrem Seelen=Zustand, und wolte ihr einen Christlichen Muth wider den Tod einsprechen,[81] und sagte: Meine liebe Schwester, ergib dich in den Willen GOttes, du hast es ja bey gesunden Tagen allezeit gethan. Darauf erklärte Sie sich deutlicher, und sprach: Sie habe auf ihre leibliche Kranckheit geantwortet, die ihre Brust so sehr beklemme, und den Athem also[82] verhindere. *Was* hingegen *meine Seele betrifft / da hats keine Noth.* Ich wolte, daß mein lieber Bruder wüßte, was ich erst in vergangener Nacht für einen süssen Umgang mit meinem

79 Strophen 3 und 4 des Liedes *Jesus, Jesus, nichts als Jesus* von Ludämilie Gräfin von Schwarzburg-Rudolstadt (1640-1672). - Die Stimme der Freundin […], Rudolstadt: Schultz, 1687, S. 312-314, Zitat S. 313.
80 (Georg) Gottfried Sturm (s. S. 14, Anm. 37).
81 Zusprechen.
82 Dadurch.

Heyland gehabt habe; ich beklage nur, daß ich durch die Macht der Kranckheit darinnen gestöhret werde, und nicht so ungehindert darinnen ruhen kan. Aber in meinem Gemüth ficht mich gar nichts mehr an. *Ich fürchte keine Sünde / keinen Teufel / keinen Tod / keine Hölle / noch sonst etwas.* Es kommt nur noch auf den armen Cörper an, dem sein Recht auch noch geschehen[83] muß. Welches wie Sie mit grosser *parrhesie*[84] und Freudigkeit ausgesprochen, also ist auch ihr ohnehin *entendrir*ter[85] Herr Bruder mit denen andern gegenwärtigen, hertzbeweglich gerühret worden, und wünschten nur, daß sie den *affect*[86] und gebrauchte *formali*en[87] der Seeligen vollkommen hätten austrücken können. Dennoch wagte es der Versucher,[88] aus einer geringen äusserlichen Veranlassung, nemlich der Wechßlung eines Hembds, ihren tiefen Seelen=Frieden zu trüben, und ihr noch einen gewissen Scrupel, als hätte Sie darinnen[89] etwas gefehlet, ins Gewissen zu schiessen. Aber O eine treue Seele, welcher der Verleumbder[90] in seinem letzten Anfall,[91] und grössesten Zorn bey der so kurtzen Zeit noch, *nichts* von ihrem gantzen Leben sonst *fürwerfen konte / als* dieses! Was denn? wir dörfens nicht deutlicher sagen, nemlich in der That, *nichts* / etwas nichts=heissendes.

Doch war Sie auch damit noch nicht gerechtfertiget, sondern muste in selbiger letzten Nacht noch ihr *letztes Gericht* durchgehen, und unter mancherley Göttlichen Läuterungen etliche Stunden lang zum Eingang in das

83 Zuteilwerden.
84 Freimütigkeit.
85 Starrköpfig / eigensinnig.
86 Gemütsbewegung.
87 Förmlichkeiten.
88 Teufel.
89 Dabei.
90 Teufel.
91 Angriff.

Allerheiligste vollkommen zubereitet werden. Sie konte sich des andern Tages wegen schon grosser Schwachheit nit völlig heraus lassen, sondern sagte nur zu dem Sie besuchenden guten Freund,[92] der dieses schreibet: wie ernstlich hat sich heute Nacht unser GOtt noch gegen mir[93] erwiesen! wie hat er mich so genau durchsucht! wie muste alles angetastet, und von seinem Gericht geprüfet werden! ach! wie gut ists, daß alles auf lauter Gnade und Barmhertzigkeit ankommet! Ich habe kämpffen müssen, biß heute die Morgen=Röthe anbrach: habe aber auch mit Jacob den Seegen davon getragen[94] durch meinen Heyland JEsum Christum. Ich antwortete Ihr, was ich meynte für eine nunmehr gecrönte Kämpfferin zu gehören, befahl mich ihrem Angedencken vor GOttes Stuhl, und nahm einen kurtzen, aber Leib und Seel bewegenden Hofnungs=vollen Abschied, wir würden in kurtzer Zeit einander wieder schauen dort in der Ewigkeit. Sie aber gab mit ihrer schon zimlich schweren Zungen ihren Seegens=Gruß an die übrige ihr vertraut gewesene Seelen mit, welche Sie nicht mehr selber hätte sehen und sprechen können. Und dieses mögen ihre fast [l]etzte Worte gewesen seyn, nachdem die Zunge in denen übrigen paar Stunden immer gelähmter wurde, als welche der H[eilige] Geist nicht mehr nöthig hatte, sie zu vertretten mit seinen Seufftzern, welche wir Menschen nicht aussprechen können.[95] Der HErr weiß, wie da mein Hertz in Stücken gebrochen war; wie kümmerlich ich getrennet und gerissen wurde von dieser mir so lang und so gar besonders verbundenen Seele; und wie lang ich auch beym fortgehen noch zurück geschauet habe nach ih-

92 Georg Conrad Rieger.
93 Mir gegenüber.
94 Gen 32,25.27–30.
95 Röm 8,26.

rem zwar verstellten Angesicht, welches aber jetzund verkläret leuchtet wie der Sonnen=Glantz![96]

Nun endlich *Adieu,* du seel[ige] *Beata* und Christliche *Tabea,* du außerwehlte Tochter des Himlischen Vaters, du Schöne des HErrn, du Freundin deines Freundes, du Braut und Mitgenoßin JEsu, du Geliebte des Geliebten, lebe wol! lebe wol, und geniesse zu deinen unendlichen Erquickungen der Freuden, die dir JEsus bereitet hat! das herrliche Licht GOttes des Vaters umkläre dich: die süsse Liebe deines Bräutigams JESU durchfliesse dich: der Trost des H[eiligen] Geistes überströme dich: die Krafft des Dreyeinigen GOttes durchdringe dich im Himlischen Paradiß, da Freude ist die Fülle, und liebliches Wesen zur Rechten GOttes immer und ewiglich.[97] Deine Gebeine werden unter unsern Nachkommen noch grünen,[98] und dein Gedächtniß wird im Seegen bleiben in und ausser Würtemberg, bey allen, die den HErrn fürchten. Deine Seegen triefen über das Haupt deiner liebsten Hinterlassenen, sonderlich des jungen Lämleins,[99] welches du als eine Schaf=Mutter so gesegnet zu der Erkäntniß und Liebe des Ertz=Hirten angewöhnet hast, und deine Gebette seyen ein Saame, der auch ins künfftige dem gesamten Landschafft=Hauß[100] noch eine volle Ernde bringe. Dein Exempel ziehe dir alle nach, die dich gekant haben, und reitze auch die, welche jetzt nur von dir hören. An uns allen lasse der lebendige GOTT dein erbauliches Leben also gesegnet seyn, daß wir unter ermunterter Hofnung des ewigen Lebens deinen Fußstapffen frölich nachfolgen, und am Ende der Tage also zu dir versam-

96 Ri 5,31.
97 Ps 16,11.
98 Sir 46,12.
99 Möglicherweise Charlotte Beata Sturm (s. S. 239, Anm. 102).
100 Landtag / Ständevertretung. - Siehe S. 12, Anm. 6.

let werden mögen, daß man nicht *eines* von uns vermisse, daß von der ewigen Ruhe keines dahinten geblieben seye. Amen, O HErr JEsu!

Ich bitt mir aus dein heil'ge Wunden
Zur Ruh, dein Wort zur Arzeney,
Deins Leydens=Krafft zu[r] letzten Stunden,
Deins Vaters Hertz, des Trösters Treu,
Dein Blut zur Cron und Sterbe=Kleyd,
Zuletzt zum Grabe deine Seit.[101]
Auf diese Weise mag ich sterben
In kurtzem, ober über lang,
Mir ist, als einem Himmels=Erben
Und GOttes Kinde, gar nicht bang.
Die GOttes Lieb, das JEsus=Blut,
Machts gwiß mit meinem Ende gut.[102]
Amen! Hallelujah!

---

101 Seite / Pleura. – Gemeint ist die Seitenwunde, der das Versöhnung stiftende Blut Christi entfließt.

102 Strophen 8 und 9 des Liedes *Weil nichts gemeiners ist als Sterben*. - Evangelischer Lieder-Schatz […], Tübingen: Bilhuber, 1734, S. 841-843, Nr. 1072, Zitat S. 842 f. Dieses Lied wird in der 2. Aufl. (*Rieger:* Tabea, 1732, S. 275–277) ersetzt durch sieben Strophen des Karfreitagsliedes *Reißt ihr Felsen, Erde bebe* (Auswahl von 20 alten Liedern […], Straßburg: Fischer und Silbermann, 1802, S. 5 f.), das, wie in der 2. Aufl. (S. 275) berichtet wird, am Sterbebett Beata Sturms von Charlotte Beata Sturm (geb. 1716), der Cousine Beata Sturms, mehrfach gesungen worden war.

Der seel[igen] Jungfer Sturmin geistlicher character, und eigentliche Seelen=Gestalt, aus dem bißherigen kurtz zusammen gezogen von einem der Jungfer Sturmin lange Zeit vertraut geweßten Theologo[1] unter uns, auf Ersuchen mitgetheilet.

WO hast du denn, Christlicher Leser, den gottseelig vollendeten Lebens=Lauff der frommen Jungfer Sturmin bedächtlich und ernstlich durchgelesen. Ich hoffe, du werdest Lust haben, ihne noch einmal durchzugehen, gleichwie er uns schon etlich mal durch die Feder, Mund, Hand, Sinn und Hertz gegangen, und doch noch nicht entleydet[2] ist. Ich will dir in solchem Vertrauen meine darüber gemachte erbauliche *Reflexion*en mittheilen, und bitten, daß du beym nochmaligen durchlesen darauf mercken wollest, so wird sich gewiß deine Erbauung daraus noch reichlicher erzeigen. So gibt denn unter der guten Ordnung deines Gemüths Achtung, ob du nicht mit mir folgendes, oder vielleicht noch mehrers, finden werdest.

I.

Ihre Gemeinschafft mit GOTT in Christo verbliebe nicht nur von ihrer Taufe an eine ununterbrochene beständige Treue, indem Sie dieselbe weder durch eine gefährliche Weltförmigkeit, noch viel weniger durch einen würcklichen Rückfall verletzet hat: sondern ihr geistliches Leben war von Anfang biß zum Ende ein immerwährendes Zunehmen. Sie lebte und wandelte zugleich im Geist ihr Lebenlang. *Gal. V. v.* 25.

---

1 Sehr wahrscheinlich (s. S. 246, Anm. 42) Christian Eberhard Weissmann (s. S. 75, Anm. 80).

2 Überdrüssig geworden.

II.

Sie genosse daher auch ihr Lebenlang von GOtt keine andere, als Evangelische Führung oder Geistes=Zucht. Der knechtische Geist[3] hatte niemalen[4] mit Ihr was hauptsächliches zu schaffen, weder was sein *flagellum paedagogicum*[5] betrifft, indem Sie immer in einem lebendigen inniglichen Antriebe stund, ihren GOtt in Christo zu suchen, zu geniessen, zu förchten, zu lieben; noch was dessen *Sabbathum mere Judaicum*[6] angehet, wenn nemlich der knechtische Geist denen unter dem Gesetz selbs=würckenden und laufenden Seelen je und je *ad interim*[7] eine falsche Ruhe=Statt zulasset, daß man sodenn *in opere operato*[8] oder dem äusserlichen Werck des GOttes=Diensts und dergleichen zu ruhen suchet. Nein. In der Jungfer Sturmin GOttes=Dienst behielte *Spiritus et Veritas,* Geist und Warheit,[9] allezeit die freye d*irection,*[10] und die *praedomini*rende[11] Würckung. Die *basin*[12] der eigentlichen Führung unserer seel[igen] Jungfer Sturmin finden wir in den Worten des Buchs der Weißheit, *c[apitel] VII. v.* 12. Ich war in allen Dingen frölich: das macht die Weißheit gieng mir in denselbigen für.[13] usw.

3 Röm 8,15.
4 Niemals.
5 Zuchtrute / seine erziehende Kraft.
6 Bloß jüdische / äußerliche Ruhe.
7 Einstweilen / vorläufig.
8 Durch das äußere Tun ohne innere Beteiligung.
9 Joh 4,24.
10 Leitung.
11 Vorherrschende.
12 Basis.
13 Voraus.

III.

Mit ihrer *egalen*[14] Evangelischen Führung streitet keines Wegs ihre ein und ander mal erlittene scharfe Anfechtung, als welche keines wegs aus einer *habituell*en[15] herrschenden knechtischen Furcht GOttes entsprungen: sondern ein Stück gewesen von dem verborgenen Rath GOttes, nach welchem dieser auch Seelen, die schlecht[16] und recht sind, ohne Ursache (die nemlich der Satan vorwendet, oder vorwenden kan) dem Satan eine kleine Zeit zur Feur=Probe überläßt, *Job. II. v.* 3. Dergleichen *phaenomena*[17] gehören mit zu der geheimen Gleichförmigkeit mit Christo und seinem Tode, und erläutern fürtrefflich[18] die edle Materie *de divina propagatione Regni DEI sub cruce*[19] von der gesegneten Fortpflantzung des Reichs GOttes unter dem Creutz, wenn GOTT das Reich des Teufels wider solches selbs gebraucht, Goliath mit seinem eigenen Schwerdt erleget,[20] den Rachsüchtigen Feind durch Kinder und Säuglinge, die der mit *einem* Schnapp[21] zu verschlingen vermeynet, zu Schanden macht, *Ps. VIII. v.* 3.

IV.

Noch weniger ist es der *Oeconomie*[22] des Evangelischen Geistes zuwider, wenn die seelige Jungfer Sturmin im

14 Gleichmäßigen.
15 Gewohnheitsmäßig.
16 Einfach.
17 Phänomene.
18 vortrefflich.
19 Mit einer Dissertation zu diesem Thema wurde 1708 in Halle der Theologe und Kirchenlieddichter Lambert Gedicke (1683–1736) von Paul Anton (1661–1730) promoviert. – *Lambert Gedicke* und *Paul Anton:* Meditatio theologica de divina propagatione religionis Christianae sub cruce [...], Halle: Zeitler, 1708.
20 1Sam 17,51.
21 Zuschnappen / Biss.
22 Haushaltung / Heilsordnung.

äusserlichen vieles gethan, das einer unnützen gesetzlichen Bemühung dem ersten Anblick nach ähnlich scheinet. Denn Sie bediente sich ihrer Evangelischen Freyheit niemals mehr, als in denen Fällen, welche den ungelehrigen ein gesetzlicher Quarck[23] geschienen.[24] Je *generos*er[25] ihr Glaube, je lebendiger ihre Hofnung, je brünstiger ihre Liebe war: je mehr hieß Ihr alles, was sündlich Fleisch und thörichte Welt heißt, ein garstiges *miserable*s Nichts. Ihr Sinn ist *Gal. VI. v.* 14. zu ersehen: Es seye ferne von mir rühmen, denn allein von dem Creutz unsers HErrn JEsu Christi, durch welchen mir die Welt gecreutziget ist, und ich der Welt. Thun nicht auch Kinder offtmals, wenn dem Vater daran ligt, etwas, das sonsten Knechten und Mägden für *ordinair*[26] zukomt? thun es aber gleichwol aus dem lautersten kindlichen Hertzen. Von denen ersten zu Christo bekehrten Knechten heißet es, daß sie auch bey ihrem Sclaven=Dienst in der Einfältigkeit des Hertzens Christo dienen sollen, und damit die Lehre GOttes unsers Heylandes zieren in allen Stücken, *Eph. VI. v.* 5. *Tit. II. v.* 9.10. Hie gilt des gottseeligen *Salesii*[27] beliebtes Sprüchlein: *Ubi Spiritus DEI, ibi libertas,* wo der Geist des HErrn, da ist Freyheit,[28] aus 2. Cor. *III. v.* 17.

V.

Ihre Erkäntniß von Göttlichen Dingen war allergrössesten Theils in der Erfahrung empfangen, und aus der-

23 Unsinn.
24 Erschienen ist.
25 Größer.
26 Gewöhnlich.
27 François de Sales (1567-1622), katholischer Mystiker, Ordensgründer und viel gelesener Autor geistlicher Werke.
28 Dem Thema widmet sich das 1. Kapitel des seit 1707 nachgewiesenen Werks *Geistlicher Vatter.* Diese Übersetzung von *Le directeur spirituel des âmes dévotes et religieuses* enthält eine Zusammenstellung von verschiedenen Texten aus dem Werk von François de Sales.

selben gebohren. *Lection,*[29] *Conversation*, gekünstelte *meditation* thate dabey so viel als nichts. Wie die Christliche unter den Gelehrten froh seyn müssen, wenn man von ihnen sagen darf, daß ihre Erkäntniß allein zehenmal grösser seye, denn ihre geistliche Erfahrung: also war es gegentheils bey der Jungfer Sturmin so, daß ihre Erkäntniß und Erfahrung nebeneinander meistens einher giengen. Diese *circulation*[30] nahm man bey derselben wahr, was Sie von GOtt und Christo erkennen gelernet, überlegte und genosse Sie in der Erfahrung; die Erfahrung gab ihr hinwieder einen Aufschluß in der Erkäntniß, und so giengs fort. Daß Sie also von denen Gerechten gewesen war, von welchen in Spr[üche] Sal[omons] zu lesen: Der Gerechten Pfad gläntzet wie ein Licht, das da fortgehet, und leuchtet biß auf den vollen Tag, *C[apitel] IV. v.* 18.

VI.

Da die lautere Liebe zur Heil[igen] Schrifft, wie solche endlich dieser Seele fast allen Geschmack an andern, auch den besten Menschen=Büchern benehmt[31] oder doch schwächet, von denen erfahrensten *Theologis* für eines der *eclatan*testen und sichersten Merck=Zeichen des geistlichen ansehnlichen Wachsthums gehalten wird: also finden wir bey unserer Beata, als was besonders, daß solche Ubung des lautern Anhangs an der H[eiligen] Schrifft, der Anfang, Mittel und Ende, ihres geistlichen Lebens gewesen seye. Sie mag wol eine *Virago*[32] und Männin[33] im Himmelreich heissen.

29 Lektüre.
30 Kreislauf / Zusammenhang.
31 Genommen.
32 Mannweib.
33 Gen 2,23.

VII.

Ihr thätiges Christenthum war daher eine pure Apostolische Einfältigkeit in Christo, das ist, Sie hielte sich gantz und gar an die Apostolische und allgemeine Haupt=Warheiten des Evangelii, wie solches Anfangs aller Creatur verkündiget worden,[34] wie ein jetzt=gebohrnes Kind sich an die lautere Mutter=Milch anhängt, ohne sich im geringsten zu bekümmern, wie andere in der Welt die Christliche Religion jetzund *fricassi*ren[35] und verkünstlen. Welches denn wol die einige[36] Ursache gewesen, daß diese Evangelische *Religiose*[37] bey ihrem Eifer, den Sie für den Nahmen JEsu geheget, gegen alle *Separati*schtische, und andere *fervores intempestivos*[38] bewahret worden ist.

VIII.

Ihr *Privat*-Umgang mit dem Neben=Menschen offenbahrete ihren Seelen=Zustand so weit, wie daß Sie nemlich mehrers die Gabe gehabt habe, Gottseeligen, oder doch gutwilligen Seelen, ihr geistliches mitzutheilen, als rohen Seelen, oder andern Welt=förmigen Geistern, damit eine besondere Erweckung zu machen. Was den übrigen zufälligen Umgang mit der Welt betrifft, so ließ Sie ihr Licht in aller Einfalt vor den Menschen leuchten, und suchte solche durch ihren Wandel ohne Wort zu gewinnen, 1. *Petr. III. v.* 1. In solchen Schrancken ihres Beruffs enthielte Sie sich fürsichtig-

---

34 Mk 16,15.
35 Zerreiben.
36 Eigentliche.
37 Streng religiös Lebende. - Im Katholizismus werden Nonnen als Religiose bezeichnet.
38 Nicht zeitgemäße Leidenschaften.

lich,[39] daß also bey derselben genau eingetroffen, was rechtschaffene *Mystici,*[40] als ein besonders *indicans*[41] eines gesunden geistlichen Lebens anmercken, wenn es bey ihnen heißt: *Spiritum S[anctum] semper comitatur discretio,*[42] *et si aliquem in cellam vinariam introducit, statim ordinat in eo charitatem.*[43] Und wiederum: *Indicium est divini Spiritus, propriae vocationi insistere, nec ad alia instituta divagari. Etc.*[44]

IX.

Ihre im Umgang bewiesene ungekünstelte Weißheit hatte alle diejenige Merck=Zeichen,[45] welche Jacobus der Weißheit, die von oben her ist, beyleget, daß sie seye aufs erste keusch, darnach friedsam, gelind, läßt ihr sagen, voll Barmhertzigkeit, und guter Früchte, unpartheyisch, ohne Heucheley, *C[apitel] III. v.* 17. Unter allen diesen Merck=Zeichen hat einem, der die Christliche Jungfer nach Gnade und Natur wol gekennet, der auch die Zeichen unserer Zeiten wol zu *discerni*ren[46]

---

39 Mit Vorsicht und Umsicht.
40 Mystiker.
41 Anzeichen.
42 Den Heiligen Geist begleitet immer die Gabe der Unterscheidung ... – *Johannes Bona:* De discretione spirituum liber unus, in: *ders.:* Opera Omnia [...], Antwerpen: Schipper, 1677, S. 223–322, hier S. 241 (VI, 11). Der katholische Zisterziensermönch, Theologe, geistliche Schriftsteller und Kardinal Giovanni Bona (1609–1674) wird im Folgenden mehrfach zitiert. Dies spricht für die Autorschaft Weissmanns (s. S. 240, Anm. 1), denn dieser behandelte *Bona* auch in seiner großen Kirchengeschichtsdarstellung: *Christian Eberhard Weissmann:* Introductio in memorabilia ecclesiastica historiae sacrae Novi Testamenti [...], pars posterior, Halle: Waisenhaus, 1745, S. 62.
43 ... und wenn er jemanden in den Weinkeller [s. S. 64, Anm. 51] führt, ordnet er in ihm sofort die mildtätige Liebe. – Hhld 2,4.
44 Es ist ein Zeichen [für den Besitz] des Heiligen Geistes, bei der eigenen Berufung zu beharren und nicht zu anderen Unternehmungen auszuschweifen. Usw. – *Bona:* De discretione (wie S. 246, Anm. 42), S. 251 (VIII, 12).
45 Kennzeichen.
46 Unterscheiden.

weißt, fürnehmlich, als ein außerlesenes Kleinod an derselben wol gefallen sollen, daß *Sie sich sagen lassen. Erat bene persuadibilis,*[47] wie das Wort im Grund=Text von einem berühmten Mann[48] übersetzet wird. Sie war demjenigen nicht gleich, der gesagt: *Semper maneant mihi semel placita,*[49] was mir einmal gefallen hat, lasse ich mir nimmer mißfallen. Thate Sie gleich nicht allemal, was Ihr gegen ihre strenge Lebens=Art gerathen worden, so war Sie doch in ihrer Liebe gegen die, so anders des HErren Werck an ihr *aestimi*rten[50], unveränderlich. O wie ist solche Erfahrung demjenigen so theur, der so vielmal durch ihr besonderes Vertrauen veranlaßt worden, dieses oder jenes, als was *luxuri*rendes[51] ihres geistlichen Lebens zu ahnden, ohne daß Sie einer Hand breit in der Liebe gegen ihme zurück gegangen wäre! Ja Sie kam ein paar Tag vorher, ehe Sie sich tödtlich gelegt,[52] zu solchem, und *expectori*rte[53] sich in der zartesten Liebe gegen ihn. Sie wußte gar wol, was es auf deutsch heisse, wenn wir sagen: *Vitam spiritualem plenam esse latibulis,* das geistliche Leben seye voller Schlupf=Löcher.[54]

X.

Ihre Fehler, die man an Ihr will beobachtet haben, und die dem gemeinen Welt=Sinn eine Thorheit heissen, seynd durchgehends nur von einer *exsuperantia fidei in*

47 *Seneca:* De vita beata 8,3.
48 Vielleicht Arnold (s. S. 53, Anm. 47), der in seinen Werken auch Seneca zitiert.
49 *Seneca:* De vita beata 8,1.
50 Schätzten / beurteilten.
51 Etwas Verschwenderisches / Übertriebenes.
52 Zum Sterben hingelegt.
53 Offenbarte / öffnete ihr Herz.
54 *Bona:* De discretione (wie S. 246, Anm. 42), S. 223 (I, 1).

DEUM et amoris erga proximum[55] veranlasset worden. Sie waren ein untaugliches Neben=Schoß an einem Fruchtbringenden edlen Baum, doch so, daß wenn solcherley Fehler sich bey manchen fünden, sie dadurch für fromm geachtet werden könten. Am besten aber lasset man, was über sein Ziel ist, ungerichtet stehen, und hält sich an die unwidersprechlich schöne Tugend=Exempel in dieser gantzen Erzehlung. O ja, daß doch niemand hievon weggehe, ohne sich zu prüfen, ob man wenigstens Blüthe habe dessen, was hie in so reifen Früchten gestanden ist; deßgleichen einen hertzlichen Fürsatz zu fassen, sich hieraus in seinem Christenthum zu bessern, und jetzt so bald mit diesem oder jenem Stück einen guten Anfang zu machen! Wozu der getreue GOtt nach seiner allgemeinen und unpartheyischen Liebe einem jeden sein Hertz kräfftiglich neigen wolle! Amen.

---

55 Von einem Hervorragen des Glaubens an Gott und der Liebe gegen den Nächsten / von hervorragendem Gottesglauben und hervorragender Nächstenliebe.

Editorische Notiz

Die württembergische Tabea ist zu Lebzeiten ihres Autors dreimal gedruckt worden. Es folgten zahlreiche, teilweise bearbeitete Nachdrucke, ferner auszugsweise Nachdrucke sowie vielfach aufgelegte freie Nacherzählungen der Biographie, die bis in die Gegenwart reichen. Eine wissenschaftliche Edition existierte bislang nicht.

Drucke zu Lebzeiten des Autors:

[Georg Conrad Rieger]: Die Würtembergische *TABEA,* Oder Das Merckwürdige äussere und innere Leben und seelige Sterben Der Weyland Gottseeligen Jungfrauen / *BEATA S*turmin, Welche Den XI. *Januarii* 1730. zu Stuttgardt im Hertzogthum Würtemberg durch einen seeligen Tod ist vollendet worden, Aus eigenem Umgang un[d] Erfahrung wahrgenom[m]en, In der Furcht des HERRN unpartheyisch abgefaßt, Zur Offenbahrung der herrlichen Gnade GOttes Und Preiß des Nahmens JEsu CHristi, Wohlmeynend mitgetheilet, Von Etlichen der Seeligen wol bekanten Freunden. Zu Stuttgardt in Verlag bey Metzlern und Erhardten. Eßlingen druckts Göttlieb Mäntler [1730]. – Digitalisat: https://books.google.de (vermutlich das Exemplar der British Library, Signatur 1578/1685).

[Georg Conrad Rieger]: Die Würtembergische *TABEA*, Oder Das Merckwürdige äussere und innere Leben und seelige Sterben Der Weyland Gottseeligen Jungfrauen / *BEATA S*turmin, Welche den 11. *Jan.* 1730. zu Stuttgardt im Hertzogthum Würtemberg durch einen seeligen Tod ist vollendet worden, Aus eigenem Umgang und Erfahrung wahrgenommen, in der Furcht des HErrn unpartheyisch abgefaßt, zur Offenbahrung der herrlichen Gnade GOttes und Preiß des Nahmens JESU CHristi, wohlmeynend mitgetheilet. Von Etlichen der Seeligen wolbekanten Freunden. Zweyte Auflag. Stuttgardt bey Metzler und Erhardt, 1732. – Digitalisate: https://reader.digitale-sammlungen.de (Exemplar der Staats- und Stadtbibliothek Augsburg, Signatur Bio 9742); https://gdz.sub.uni-goettingen.de (Exemplar der Staats- und Universitätsbibliothek Göttingen, Signatur 8° H.E.E. 564/5).

[Georg Conrad Rieger]: Die Würtembergische *TABEA,* Oder Das Merckwürdige äussere und innere Leben und seelige Sterben Der

Weyland Gottseeligen Jungfrauen, *BEATA* Sturmin, Welche Den 11. *Jan.* 1730. zu Stuttgardt im Hertzogthum Würtemberg durch einen seeligen Tod ist vollendet worden, Aus eigenem Umgang und Erfahrung wahrgenommen, In der Furcht des HErrn unpartheyisch abgefaßt, zur Offenbahrung der herrlichen Gnade GOttes und Preiß des Nahmens JESU CHristi, wohlmeynend mitgetheilet. Mit einem Anhang, Von dem Leben der *ARGULAE* Grumbachin, gebohrnen von Stauffen. Dritte Auflag. Stuttgardt bey Metzler und Erhardt, 1737. – Digitalisat: https://books.google.de/books (Exemplar der Staatlichen Bibliothek Regensburg, Signatur 999/Hist.eccl.974); https://reader.digitale-sammlungen.de (Exemplar der Staatlichen Bibliothek Regensburg, Signatur 999/Hist.eccl.974).

Folgende, teilweise auszugsweise, teilweise (stark) bearbeitete Nachdrucke der Lebensbeschreibung sind erschienen:[1]

Johann Henrich Reitz: Historie Der Wiedergebohrnen [...], VII. Theil, Berleburg: Haug, 1745, S. 166–231.

Johann Henrich Reitz: Historie der Wiedergebohrnen [...], VII. Theil, Frankfurt und Leipzig: Regelein, 1750, S. 166–231. – Es handelt sich um einen bloßen Titeldruck der Ausgabe von 1745 (vgl. Schrader: Heilige, S. 695).

Georg Conrad Rieger: Die Würtembergische Tabea, oder das merkwürdige äussere und innere Leben und selige Sterben der weiland gottseligen Jungfer Beata Sturmin, welche den 11. Jan. 1730 zu Stuttgart gestorben ist, 4. Aufl., mit einer Vorrede von Magnus Friderich Roos, Stuttgart: Erhard, 1791.

Johann Arnold Kanne: Leben und aus dem Leben merkwürdiger und erweckter Christen aus der protestantischen Kirche, Bd. 1, Bamberg – Leipzig: [ohne Verlagsangabe], 1816, S. 55–110.

Johann Arnold Kanne: Leben und aus dem Leben merkwürdiger und erweckter Christen aus der protestantischen Kirche, Bd. 1, 2. Ausg., Leipzig: Brockhaus, 1842, S. 55–110.

Georg Conrad Rieger: Die Würtembergische Tabea, oder das merkwürdige äußere und innere Leben und selige Sterben der weiland gottseligen Jungfer Beata Sturmin: welche den 11. Jan. 1730

1 Vgl. *Schrader:* Heilige, S. 693–697; *Gottfried Mälzer* (Bearb.): Die Werke der württembergischen Pietisten des 17. und 18. Jahrhunderts. Verzeichnis der bis 1968 erschienenen Literatur, Berlin – New York 1972 (Bibliographie zur Geschichte des Pietismus, 1), S. 314 f.

zu Stuttgart gestorben ist, neue Ausg., mit einer Vorrede von Magnus Friderich Roos, Stuttgart: Henne, 1845.

Georg Conrad Rieger: Beata Sturmin oder die Württembergische Tabea: nach einer Lebensbeschreibung derselben, 3. Aufl., Stuttgart: Verlag der Evangelischen Gesellschaft, [o. J.]. – 6. Abdruck 1875, 7. Abdruck 1880.

P. Sartorius: Beata Sturm, die württembergische Tabea. Berlin: Buchhandlung des Ostdeutschen Jünglingsbundes, [1899] (Für Feste und Freunde der Inneren Mission, 26). – Die Universitätsbibliothek der Humboldt-Universität zu Berlin datiert auf „ca. 1925".

Hinzu kommen einfache, freie Nacherzählungen der Biographie durch Carl Friedrich Ledderhose (1806–1890), Heinrich Merz (1816–1893), Wilhelm Claus (1836–1890) und Julius Roessle (1901–1975) (s. Literaturverzeichnis unten). Der Verbundkatalog GBV bringt auch Heinrich Philipp Conrad Henkes (1752–1809) „Actenmäßige Geschichte einer Würtembergischen neuen Prophetin" (1808) mit Beata Sturm in Verbindung, in Wirklichkeit handelt das Buch aber von Maria Gottliebin Kummer (1756–1828).

Der Edition wurde der Esslinger Druck vom Sommer 1730 und damit, den EPT-Prinzipien entsprechend, die Erstausgabe zugrunde gelegt. Für die Texterfassung fand das Exemplar der Württembergischen Landesbibliothek (Rarum HBF 2685) Verwendung. Es ist allerdings nicht, wie vielfach vermutet worden war, das einzige erhalten gebliebene Exemplar der Erstausgabe. Neben dem Stuttgarter gibt es – vom Herausgeber allerdings nicht in Autopsie genommene – Exemplare in Emden (Johannes a Lasco Bibliothek), Halle a. d. Saale (Bibliothek der Franckeschen Stiftungen; unvollständig), Wrocław (Biblioteka Uniwersytecka) und London (British Library). Gottfried Mälzer konnte in seiner Pietismus-Bibliographie noch kein einziges Exemplar der Erstauflage nachweisen,[2] sodass sie lange als verschollen

2 Ebd., S. 314.

galt. Während der Arbeit an der Edition wurde am 26. Juli 2019 die Erstauflage, das Exemplar der British Library (Signatur 1578/ 1685), vollständig digitalisiert als „Google Book“ im Internet zur Verfügung gestellt. Die 2. und 3. Auflage standen schon länger digitalisiert zur Verfügung. Der Erhaltungszustand des Stuttgarter Exemplars ist gut. Von unbekannter Hand wurden wichtige Partien am Rand rot angestrichen, Randbemerkungen finden sich aber nicht.

Die Erstauflage zählt insgesamt 526 Seiten. In die Edition einbezogen wurde der Hauptteil des Buches, die eigentliche Biographie, verfasst von Georg Conrad Rieger (1687–1743), die aber auch kurze Texte Beata Sturms enthält sowie einen längeren stärker theologisch akzentuierten Text eines nicht genannten Autors, sehr wahrscheinlich Christian Eberhard Weissmanns (1677-1747). Nicht in die Edition einbezogen wurden die Vorreden sowie der umfangreiche Anhang. Der Band beginnt 1. mit einer von Rieger gezeichneten und ihn damit als Autor offenbarenden Widmungsvorrede für Graf Erdmann Heinrich Henckel von Donnersmarck (1681–1752), einen mit Stuttgart und seinem Pietismus eng verbundenen Pietisten aus Pölzig im Herzogtum Sachsen-Altenburg.[3] Die 2. Vorrede, in der der Autor, ohne seinen Namen (erneut) zu nennen, sein Vorhaben näher erläutert, datiert auf den 1. August 1730.[4] Die 3. Vorrede, die den Lesern den Wert einer näheren Beschäftigung mit Lebensläufen frommer Christen deutlich macht, stammt von einem nicht namentlich genannten Autor und datiert auf den 29. Juni 1730.[5] Aus der 2. Auflage geht hervor, dass Christian Eberhard Weissmann ihr Verfasser ist.[6] Die ein-

---

3 *Rieger*: Tabea, 1730, S. [)(2]^{r} – [)( )(8]^{v}.
4 Ebd., S.)( )( )(^{r} –)( )( )( )(^{v}.
5 Ebd., S.)( )( )( )(2^{r} –)( )( )( )(6^{v}.
6 *Rieger*: Tabea, 1732, S.)( )( )(3^{v}.

leitenden Teile schließen mit einem Inhaltsverzeichnis, das den tatsächlichen Inhalt, insbesondere die Kapitelzählungen, allerdings nicht korrekt wiedergibt.[7] Am Schluss des biographischen Teils finden sich ein Bibelstellenregister, Namen- und Sachregister sowie ein Verzeichnis der Corrigenda. Der umfangreiche Anhang, eigentlich der zweite Hauptteil des Buches mit einer eigenen Seitenzählung, bietet zunächst 22 Briefe „an einen damals auf dem Land dienenden Prediger" aus den Jahren 1718 bis 1721,[8] dann Reflexionen Beata Sturms zum Matthäusevangelium,[9] ferner ein von Freunden verfasstes Gedicht, vorgetragen bei der Beisetzung Beata Sturms,[10] und ein Gedicht zu Ehren des 1729 verstorbenen, in der Biographie mehrfach erwähnten Pfarrers David Friedrich Jäger (1684–1729)[11] sowie zwei Predigten Riegers und diese ergänzende Materialien.[12]

An der Autorschaft Riegers bestand nie und besteht kein Zweifel. Sich auf dem Titelblatt nicht als Autor zu präsentieren, war in der pietistischen Literatur verbreitet, wenn der Autor hinter der Sache zurücktreten und sich als demütig zeigen wollte. Der verbreitetere Grund eines Sich-Verbergens vor der Zensur entfällt im konkreten Fall. Rieger gibt sich in den Vorreden als Autor zu erkennen. Auch in der 2. Auflage unterzeichnete er namentlich die nunmehr an die beiden Brüder Beata Sturms gerichtete Widmungsvorrede.[13] Außerdem hat er seine Verfasserschaft auch anderweitig ganz offen kommunziert. Im Sommer 1730 ließ er Jo-

7 *Rieger:* Tabea, 1730, S. [)()()()(7]^{r} – [)()() ()(7]^{v}.
8 Ebd., S. 1-27, Zitat S. 1.
9 Ebd., S. 27-71.
10 Ebd., S. 71-88.
11 Ebd., S. 84-88.
12 Ebd., S. 89-199.
13 *Rieger:* Tabea, 1732, S. [)(6]^{r}.

hann Albrecht Bengel (1687–1752) ein druckfrisches Exemplar seiner Beata Sturm-Biographie zukommen, wofür sich dieser mit einer Gegengabe revanchierte, für die sich Rieger wiederum in einem Brief vom 2. Dezember 1730, der sich erhalten hat, bedankte.[14] Ferner belegt ein Dankesschreiben Riegers an Weissmann vom 20. Oktober 1731 seine Autorschaft.[15] Und auch die *Sammlung Auserlesener Materien zum Bau des Reichs GOttes* weisen 1731 Rieger als Verfasser aus.[16]

Der Text wird diplomatisch getreu wiedergegeben. Auf den ersten Blick fallen Uneinheitlichkeiten ins Auge, insbesondere bei der Verwendung von Virgeln und Kommata, außerdem bei den Abkürzungen der Bibelstellennachweise und dem Gebrauch von Antiqua- und Frakturschrift, denn Teile des Buches wurden, worauf Rieger, sich für „Flüchtigkeit" entschuldigend, hinweist,[17] in zwei verschiedenen Druckereien parallel gedruckt, um die Fertigstellung zu beschleunigen. Im Mittelteil, ab S. 250, wurde vorübergehend falsch paginiert. Zu den Besonderheiten des Druckbilds gehören, dass dem Drucker keine großen Umlautbuchstaben zur Verfügung standen, sodass zum Beispiel U für U und für Ü steht, und dass er bei zweizeiligen Überschriften die erste Zeile fett, die zweite aber normal druckte, was in der Edition an manchen Stellen einen Wechsel von Kursiv- zu Normalschrift sogar innerhalb einzelner Worte zur Folge hat.

Offenkundige, einfache Druckfehler, die allerdings nicht zahlreich sind, wurden vom Herausgeber stillschweigend korrigiert. Alle anderen Korrekturen oder

---

14 *Johann Albrecht Bengel:* Briefwechsel, Bd. 2: Briefe 1723-1731, hg. von Dieter Ising, Göttingen 2012 (Texte zur Geschichte des Pietismus, Abt. 6, 2), S. 695, Nr. 643.

15 Vgl. *Ehinger:* Glaubenssolidarität, S. 42.

16 Vgl. *Schrader:* Heilige, S. 692.

17 *Rieger:* Tabea, 1730, S. R4^{v}.

Ergänzungen ausgefallener oder abgekürzter Wortteile werden durch eckige Klammern als vom Herausgeber stammend gekennzeichnet. Verzichtet wurde, um eine Überlastung der Anmerkungen zu vermeiden, auf vereinheitlichende Nachweise der überaus zahlreichen Bibelzitate. Rieger gibt die von ihm nach einer zeitgenössischen Ausgabe der Luther-Bibel zitierten Bibelstellen genau, verständlich und durchweg korrekt an. Viele Bibelzitate und biblische Anspielungen vor allem im hinteren Teil hat er allerdings nicht nachgewiesen. In diesen Fällen hat sich der Herausgeber für eigene Nachweise in den Anmerkungen entschieden, wobei zwischen direkten Zitaten, sinngemäßen Zitaten und bloßen Anspielungen bei der Gestaltung der Anmerkungen nicht unterschieden wird.

Der Herausgeber hat den Text der 1. Auflage mit der stellenweise bearbeiteten und erheblich erweiterten 2. Auflage verglichen und weist in den Anmerkungen auf alle Stellen hin, wo es signifikante Änderungen gibt. Insbesondere ist interessant, dass Rieger verschiedene, möglichweise anstößige oder missverständliche Formulierungen abgeändert oder ganz gestrichen hat. Ansonsten hat Rieger weitere Geschichten, Beispiele und Aussprüche hinzugefügt. Hin und wieder wurden von ihm lange Exkurse und Zwischenüberlegungen in umfangreichen Anmerkungen untergebracht. Gelegentlich hat er auch etwas gestrichen. Die 2. und 3. Auflage des Werks waren ferner mit dem bekannten Bild der „Sturmin" mit ihren „blöden" Augen ausgestattet, geschaffen vom pietistisch gesinnten Stuttgarter Hofmaler Johann Isaak Lieffkopf (1697-1775), und dieses war garniert mit dem treffenden Spruch Philipp Heinrich Weissensees (1673–1767): „Bey der frommen Sturmin Bild, Das die Augen wenig fült, Bleibe niemand lange stehen: Innen ist das Werck zu sehen." Zuletzt fügte Rieger der 2. Auflage einen Brief des Kirchenvaters Hieronymus (ca. 347–419/20) an die Asketin Paula (347-404) bei und ordnete Beata Sturm damit noch einmal tiefer ein in die Reihe nicht nur biblischer, sondern auch geschichtlicher Glaubenszeugen. Die 3. Auflage hat Rieger schließlich um eine Lebensbeschreibung der Argula von Grumbach (1492–1554), einer Flugschriftenautorin der Reformationszeit, erweitert, die ebenfalls Eingang in die protestantische Hagiographie gefunden hat.[18]

Die Texterfassung und die Arbeit an den Korrekturen waren sehr aufwendig. Der Herausgeber dankt den beiden Sekretärinnen des Instituts für Evangelische Theologie der Universität Osnabrück Jutta Kemper und Sabine Liphardt sowie seiner Wissenschaftlichen Hilfskraft Annika Redmann für tatkräftige Hilfe. Allen Herausgebern der EPT-Reihe und besonders dem Redaktor des Bandes schuldet er Dank für wichtige Beiträge zum Gelingen der inhaltlichen und formalen Gestaltung und Esther Sturm in der Württembergischen Landesbibliothek für viele kleine Hilfestellungen bei der Arbeit mit dem Originaldruck. Ferner haben Birgitta Häberer, Johann Anselm Steiger und Klaus vom Orde zur Klärung einzelner Sachverhalte beigetragen. Ein dem Herausgeber von seiner Universitätsleitung gewährtes Forschungssemester im Sommersemester 2020 hat die planmäßige Fertigstellung der Edition ermöglicht. Die Mitarbeiterinnen der wegen der Corona-Krise geschlossenen Universitätsbibliothek Osnabrück verhalfen ihm zu der für die Arbeit notwendigen Literatur.

---

18 Vgl. *Ch[ristian] H[einrich] Sixt:* Argula von Grumbach. 15. September, in: Ferdinand Piper (Hg.): Die Zeugen der Wahrheit. Lebensbilder zum evangelischen Kalender auf alle Tage des Jahres, Bd. 3, Leipzig 1874, S. 545–555; dazu auch *Martin H. Jung:* Grumbach, Argula von, in: Religion in Geschichte und Gegenwart, 4. Aufl., Bd. 3, Tübingen 2000, Sp. 1305; *ders.*: Frauen des Pietismus von Johanna Regina Bengel bis Erdmuthe Dorothea von Zinzendorf. Zehn Porträts, Gütersloh 1998 (GTB 1445), S. 93, 95.

Nachwort

Beata Sturm wurde am 17. Dezember 1682 in der württembergischen Landeshauptstadt Stuttgart geboren und in der Stiftskirche, der Hauptkirche der Stadt, getauft. Ihr Vater war der Rechtsberater der Landstände Oberjustizrat Johann Heinrich Sturm d.Ä. (1651-1709) und ihre Mutter war Brigitta Beata Sturm geb. Zeller (1655-1693). Das Kind hatte eine schwere Augenkrankheit und wurde schon im Alter von zehn Jahren mehrfach operiert, ferner waren mit der Krankheit immer wieder Kuraufenthalte in Teinach (heute: Bad Teinach) und Zaisenhausen verbunden. Am 12. September 1693 verlor Beata Sturm ihre Mutter, am 2. Januar 1709 ihren Vater. Anschließend lebte sie zunächst bei ihrem jüngeren Bruder (Georg) Gottfried Sturm (1681-1743). Nach dem Verkauf des elterlichen Hauses schickte ihr Bruder sie nach Blaubeuren, wo sich der Leiter des dortigen Schulinternats Matthäus Esenwein (1651-1714), ein Freund ihres verstorbenen Vaters, um sie kümmerte. Als Esenwein 1713 nach Stuttgart wechselte, kam sie in Stuttgart zu ihrem älteren Bruder (Johann) Heinrich Sturm d.J. (1678-1754), bei dem sie bis zu ihrem Tod verblieb. Heiratspläne hat sie wegen ihrer Sehschwäche nicht verfolgt. Am 11. Januar 1730 starb sie und wurde am 13. Januar 1730 auf dem heute überbauten Mittleren Friedhof der Hospitalkirche bestattet. Der Beiname Tabea – als Anagramm ihres Vornamens Beata – in Erinnerung an die in heutigen Bibelausgaben Tabita genannte Jüngerin Jesu in Joppe (Apg 9,36–43) wurde ihr erst nach ihrem Tod, konkret bei ihrer Beisetzung, von dem uns unbekannten Leichenredner gegeben. Rieger hat ihn mit seiner Biographie populär gemacht.

Beata Sturm wurde schon in ihrem Elternhaus pietistisch geprägt. Zur Vertiefung dieser Prägung trugen die Theologen Johann Georg Unkauff (um 1674-1734), Gottlieb Seeger (1683-1743) und der schon erwähnte David Friedrich Jäger bei, deren Begegnung mit und Einfluss auf Beata Sturm gesichert ist. Für Beata Sturm ebenfalls wichtige Theologen sind wahrscheinlich der schon als Vorredner zur Biographie erwähnte Christian Eberhard Weissmann und Johannes Oechslin (1676-1738), die sich vermutlich hinter den von Rieger verwendeten Namensabkürzungen verbergen. Weitere für Beata Sturm bedeutende Personen wie der mehrfach genannte „Prediger auf dem Lande“[19] lassen sich nicht sicher identifizieren. Einfluss auf Beata Sturm hatte auch Rieger selbst. Obwohl er nicht offiziell ihr Beichtvater (Seelsorger) war, scheint sie einen engen Kontakt zu ihm gepflegt zu haben, nicht nur durch den regelmäßigen Besuch seiner mittwochs gehaltenen Predigten, sondern auch durch Begegnungen und Gespräche in seinem Hause. Faktisch war auch er einer ihrer Seelsorger. Er selbst gibt an, sie seit fünfzehn Jahren gekannt zu haben.[20] Verwandt war er mit ihr vermutlich aber nicht. Ganz sicher war er nicht ihr „Schwager“, wie behauptet[21] und in der Folge wiederholt wurde,[22] denn Rieger war nicht mit einer Schwester Beata Sturms verheiratet, sondern mit Regine Dorothea Scheinemann (1693-1750).

Von 1713 an entfaltete Beata Sturm in ihrer Heimatstadt breite Aktivitäten und war allgemein bekannt und beliebt. Sie wirkte als Beterin, Seelsorgerin,

---

19 Siehe S. 78 bei Anm. 94.

20 *Rieger:* Tabea, 1730, S. XX[1]^{r}.

21 *Gleixner:* Pietismus, S. 171. - Vermutlich eine Verwechslung, weil Rieger eine Tochter namens Charlotta Beata hatte und an Beata Sturms Sterbelager ihre „Base“ Charlotte Beata anwesend war.

22 *Ehinger:* Glaubenssolidarität, S. 44.

Bibelauslegerin und Wohltäterin. Insbesondere als Beterin fand sie bislang Beachtung. Hierzu hat nicht unerheblich beigetragen, dass ihre Biographie von der zweiten Auflage an mit dem Porträt ausgestattet war, das sie in Gebetshaltung zeigte. Dieses Bild fand weite Verbreitung. Mit ihrer Gebetskraft hat Beata Sturm zwar keine Toten zurück ins Leben gerufen, wie es Petrus' Gebet an der biblischen Tabea bewirkte, aber doch mehrfach vor Schaden bewahrt und sogar vor dem Tod gerettet. Das Bild trug aber zu der etwas einseitigen Sichtweise bei, Beata Sturm vor allem als Betende zu sehen. Doch Rieger stellt sie nicht nur als exemplarische Beterin vor, sondern präsentiert ihre vielfältigen Kompetenzen und Aktivitäten, die aus seiner Sicht an die Tabea des 1. Jahrhunderts erinnern.

Als Seelsorgerin wandte sie sich vor allem Frauen zu, überwiegend Frauen, die unverheiratet oder verwitwet waren. Aber auch gegenüber Männern, sogar gegenüber Pfarrern, betätigte sie sich gerne als Seelsorgerin. Ferner pflegte sie weitere Kontakte zu zahlreichen Theologen, mit denen sie über theologische und biblische Themen sprach. Die Biographie zeugt ferner von einer überraschend intensiven Abendmahlsfrömmigkeit.

In Riegers Biographie begegnet uns eine Beata Sturm, wie sie Rieger sah und deutete. Wenn sich Beata Sturm, wie Rieger berichtet, vom Separatismus abgrenzte, aber dennoch Kontakte zu Separatisten hielt, so spiegelt dies sicher auch Riegers Haltung in dieser kontroversen Frage.Wenn Rieger Beata Sturm als eifrige Predigthörerin vorstellt, dann gibt er damit auch seinem Wunsch Ausdruck, die Menschen mögen möglichst häufig, nicht nur sonntags, sondern auch bei den Wochenpredigten und anlässlich von Hochzeiten und Beerdigungen an Gottesdiensten teilnehmen und Gottes Wort hören. Weitere in der Biographie angesprochene Themen, in denen sich Beata Sturm und Rieger begegnen, sind Vorbehalte gegen Gebetsgemeinschaften, die Ablehnung der Apokatastasis-Lehre (nach langem, heftigen Ringen), das Verhalten in Krankheit und Leid, der Umgang mit Gegnern und Feinden, das Standhalten in Versuchungen bis hin zur Versuchung der Selbsttötung und nicht zuletzt Exempel seeligen Sterbens.

Rieger schildert Beata Sturm als eine exemplarische Pietistin und mehr noch als evangelische Heilige. Es finden sich durchaus Elemente katholischer Heiligenverehrung bis hin zu mit der Protagonistin in Verbindung gebrachten Wundern. Beata Sturm wird von Rieger nicht nur als Vorbild im Glauben präsentiert, wie sich viele Reformatoren eine weitere Heiligenverehrung hatten vorstellen können, sondern auch als Vorbild der Frömmigkeitspraxis und der guten Werke sowie als eine Frau, die eine sie von anderen Menschen unterscheidende besonders enge Beziehungen zu Gott besaß und wie eine Fürbitterin bei Gott etwas erreichen – „herausbetteln" – und sogar Wunder bewirken konnte. Die durchgängige, beinahe penetrante Bezeichnung der Verstorbenen als „Seelige" darf allerdings nicht überinterpretiert werden, denn so wurde im Protestantismus jeder angesehene Verstorbene tituliert. Von einer Verehrung des Grabs der Beata Sturm oder von Wundern nach ihrem Tod ist nichts bekannt. Die Verehrung der Verstorbenen beschränkte sich auf das Lesen ihrer Biographie und das Betrachten ihres Bildes.

Die wissenschaftliche Beschäftigung mit Beata Sturm hält sich bislang noch in Grenzen. Hans-Jürgen Schrader skizzierte 2013 am Beispiel von Riegers Biographie exemplarisch „die Genese einer protestantischen Hagiographie"[23] und zeigte auf, wie das Werk im Laufe der Zeit „zu kanonischer Geltung"[24] gelangte.

Dabei arbeitete er insbesondere die Rolle der pietistischen Sammelbiographien heraus[25] und gab auch einen Überblick zur Rezeptionsgeschichte des Werks bis zur Gegenwart.[26] Schrader konnte zeigen, dass der Erfolg des Buches durch eine Rezension in der *Sammlung Auserlesener Materien zum Bau des Reichs Gottes* 1731 ausgelöst wurde. Sie erzeugte offenbar eine so große Nachfrage, dass sich Rieger zu einer zweiten Auflage entschloss.[27]

Zum eigentlichen Thema, der von Beata Sturm exemplarisch gelebten pietistischen Frömmigkeit, gibt es bislang keine tiefgreifenden Untersuchungen. Die meisten Publikationen beschränken sich darauf, Riegers Biographie in Grundzügen nachzuerzählen. Die Rezeptionsgeschichte hat sich vor allem mit Äußerlichkeiten (Nachdrucken der Biographie) beschäftigt. Selbst das so oft gedruckte Bild der Beata Sturm wurde von der Forschung bislang nur am Rande beachtet und behandelt.[28] Vielen interessanten Fragestellungen könnte jedoch anhand des Textes nachgegangen werden, zum Beispiel der nach spezifischen Frömmigkeitspraktiken im Pietismus, nach Konkretionen des allgemeinen Priestertums, nach dem Umgang mit Krankheit und Behinderung sowie nach der Sicht und der Rolle von Frauen. Es ist nicht belanglos, dass Rieger dem Leser sachlich und unkommentiert mitteilt, Beata Sturm habe den Berufswunsch „Prediger" gehabt. Nicht ihr Frau-Sein und das damit verbundene reale Nicht-Vorhandensein dieser Möglich-

23 *Schrader:* Heilige, S. 690.
24 Ebd.
25 Ebd., S. 692–695.
26 Ebd., S. 695–697.
27 Ebd., S. 693.
28 *Martin Scharfe:* Evangelische Andachtsbilder. Studien zu Intention und Funktion des Bildes in der Frömmigkeitsgeschichte vornehmlich des schwäbischen Raumes, Stuttgart 1968 (Veröffentlichungen des Staatlichen Amtes für Denkmalpflege Stuttgart, Reihe C: Volkskunde, 5), S. 202 f.

keit, sondern nur ihre Behinderung scheint nach Riegers Narrativ diesem Berufswunsch im Wege gestanden zu haben.

Allerdings stehen nur wenige Riegers Biographie ergänzende Informationen zur Verfügung, weshalb viele Fragen, die die Biographie aufwirft, unbeantwortet bleiben müssen. Handschriftliche Quellen sind nicht vorhanden. Beata Sturm besaß zwar Aufzeichnungen über ihre persönlichen religiösen Erfahrungen, hat sie aber, wie Rieger in seiner Vorrede berichtet, verbrannt.[29]

Zu dem Wenigen, was - Riegers Werk ergänzend - zur Erhellung beiträgt, gehört die auf mündlichen Überlieferungen beruhende Information, dass Beata Sturm am 5. April 1728 mit keinem Geringeren als Johann Albrecht Bengel und weiteren Personen am Sterbelager des Hofpredigers Johann Andreas Gramlich (1689-1728) weilte.[30] Die Information unterstreicht die von Rieger herausgearbeitete enge Vernetzung Beata Sturms mit der pietistisch geprägten kirchlichen Führungsschicht Württembergs.

Eine kritische, ja spöttisch-polemische Auseinandersetzung mit der Person und ihrer Inszenierung durch Rieger findet sich erstmals 1736 andeutungsweise bei Luise Adelgunde Victorie Gottsched (1713–1762),[31] dann aber in aller Vehemenz bei Christian Friedrich Duttenhofer (1742–1814) 1789 und setzt sich maßvoll 1886 in Albrecht Ritschls (1822–1889)[32] „Geschichte des Pietismus“ fort.[33]

---

29 *Rieger:* Tabea, 1730, S.)( )( )(2ᵛ.

30 *Johann Albrecht Bengel:* Briefwechsel, Bd. 2: Briefe 1723-1731, hg. von Dieter Ising, Göttingen 2012 (Texte zur Geschichte des Pietismus, Abt. 6, 2), S. 596, Anm. 32.

31 Vgl. *Schrader:* Heilige, S. 694.

32 [*Christian Friedrich Duttenhofer* (Hg.)]: Würtembergische Heiligenlegende oder das Leben der heiligen Tabea von Stuttgard, als ein Belege zu Herrn Pred[iger] Duttenhofers Untersuchungen über Pietismus und Orthodoxie [...], Halle a. d. Saale: Gebauer, 1789.

33 *Ritschl:* Geschichte, S. 19–28.

Von der Forschung noch weniger beachtet als Beata Sturm wurde ihr Biograph Georg Conrad Rieger. Nur zwei Randthemen seines Wirkens hat man bislang näher beleuchtet, nämlich seine Kirchengeschichtsschreibung über die Böhmischen Brüder[34] sowie seine Rolle im Umfeld der Exekution des Hofjuden Joseph Süß Oppenheimer (ca. 1692–1738), genannt Jud Süß.[35] Das eigentliche Wirkungsfeld Riegers, seine Predigten, wurde bislang nur zweimal kurz beleuchtet.[36]

Rieger wurde am 7. März 1687 in Cannstatt (heute: Stuttgart-Bad Cannstatt) geboren und war der Sohn eines Weinbauern – es war ein außergewöhnlicher Umstand, dass ein Bauernkind Theologe werden konnte, aber das württembergische Bildungssystem machte das möglich. 1702/03 war er Schüler der Internatsschule Blaubeuren, und 1706 bis 1710 studierte er in Tübingen und erwarb 1708 den Magister-Titel. Anschließend folgte eine Zeit als Hauslehrer in Tübingen und Vikar in Lustnau (heute: Tübingen-Lustnau) und Herrenberg, dann war er Repetent am Tübinger Stift und kam 1717 als Vikar nach Stuttgart. 1718 bis 1721 wirkte er als Diaconus in Urach (heute: Bad Urach) und wurde 1721 als Professor ans Stuttgarter Gymnasium gerufen, zugleich war er Mittwochsprediger an der Stiftskirche. In seinen Predigten hatte er das Matthäusevangelium auszulegen, womit er Beata Sturm wohl zu ihren Matthäus-Interpretationen inspirierte. Insgesamt sollen es rund tausend Predigten gewesen sein, die Rieger über dieses Evangelium

34 *Ehinger:* Glaubenssolidarität.

35 *Martin [H.] Jung:* Die württembergische Kirche und die Juden in der Zeit des Pietismus (1675-1780), Berlin 1992 (Studien zu Kirche und Israel, 13), S. 74-76, 174-183, 209–213; *Schrader:* Literatur und Sprache des Pietismus (wie S. 130, Anm. 75), S. 190 f., 442.

36 *Hochstetter:* Geschichte, S. 89–91; *Rieger:* Predigten.

37 *Georg Conrad Rieger:* Gute Arbeit / gibt Herrlichen Lohn [...]. Mit einer eingeflossenen Anweisung, Wie die vorseyende EXECUTION des verurtheilten Juden Joseph Süss Oppenheimers, Christlich anzusehen und zu

hielt. In bearbeiteter Form erschienen sie 1732 und 1736 im Druck.

1733, drei Jahre nach Beata Sturms Tod, übernahm Rieger das Pfarramt an St. Leonhard und trat nun, 1734, auch als Herausgeber eines Gesangbuches hervor. 1737/38 kümmerte er sich seelsorgerlich um den Hofjuden Süß Oppenheimer und versuchte ihn für den christlichen Glauben zu gewinnen. Am Sonntag vor der Hinrichtung behandelte er das anstehende Ereignis in einer Aufsehen erregenden, auch im Druck erschienenen Predigt.[37]

1742 wurde Rieger Spezialsuperintendent – Dekan –, was mit dem Dienst an der Hospitalkirche verbunden war. Doch bereits am 16.[38] April 1743 verstarb er nach kurzer schwerer Krankheit. Ein ausführlicher Bericht über seine letzten Tage hat sich erhalten.[39] Rieger wurde am 19. April anders als Beata Sturm auf dem außerhalb der Stadtmauern gelegenen, seit 1628 belegten „Oberen" Friedhof der Hospitalkirche beigesetzt,[40] heute bekannt als Hoppenlaufriedhof. Auch sein Grab, auf dem ältesten, inzwischen überbauten Teil des Friedhofs, hat sich nicht erhalten. Aber nicht nur seine Sturm-Biographie, sondern auch seine Predigtsammlungen wurden noch im 19. Jahrhundert gedruckt und gelesen, und er selbst wurde in der protestantischen Hagiographie ebenfalls zu einem Glaubensmuster.[41]

---

gebrauchen seye, Samt einiger Nachricht Von dessen kläglichen und schmählichen Ende […], [Esslingen: Mäntler], 1738.

38 Das teilweise in der Literatur genannnte Sterbedatum 15. April ist falsch.

39 *Georg Conrad Rieger*: Richtiger und leichter Weg zum Himmel […] Samt einem Anhang Der dem seeligen Autori gehaltenen Leichen=Rede, Lebens=Lauf […] heraus gegeben von M. Wilhelm Jeremias Jacob Cleß […], Stuttgart: Erhardt, 1744, S. 815–829.

40 Landeskirchliches Archiv Stuttgart, Kirchenbuch 129.

41 Vgl. *Otto Weber* und *Erich Beyreuther* (Hg.): Die Stimme der Stillen. Ein Buch der Besinnung aus dem Zeugnis von Pietismus und Erweckungsbewegung, Neukirchen – Moers 1959, S. 115–118.

Literaturverzeichnis

Literatur über Beata Sturm und Georg Conrad Rieger in Auswahl

Brecht, Martin: Der württembergische Pietismus, in: Geschichte des Pietismus, Bd.: 2: Der Pietismus im achtzehnten Jahrhundert, hg. von Martin Brecht und Klaus Deppermann, Göttingen 1995, S. 225-295, hier S. 243 f.

Claus, W[ilhelm]: Beata Sturm, in: ders.: Von Bengel bis Burk. Bilder aus dem christlichen Leben Württembergs, Stuttgart 1887 (Württembergische Väter, 1), S. 104–127.

Ehinger, Siglind: Glaubenssolidarität im Zeichen des Pietismus. Der württembergische Theologe Georg Konrad Rieger (1687-1743) und seine Kirchengeschichtsschreibung zu den Böhmischen Brüdern, Wiesbaden 2016 (Jabloniana, 7).

Ehmer, Hermann: Beata Sturm (1682–1730). Mystikerin und Wohltäterin, in: Adelheid M. von Hauff (Hg.): Frauen gestalten Diakonie, Bd. 1: Von der biblischen Zeit bis zum Pietismus, Stuttgart 2007, S. 385-391.

Gleixner, Ulrike: Pietismus und Bürgertum. Eine historische Anthropologie der Frömmigkeit. Württemberg 17.–19. Jahrhundert, Göttingen 2005 (Bürgertum Neue Folge, 2).

Gleixner, Ulrike: Pietistische Erinnerungskultur im württembergischen Bürgertum des 18. und 19. Jahrhunderts, in: Leonberger Symposion. Paradigmen der Familienforschung im Spannungsfeld zwischen Natur- und Geisteswissenschaften, hg. von der Werner-Zeller-Stiftung, Göttingen 2008, S. 25–42.

Hermle, Siegfried: Georg Konrad Rieger (1687-1743), in: ders. (Hg.): Kirchengeschichte Württembergs in Porträts. Pietismus und Erweckungsbewegung, Holzgerlingen 2001, S. 75-96.

Hochstetter, E[duard]: Die Geschichte der Predigt in Württemberg seit der Reformation. T. 1: Die *alte* Zeit, von der Reformation bis in die Mitte des 18. Jahrhunderts, in: Blätter für württembergische Kirchengeschichte 9 (1894), S. 33–38, 41–44, 49–53, 65–70, 81–87, 89–96.

Jung, Martin H.: Beata Sturm (1682-1730), in: ders.: Frauen des Pietismus von Johanna Regina Bengel bis Erdmuthe Dorothea von Zinzendorf. Zehn Porträts, Gütersloh 1998 (GTB 1445), S. 86-96.

Jung, Martin H.: Beata Sturm. Beten für das Reich Gottes. URL: www.frauen-und-reformation. de/?s=bio&id=60 (16.10.2013).

Jung, Martin H.: Beata Sturm. Frauen im Pietismus 5 / [Andreas Rösssler (Bearb.)]. In: Evangelisches Gemeindeblatt für Württemberg 1998, Nr. 7, S. 10.

Jung, Martin H.: Lebensweg und Frömmigkeit der Jungfer Beata Sturm. Die württembergische Tabea, in: ders.: Nachfolger, Visionärinnen, Kirchenkritiker. Theologie- und frömmigkeitsgeschichtliche Studien zum Pietismus, Leipzig 2003, S. 65-74.

Jung, Martin H.: Rieger, 1. Georg Konrad, in: Religion in Geschichte und Gegenwart, 4. Aufl., Bd. 7, Tübingen 2004, Sp. 511f. – Englische Fassung: Jung, Martin H.: Rieger, Georg Konrad, in: Religion Past and Present, Bd. 11, Leiden 2012, S. 205.

Jung, Martin H.: Sturm, Beata, in: Religion in Geschichte und Gegenwart, 4. Aufl., Bd. 7, Tübingen (2004), Sp. 1807. – Englische Fassung: Jung, Martin H.: Sturm, Beata, in: Religion Past and Present, Bd. 12, Leiden 2012, S. 317.

Ledderhose, [Carl Friedrich]: Sturm: Beata St., in: Allgemeine Deutsche Biographie, Bd. 37, Leipzig 1894, S. 2–4.

Ledderhose, Carl Friedrich: Beata Sturm, genannt die würtembergische Tabea, nach ihrem Leben dargestellt, hg. vom Christlichen Verein im Nördlichen Deutschland, 2., unveränd. Aufl., Eisleben 1855. – Die 1. Aufl. war 1854 erschienen.

Merz, Heinrich: Beata Sturm, die württembergische Tabea. 1682–1730, in: ders.: Christliche Frauenbilder, Bd. 2: Aus der neueren Zeit, 6. Aufl., bearb. v. Joh[annes] Merz, Stuttgart 1898, S. 48–66. – Die 1. Aufl. war 1852 erschienen.

Raupp, Werner: Sturm, Beata, in: Biographisch-bibliographisches Kirchenlexikon, Bd. 11, Hamm 1996, Sp. 139–141.

Rieger, Reinhold: Georg Cunrad Riegers Predigten nach Form und Inhalt untersucht. Ein Beitrag zur Geschichte der evangelischen Predigt in Württemberg, Tübingen 1952.

Ritschl, Albrecht: Geschichte des Pietismus, Bd. 3: Der Pietismus in der lutherischen Kirche des 17. und 18. Jahrhunderts, Bonn 1886 (Repr. Berlin/West 1966), S. 19–27.

Roessle, Julius: Beata Sturm, die württembergische Tabea (1682–1730), in: ders.: Von Bengel bis Blumhardt. Gestalten und Bilder aus der Geschichte des schwäbischen Pietismus, 6. Aufl., Metzingen 1981, S. 101–107. – Die 1. Aufl. war 1959 erschienen.

Schlientz, Gisela: Die Heilige und die weibliche Schrift. Selbstzeugnisse württembergischer Pietistinnen, in: Herd und Himmel. Katalog zur Ausstellung im Landeskirchlichen Museum Ludwigsburg vom 17. Mai 1997 bis 29. März 1998, Ludwigsburg 1997, S. 159–168.

Schrader, Hans-Jürgen: Kanonische neue Heilige. Sammelbiographien des Pietismus und der Erweckungsbewegung, in: ders.: Literatur und Sprache des Pietismus. Ausgewählte Studien, hg. von Markus Matthias und Ulf-Michael Schneider, Göttingen 2019 (Arbeiten zur Geschichte des Pietismus, 63), S. 665-700. - Zuerst veröff. in: Geschichtsbewusstsein und Zukunftserwartung in Pietismus und Erweckungsbewegung, hg. von Wolfgang Breul und Jan Carsten Schurr, Göttingen 2013 (Arbeiten zur Geschichte des Pietismus, 59), S. 303-338.

Register

Personen (ohne Beata Sturm)

Orte (ohne Stuttgart)

Sachen (in Auswahl)

Bibeltexte (von Beata Sturm ausgelegt)

Bildnachweise

Titelbild: Frontispiz von „Rieger: Tabea, 1732", Exemplar der Herzog August Bibliothek Wolfenbüttel, Signatur: Portr. I, 13178.1 (A 21458)

S. 9: Porträtsammlung der Universitätsbibliothek Tübingen, Signatur L I 12.2/100A